田径运动技术教学信息整合运用研究

崔运坤◎著

中国纺织出版社

内 容 提 要

本书对田径运动教学中技术教学信息整合运用进行了研究，其目的在于促进信息整合运用在田径运动教学过程中的运用。具体而言，本书首先分析了研究的背景、理论基础，并对核心概念进行了界定；其后，本书探讨了本研究的现状以及本书所采用的研究方法。本书的核心部分为"研究结果与分析"章节，本部分首先分析了人体感知觉的相关理论，并通过实验法探讨了田径运动教学中的感、知觉信息整合对田径运动技术教学的影响。在实验研究的基础上，本书提出了田径运动教学中信息整合运用的结论和建议。

图书在版编目(CIP)数据

田径运动技术教学信息整合运用研究 / 崔运坤著
. -- 北京 : 中国纺织出版社, 2017.11
ISBN 978-7-5180-2918-1

Ⅰ. ①田…　Ⅱ. ①崔…　Ⅲ. ①田径运动-教学研究
Ⅳ. ①G820.2

中国版本图书馆 CIP 数据核字(2016)第 210415 号

责任编辑：姚　君　　　　责任印制：储志伟

中国纺织出版社出版发行
地址：北京市朝阳区百子湾东里 A407 号楼　邮政编码：100124
销售电话：010-67004422　传真：010-87155801
http://www.c-textilep.com
E-mail:faxing@ e-textilep.com
中国纺织出版社天猫旗舰店
官方微博 http://www.weibo.com/2119887771
虎彩印艺股份有限公司印制　各地新华书店经销
2017 年 11 月第 1 版第 1 次印刷
开本：710×1000　1/16　印张：14.75
字数：264 千字　定价：59.50 元

前　言

信息整合对田径运动技术教学具有重要促进作用,信息整合的研究对丰富田径运动技术教学、动作技能学习的理论和实践体系具有重要意义。

本书采用文献资料法、调查法、实验法、统计法、逻辑法等方法,以田径运动技术教学中教师、学生、场地器材来源的信息为切入点,以人体感、知觉信息为研究视角,探讨田径运动技术教学信息整合的运用。理论部分:厘清田径运动技术教学中来自教师、学生、场地器材的主要感、知觉信息,并对田径运动技术教学信息整合进行理论研究。实验部分:选取挺身式跳远、背向滑步推铅球、100 米跑等项运动,实验验证感觉信息整合、感知觉信息整合对田径运动技术教学的影响。结论如下:

(1)田径运动技术教学信息整合指在田径运动技术教学过程中,为充分发挥信息的整体性以实现技术教学目标,综合利用来自教师、学生、场地器材的多种感、知觉信息的过程。其中感觉信息主要包括视觉、听觉、本体感觉、前庭感觉、触压觉信息;知觉信息主要包括距离知觉、时间知觉、方位知觉、形状知觉、大小知觉信息。

(2)田径运动技术教学信息整合包括互补信息整合、相关信息整合、协同信息整合三个方面,具有综合性、互补性、任务相关性和复杂性的特点,具有提高技术认识全面性、提高技术执行准确性、提高技术信息可靠性、提高教学时间经济性的作用。感觉信息整合、感知觉信息整合、知觉信息整合三个层次,运用时要遵循目标实现原则、循序渐进原则、适宜性原则、因材施教原则。

(3)感觉信息整合对田径运动技术教学的技评成绩具有提高作用,且在较低信息频率下作用更明显,但在复杂技术教学中应适当增加信息频率;对达标成绩具有提高作用,且技术越复杂作用越明显;对理论成绩具有提高作用,且在较低信息频率下作用更明显。

(4)田径运动技术教学中运用感觉信息整合对一般自我效能感、积极幸福感具有提高作用,对心理烦恼具有降低作用。提示一般自我效能感、积极幸福感和心理烦恼可能是感觉信息整合的心理机制。

(5)感知觉信息整合能够提高挺身式跳远起跳准确性;加大背向滑步推铅球滑步距离、总距离,并提高右脚落地合理性和左脚落地一致性。表明感知觉信息整合对提高田径运动技术动作准确性、减少动作误差、提高动作一致性具有促进作用。

(6)感知觉信息整合对挺身式跳远、背向滑步推铅球技评、达标成绩具有提高作用,对理论成绩影响不明显;有利于知觉预测技能的提高。

关键词:田径;运动技术教学;信息整合;信息方式;信息频率

PREFACE

Information Integration plays an important role in Track and Field Technique Teaching. Research of Information Integration is significant in enrich theory and practice system of Track and Field Technique Teaching and Motor Learning.

Using methods of documentary, Investigation, Experiment, statistics, and Logic, Research study application of Information Integration in Track and Field Technique Teaching from human Sensation Information and Perception Information by choosing information which forms teachers, students and equipment in teaching. Part Ⅰ is Theoretical Research clarifies Sensation Information and Perception Information from teachers, students and equipment, and analyzes Information Integration theoretically. Part Ⅱ is experimental researches discuss effects of Sensation Information Integration and Sensation-Perception Information Integration by choosing Long Jump, 100-Meter Run and Shot Put. The conclusion is as follows:

(1) Information Integration in Track and Field Technique Teaching is during the process of Track and Field Technique Teaching, utilizes varieties of Sensation Information and Perception Information from teachers, students and location equipment comprehensively to realize Technique Teaching Goal. Sensation Information mainly includes Information of Vision, Audition, Proprioception, Vestibular and Tactile sense. Perception Information mainly includes Perception of Distance, Time, Space, Shape and Size.

(2) Information Integration can be divided into integration of Complementary Information, Relevant Information and Synergetic Information. It has characteristics of Comprehensiveness, Complementary, Task-related and Complexity. It can improve comprehensive of knowledge, accuracy of movement, reliability of information and teaching efficiency. It includes Integration of Sensation Information, Sensation-Perception Information and Perception Information Integration. Aims Achieved, Systematization, Suitability and Individualized are important principles when using Information Integration.

(3) Sensation Information Integration can improve Technique Score, and effect is more obvious when frequency is lower, but in complex technique teaching the frequency of information should be increased. It can improve Standard Score, and effect is more obvious when technique complex. It can improve Theoretical Score, and effect is more obvious when frequency is lower.

(4) Using Sensation Information Integration in Track and Field Technique Teaching can improve General Self-efficacy and Positive Well-being, and can significantly reduce Psychology Distress. General Self-efficacy, Positive Well-being and Psychology Distress may be the psychological mechanism of sensory information integration.

(5) Sensation-Perception Information Integration can improve Long Jump's Take-off Accuracy. It can increase the Sliding Distance and Total Distance of Shot Put, and can improve the rationality of left foot landing and consistency of right foot landing. Study shows that Sensation-Perception Information Integration can significant improve Movement Accuracy, reduce Movement Error and improve Movement Consistency of Track and Field Technique.

(6) Sensation-Perception Information Integration can significantly improve Technique Score and Standard Score of Long Jump and Shot Put Teaching, but the effect to Theoretical Score is not obvious. Study also finds Sensation-Perception Information Integration can significantly improve Perceptual Prediction Skill.

Key words: Track and Field; Technique Teaching; Information Integration; Information Pattern; Information Frequency

目　　录

1 概 述

1.1 研究背景

信息是人类适应主、客观世界的必要条件，人类必须获得主、客观世界的相关信息，并将之加工以满足自身的需要。人类适应、改造、利用主、客观世界的过程就是获取、加工、利用信息的过程，就是通过信息对偶然性进行调节以在环境中有效存在和发展的过程。单一信息往往不能够反映事物的整体属性，导致人类对事物的错误认知和片面理解，因此人类需要处理众多信息，而众多信息的整合能够提高人类对事物的正确认知和全面理解，是人类正确认识主、客观世界的重要途径。

田径运动技能是以人体基本跑、跳、投、走等动作技能为基础的运动技能，而田径运动技术教学则是田径运动技能习得的主要途径。田径作为基础的运动项目，其运动项目众多、技术动作多样，每个项目技能的习得都需要学习者具备相应的身体素质、机能、形态等体能基础，所以田径运动技术习得的难度较大，而探索田径运动技能习得的更优途径则是田径运动技术教学亟待解决的问题。

田径运动技术教学是多种类、多来源、多方式的信息传递过程。田径运动技术教学需要利用视觉、听觉、触压觉、本体感觉、前庭感觉等感觉信息和距离知觉、时间知觉等知觉信息，其中视觉、听觉等信息是外源性信息，本体感觉、触觉等信息是内源性信息，而知觉信息多是内、外源性信息的结合；田径运动技术教学中信息可以采用单通道方式和信息整合方式传递，而信息整合又有感觉信息整合、感知觉信息整合、知觉信息整合等方式。因此，田径运动技术教学中信息传递的准确性、科学性、合理性是影响田径运动技能习得的重要因素。

信息整合是指对多种信息的获取、表示及其内在联系进行综合处理和优化的过程，即充分利用多种信息资源，对目标信息进行合理支配和使用，把多个空间或时间上的互补信息、相关信息、协同信息依据某种准则进行组合，以获得对目标的最佳估计。信息整合广泛的应用于人工智能、动作技能学习、运动康复等领域。为充分发挥信息的整体性以实现技术教学目标，综合利用来自教师、学生、场地器材的多种感、知觉信息，采用信息整合的方式进行田径运动技术教学，能够发挥多信息相关、互补、协同作用，能够降低先验知识的缺乏和技术复杂性等因素的影响，从而提高技术传授和技术理解的全面性；能够减少某一信息丢失导致的错误认知和片面理解，从而提高技术动作信息的传授可靠性；能够提高运动技术动作认知和动作执行的准确性，提高田径运动技能习得速度，从而有效提高田径运动技术教学的经济性。

田径运动技术教学信息构成是复杂的，信息整合是多层次的、多种类的，因此整合方式不同、信息频率不同都会对教学效果产生不同的影响。而现有田径运动技术教学信息的研究以视觉、听觉、本体感觉等感觉信息研究多，知觉信息研究少；单通道教学信息研究多，多通道教学信息整合研究少；单频率教学信息干预研究多，多频率教学信息干预研究少；经验性、概括性、总结性的理论研究多，实验研究少，并存在理论研究梳理不清晰，实验研究不严谨的问题。现有研究不能够对田径运动技术教学中信息整合的运用提供足够的参考，因此对田径运动技术教学信息整合的研究是迫切的、重要的。

1.2 研究范围

目前，田径运动技术教学信息整合的研究存在很大的不足，但信息的外延非常广泛，田径运动技术教学信息的来源、种类、传播方式众多，单个研究很难穷尽信息的所有领域，基于此，本研究采用理论与实践研究相结合的方法，以田径运动技术教学中教师、学生、场地器材来源的信息为研究切入点，以人体的感受器引起的感觉信息和知觉信息为研究视角，探讨田径运动技术教学信息整合运用。运动技术教学以外的信息，运动技术教学中教师、学生、场地器材来源以外的信息，不在本研究之列。

1.3 研究目的与意义

1.3.1 研究目的

第一，对田径运动技术教学中的感觉信息和知觉信息进行梳理。根据田径运动技术、教学手段、场地器材等特点，对田径运动技术教学中的视觉、听觉、本体感觉、前庭感觉、触压觉等感觉信息和距离知觉、时间知觉、方位知觉、形状知觉、大小知觉等知觉信息进行阐述、例证,以厘清田径运动技术教学中的感、知觉信息构成,为提高对田径运动技术教学中感、知觉信息的认识和后续研究奠定基础。

第二,对田径运动技术教学信息整合进行理论研究。在厘清田径运动技术教学中感、知觉信息的基础上,对田径运动技术教学信息整合的定义、分类、特点、作用、层次、运用原则进行分析和阐述,为田径运动技术中正确认识和运用信息整合提供参考。

第三,对田径运动技术教学信息整合进行实验研究。为验证信息整合的理论研究,并探索信息整合的实际效果,实验研究以视觉信息、听觉信息、距离知觉信息为切入点,以挺身式跳远、背向滑步推铅球、100 米跑为实验项目,进行了 3 个实验研究。预实验:验证示范类型(示范类视觉信息)和性别对田径运动技术教学的影响,并为实验 1 和实验 2 奠定基础;实验 1:验证感觉信息整合(视觉—听觉信息整合)对田径运动技术教学的影响,并为实验 2 中感觉信息整合(视觉—听觉信息整合)的确定提供依据;实验 2:验证感知觉信息整合(视觉—距离知觉信息整合)对田径运动技术教学的影响。

1.3.2 研究意义

第一,为客观认识和应用田径运动技术教学信息奠定基础。信息是田径运动技术教学得以开展的必备条件,然而田径运动技术教学中来自教师、学生、场地器材的感觉信息和知觉信息究竟有哪些,一直没有得到系统的研究与梳理。本研究对田径运动技术教学中的感觉信息和知觉信息的构成等进行了系统的理论研究,为田径运动技术教学中客观认识和应用信息奠定基础。

第二,丰富信息整合的理论体系,为田径运动技术教学的创新和改革提供参考。研究对田径运动技术教学信息整合的定义、分类、特点、作用、层次、运用原则进行了分析和阐述,对丰富信息整合的理论体系具有重要作用,对田径运动技术教学中信息整合的运用提供理论指导,为田径运动技术教学的创新和改革提供参考。

第三,为田径运动技术教学应用信息整合提供操作性指导。研究通过实验探讨了感觉信息整合、感知觉信息整合对挺身式跳远、背向滑步推铅球、100 米跑技术教学的影响,在验证信息整合理论研究的同时,能够为挺身式跳远、背向滑步推铅球、100 米跑技术教学提供指导,能够为田径其他运动项目技术教学信息整合的运用提供参考。

本书研究思路与框架见图 1。

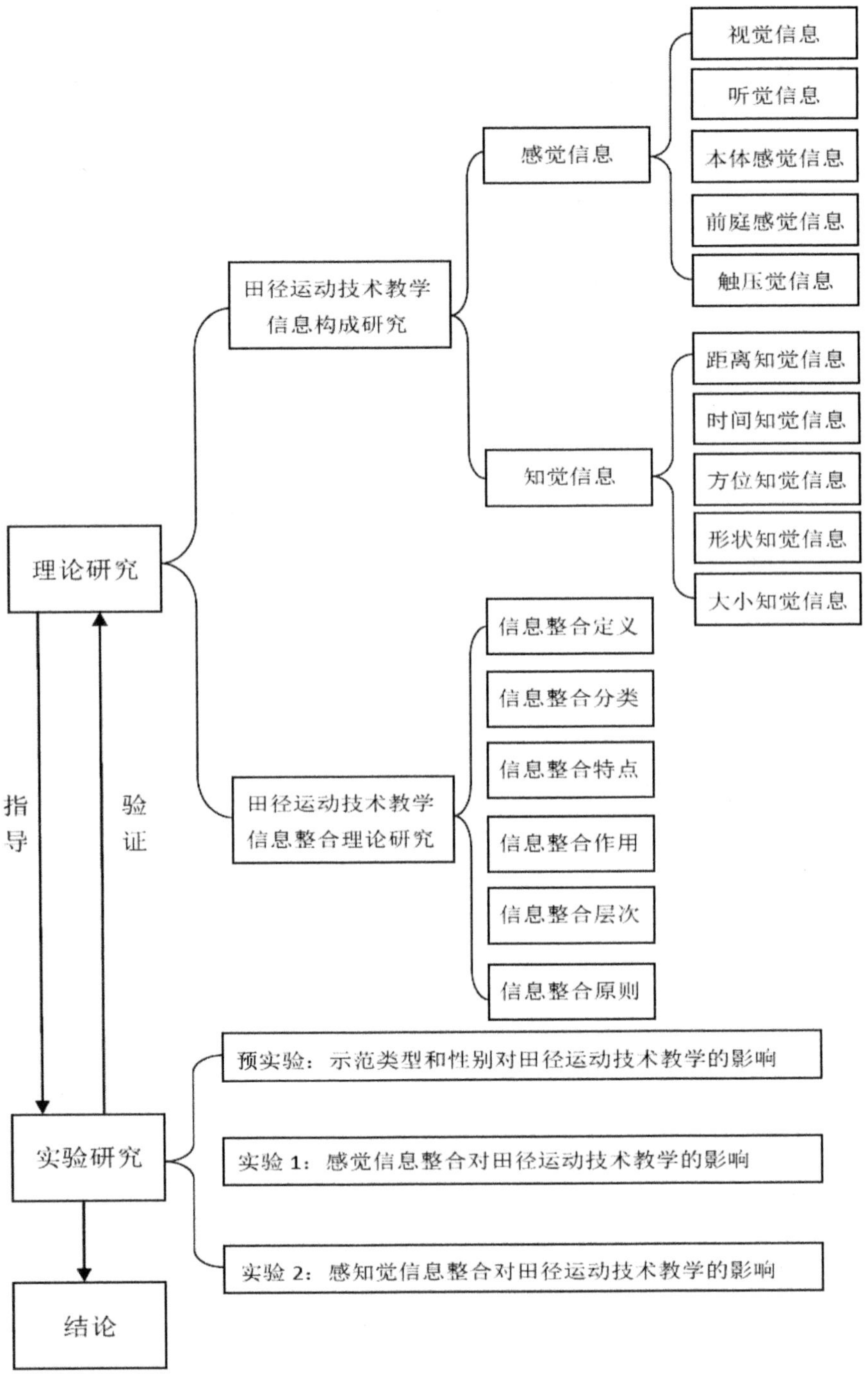
视觉信息
听觉信息
感觉信息
本体感觉信息
前庭感觉信息
触压觉信息
田径运动技术教学信息构成研究
距离知觉信息
时间知觉信息
知觉信息
方位知觉信息
形状知觉信息
理论研究
大小知觉信息
信息整合定义
信息整合分类
信息整合特点
指导
验证
田径运动技术教学信息整合理论研究
信息整合作用
信息整合层次
信息整合原则
预实验：示范类型和性别对田径运动技术教学的影响
实验研究
实验1：感觉信息整合对田径运动技术教学的影响
实验2：感知觉信息整合对田径运动技术教学的影响
结论

图1　研究思路与框架

1.4 研究理论基础

1.4.1 系统整体性原理

系统整体性原理,指系统是由若干要素组成的具有新功能的有机体,各个作为系统子单元的要素一旦组成系统整体,就具有独立要素所不具备的性质和功能,就形成了新系统的质的规定性,从而表现出整体的性质和功能不等于各个要素性质和功能简单的相加。整体性是系统最为鲜明和基本的特征之一,系统之所为成为系统,首先就必须有整体性[1]。辩证的系统观认为,宇宙、生命、精神、生态、社会等均是由系统构成,具有系统的性质。

田径运动技术教学信息本身就是一个系统,具有系统的性质,其存在、发展要符合系统整体性原理。本研究中田径运动技术教学信息作为一个系统,由感觉信息和知觉信息子系统构成,而感觉信息和知觉信息也由子系统构成,作为子系统的各类信息之间互相作用,而正是这种相互作用使得田径运动技术教学信息系统具有了整体性。田径运动技术教学信息各子系统之间必定具有某种特殊的相互联系方式,只有在最佳的联系方式下,信息系统的作用才能够达到最大化,才能体现出系统整体性的作用。因此,系统整体性原理是本研究中信息整合的理论依据,为研究探索田径运动技术教学信息整合的分类、层次等研究奠定了基础。

1.4.2 观察学习理论

观察学习(Observational Motor Learning)是指学习者通过对他人的行为及其强化性结果的观察,直接采用或复制他人行为模式和/或活动,从而习得新行为或纠正、完善已有行为的过程。观察者通过观察他人的行为习得认知技能和新的行为模式,这种学习采用不同的行为形式,包括行为模式、判断标准、认知行为和创造行为的生成规则,观察者原先不具备的行为模式或者思维模式,通过观察榜样/模型(Model)后形成与其相同的行为模式和思维模式[2]。动作技能学习中,观察者多通过观察某人的操作技能来习得该技能[3],观察学习具有直接获取技能和间接促进技能获得的作用。因

[1] 魏宏森,曾国屏.系统论:系统科学哲学[M].北京:清华大学出版社,1995:201.

[2] Bandura A.思想和行动的社会基础——社会认知论[M].林颖,王小明,胡谊,等译.上海:华东师范大学出版社,2001:63-65.

[3] Magill R A.运动技能学习与控制[M].张忠秋,等译.北京:中国轻工业出版社,2005:242.

此,观察学习对动作技能的学习具有重要的意义,并且是动作技能获得的重要途径之一[4][5]。

观察学习的社会认知分析中,班杜拉提出榜样/模型(Model)的作用主要是通过他们的信息化功能实现的,提供思想和行为模型是传递有关新行为规则信息的有效手段,并提出不同的示范模型(学习型模型、熟练型模型)对新行为模式(运动技能)形成的影响是不同的。田径运动技术教学对学生来讲是田径运动技能习得的过程,学生对田径运动技能的先验知识较少,需要通过观察示范获得直观的视觉信息,并在此基础上形成动作表象,为自己动作行为模式的形成奠定基础。所以观察学习理论是田径运动技术教学中学生观察示范获得视觉信息并进而习得田径运动技能的理论基础,而班杜拉关于不同示范模型影响的论述则是如何确定示范性视觉信息并发挥示范性视觉信息最大作用的理论指导,是本研究实验中示范类型(示范类视觉信息)选择的理论依据。

1.4.3 信息加工理论

信息加工理论认为,人的大脑类似于计算机,是一个信息加工系统,对外部刺激信息的处理过程包括输入、储存、运算和输出,信息加工系统由感觉系统、工作记忆(短时记忆)、长时记忆系统组成,包括感受器、感觉登记、模式识别、记忆等部分[6][7]。信息加工理论研究领域主要是感知觉、注意、记忆、思维、问题解决等,研究的方法主要是实验法、口述报告法和计算机模拟等方法。信息加工理论认为感、知觉是不同的心理过程,感觉是事物或现象个别属性的反映,感觉信息是不全面、不连贯的;知觉是事物或现象整体属性的反映,知觉信息是全面的、融合的,且知觉以感觉为基础。

信息加工理论是本研究的重要理论依据。根据信息加工理论,田径运动技术教学中,单通道的感觉信息不能够提供技术多方面的信息,只有多通道感觉信息、知觉信息以及不同种类、层次的信息整合才能提供技术的全面

---

[4] Mackay D G.The problem of rehearsal or mental practice[J].J Motor Behavior, 1981,13:274-285.

[5] Martens R,Burwitz L,Zuckerman J.Modeling effect on motor performance[J].Res Q Exe Sport,1976,47:277-291.

[6] John B Best.认知心理学[M].黄希庭,主译.北京:中国轻工业出版社,2000:77-78.

[7] 冯建立,张宏杰.运动技能操作的知觉理论辨析——基于间接知觉和直接知觉理论[J].成都体育学院学报,2013,39(2):15-19.

信息,因此采用信息整合的方式进行田径运动技术教学是必要的和科学的。同时信息加工理论的诸多观点是本研究解释感觉信息整合、感知觉信息整合、知觉预测技能获得的重要理论依据。

1.4.4 闭环控制系统原理

闭环控制系统又称反馈控制系统,在闭环控制系统中被控变量以反馈方式送到控制器的输入端,与给定值进行比较,并将比较的偏差作为改变控制作用的依据。控制的目的是减少被控变量与给定值之间的偏差[8]。为了达到控制目的,闭环控制系统需要有比较器、受动器和执行器等部分,比较器是闭环控制系统中察觉错误机制,发现理想状态和实际状态之间的差异,比较器是闭环控制系统中采取决定动作和保持理想状态的部分,而受动器是闭环控制系统中完成理想动作的部分[9]。施密特和里斯伯格(Schmidt 和 Wrisberg)将闭环控制系统引入动作技能学习领域,并进行了改善(见图 2)。田径运动技术教学过程中信息的运行流程符合闭环控制系统。教学过程中,学生获得相应的感、知觉信息,并将所获信息进行一系列的加工并以技术动作的形式输出,然后对输出的技术动作与标准技术动作进行比较,发现两者之间存在的差异并进行修正,以此循环往复,从而能完成信息的运行和技能的习得。因此,闭环控制系统是解释本研究信息作用流程的基础,也是本研究实验设计的重要依据。

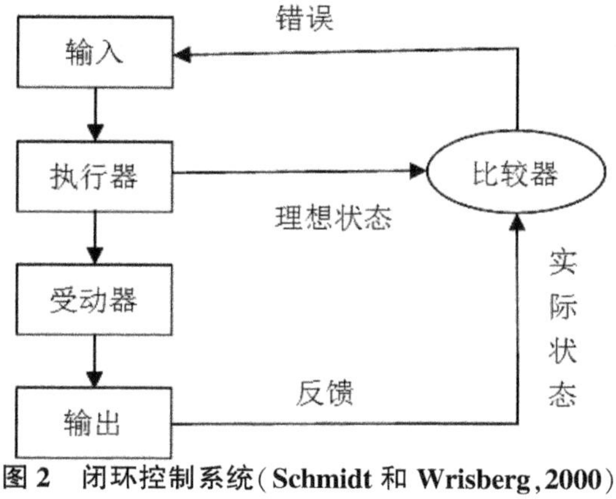

图 2 闭环控制系统(Schmidt 和 Wrisberg,2000)

[8] 张早校.过程控制装置及系统设计[M].北京:北京大学出版社,2010:13-14.

[9] 张英波.运动技能学理论与实践[M].北京:高等教育出版社,2012:63-66.

1.5 核心概念界定

1.5.1 信息

目前研究者主要从本体论和认识论的视角对信息进行了释义，比如维纳、叶中行、林海以本体论视角分析，认为信息独立于人或其他有感知的事物而客观存在；而李亦农、许国志则以认识论视角分析，认为信息以认识主体的主观感受而存在，而认识论视角是当前信息研究中采用较多的视角，本研究亦采用认识论的视角。基于本研究需求，借鉴信息、教学信息的相关定义，结合专家访谈，本研究中信息的操作定义为：田径运动技术教学过程中，为实现技术教学目标而运用的来自教师、学生、场地器材的感、知觉信息。该定义是规定的语词定义，是狭义的信息。

1.5.2 信息整合

目前不同领域的研究者用不同概念对信息整合进行了表述，而对获得的多种信息依据某种准则进行组合，以获得对被观测目标综合的最佳估计是不同概念释义的共性内容。根据本研究范围、视角的需求，在文献资料的基础上，结合专家访谈，对本研究中信息整合进行了操作性定义，认为田径运动技术教学过程中信息整合是指：在田径运动技术教学过程中，为充分发挥信息的整体性以实现技术教学目标，综合利用来自教师、学生、场地器材的多种感、知觉信息的过程。该定义是规定的语词定义，是狭义的信息整合。

1.5.3 信息方式

方式即方法、形式，信息方式则是信息传递的方法、形式。信息方式具有多样化的特点，本研究中信息方式是指教学实验中信息的形式，具体如下：预实验中信息方式指不同的视觉信息方式，即学习型示范、熟练型示范、混合型示范三种视觉信息方式；实验 1 中信息方式是感觉信息整合（视—听觉信息整合）、传统形式、视—听觉信息分离三种信息方式；实验 2 中信息方式指感知觉信息整合（视觉—距离知觉信息整合）、视觉信息、距离知觉信息三种信息方式。

1.5.4 信息频率

在动作技能学习研究领域，频率可分为绝对频率和相对频率，其中单位练习中某事出现的次数为绝对频率，单位练习中某事出现次数和总练习次数的比值为相对频率。根据研究的需要，本研究选取相对频率，即研究中信息频率指单位练习中信息干预次数与总练习次数的比值，具体到实验1中指感觉信息整合（视—听觉信息整合）、传统形式、视—听觉信息分离三种信息方式的干预次数分别与总练习次数的比值。

1.5.5 示范类型

示范（Model）泛指通过观察一个或多个榜样，引起行为、思想和情感发生变化的过程。班杜拉提出，示范的一个特殊优点是能够借助符号化的榜样媒体，将具有广泛适用性的东西同时传给多人，观察者能够通过观察他人的行为习得认知技能和新的行为模式[2]。学习型示范（Learning Model）、熟练型示范（Skilled Model）、混合型示范（Mixed Model）是示范的主要类型。熟练型示范是指由专家或者动作熟练者进行动作示范，将正确动作示范给学习者的示范方式；学习型示范是由初学者进行动作示范，将正确或者错误动作示范给学习者的示范方式[10][11]，而混合型示范是指示范中包含学习型示范和熟练型示范。本研究预实验中采用的示范类型即学习型示范、熟练型示范和混合型示范。

1.6 研究创新点

（1）以人体感觉和知觉信息作为研究视角，并以教师、学生、场地设施来源信息作为切入点，进而探讨田径运动技术教学信息整合的运用。

（2）综合采用系统整体性原理、观察学习理论、信息加工理论、闭环控制系统原理对田径运动技术教学信息整合进行研究和分析。

（3）首次系统分析了田径运动技术教学信息整合的定义、分类、特点、作用、层次、原则。

（4）首次实验验证了感觉信息整合、感知觉信息整合对田径运动技术教学的影响，并将绝对误差、绝对常数误差、变异误差等指标作为衡量田径运动技术教学效果的指标。

---

[10] 王晓波.不同观察学习和身体练习比例对追踪任务技能学习的影响[D].上海:上海体育学院,2009.

[11] William H, Edwards. Motor Learning and Control-From Theory to Practice[M]. Yolanda Cossio,2011:385-386.

1.7 研究技术路线(见图3)

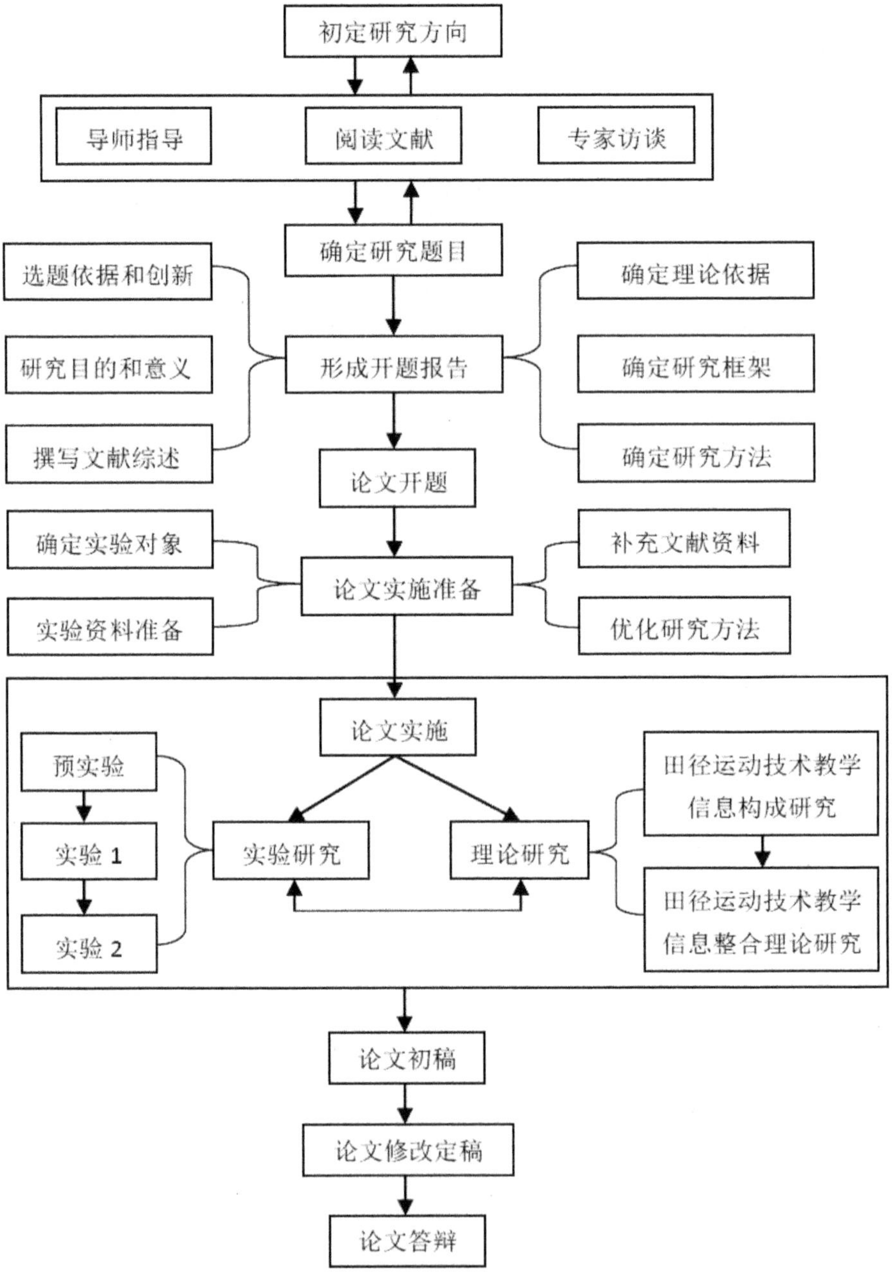

图 3　研究技术路线示意图

2 文献综述

2.1 信息和信息整合定义

2.1.1 信息定义

信息概念出自拉丁文(indicium),原意是解释、陈述和说明。据新版《辞源》考证,唐代诗人李中"梦断美人沉信息,目穿长路倚楼台"的诗句是"信息"一词国内最早记载[12]。维纳认为"信息就是信息,不是能量也不是物质"[13]。李亦农认为信息是认识主体(人、生物、机器)所感受和所表达的事物运动状态和运动状态变化的方式[14]。叶中行认为在通信领域,信息指通信的消息;在信号处理领域,信息包含了数字、数据、图像等进行运算和处理所需要的条件、内容和结果;信息也可以指人类对外部世界的感知[15]。许国志认为信息是人们在通信(包括人与人、人与自然的通信)中得到的数据、资料、情报、消息、知识等[16],并认为信息是能够表征一切物质属性的特殊属性[16]。林海认为信息是一种抽象的、概括的概念,它是指控制系统与外界相互作用过程中,反映物质和能量的形态、结构、状态、特征、运动变化、组织程度、有序程度和系统层次联系的客观事物的存在方式、运动趋势以及与之相应的浓缩化、积聚化了的广义的知识[17]。

由此可见,不同领域的研究者从不同角度对信息进行了定义,对全面的认识信息具有重要的意义。通过分析文献可知,目前研究者主要从本体论和认识论的视角对信息进行了释义,比如维纳、叶中行、林海以本体论视角分析,认为信息独立于人或其他有感知的事物而客观存在;而李亦农、

---

[12] 常绍舜.系统科学方法概论[M].北京:中国政法大学出版社,2004:116-117.

[13] 维纳.控制论[M].郝季仁,译.北京:科学出版社,1963:133.

[14] 李亦农,李梅.信息论基础[M].北京:北京邮电出版社,2008:2.

[15] 叶中行.信息论基础[M].北京:高等教育出版社,2007:1.

[16] 许国志.系统科学[M].上海:上海科技出版社,2000:342-343.

[17] 林海.信息与教学信息[J].引进与咨询,2000(1):16-17.

许国志则以认识论视角分析，认为信息以认识主体的主观感受而存在，而认识论视角是当前信息的研究中采用较多的视角，本研究亦采用认识论的视角。

2.1.2 信息整合定义

信息整合在不同的研究领域因研究重点差异而有不同的表达方式，比如信息整合、多传感器信息融合（简称信息融合）、数据融合等。目前对信息整合的定义较多，王杰贵等认为，多传感器信息融合是对来自多个传感器的数据进行多级别、多方面、多层次的综合处理，消除多传感器信息之间可能存在的冗余和矛盾，降低不确定性，从而产生新的有意义的信息[18]；管天云认为，人类可以将各种传感器的信息综合起来，并使这些信息相互补充、印证，完整地处理具有不同功能的多种传感器所获得的信息，实现由单个传感器所不能实现的识别功能，称为多传感器信息的融合[19]。范新南等认为，多信息融合就是把多个相同类型或不同类型的传感器所提供的局部观察量综合，消除信息之间的冗余和矛盾，利用信息互补，形成对环境的相对完整一致的感知描述，从而提高智能系统决策的快速性和正确性以及规划的科学性[20]。张道顺等认为，信息整合是指依据信息化发展趋势，在一定组织的领导下，实现对信息资源共享化、协调化，进而实现信息资源配置最优化、拓宽信息资源应用领域和最大化挖掘信息价值的管理过程[21]。

由此可见，虽然研究者用不同概念对信息整合进行了表述，并对不同概念进行了解释，但通过对所用概念的释义可知，对获得的多种信息依据某种准则进行组合，以获得对被观测目标综合的最佳估计[22]是不同概念释义的共性内容。

---

[18] 王杰贵，罗景青，尹成友.多传感器基于证据理论的机载雷达用途识别[J].系统工程与电子技术，2002，24(6)：49-52.

[19] 管天云.多传感器信息融合研究[D].杭州：浙江大学，1998.

[20] 范新南，苏丽媛，郭建甲.多传感器信息融合综述[J].河海大学常州分校学报，2005，19(1)：1-4.

[21] 张道顺，白庆华.城市信息化信息整合概念研究[J].情报杂志，2004(5)：7-9.

[22] 马静华.基于运动信息获取及智能处理的运动员训练指导系统研究[D].合肥：中国科学技术大学，2006.

2.2 田径运动技术教学信息国内外研究现状

2.2.1 田径运动技术教学信息国内研究现状

根据本文研究的实际需要，通过查阅文献、专家访谈，并结合教学经验，以“田径教学”、“教学信息”、“信息”、“信息整合”、“视觉”、“听觉”、“本体感觉”、“触觉”、“知觉”、“距离知觉”、“示范”、“讲解”、“提示”、“录像”、“多媒体”、“指导”、“纠正”、“反馈”等关键词查阅中文、外文电子文献，并进行分类综述，结果发现现有研究主要以视觉、听觉、本体感觉信息的研究为主，综述如下。

2.2.1.1 视觉信息研究概况

2.2.1.1.1 示范类视觉信息的研究

示范类视觉信息的研究主要分析了示范的作用、方法、影响因素等，其主要目的是提高对示范的认识，促进田径技术教学中教师示范的正确实施，进而提高教学效果。研究认为示范能提高技术的直观性、促进正确概念的建立、提高动作技术的掌握速度[23][24]，激发学生学习欲望和提高学习积极性，促进正确技能的形成[24]，提高运动成绩和掌握运动技术动作的能力[25]；并提出了动作示范必须目的明确、准确、合理、有效，需与讲解结合，并选择好示范的位置与方向[24]，“错误动作示范法”要与正确的动作示范相结合的观点[25]。而影响因素的研究主要分析了课堂教学中促进或者限制教师示范作用发挥的因素，比如有的研究认为影响示范类视觉信息传达的内部因素主要是教学群体、项目类别、项目与技术动作要素、技术学习的不同阶段，外部因素主要是时间、场地器材、天气和气候，并认为内部因素与田径运动技术教学内容有直接联系，对其讲解时机与示范位置的确定具有

[23] 王文武，任改珍.田径技术教学中的示范及其运用[J].山西体育科技，1996(1)：30-32.

[24] 谢玉琴.动作示范在田径教学中的作用及其运用[J].昌吉学院学报，2007(3)：65-67.

[25] 林勇.对田径运动技术教学中错误动作示范法的实验研究[J].重庆教育学院学报，2007，20(3)：114-115.

直接影响,而外部因素则具有间接影响[26]。

2.2.1.1.2 场地设施来源视觉信息的研究

场地设施来源视觉信息的研究分析了由场地设施提供的视觉信息的正面和负面作用,并提出了相应的建议。比如,有的研究认为标志对跳高选择正确的参照物、跑动位置、身体姿势具有导向作用,对运动员形成稳定的助跑节奏、形成正确的身体姿势和空间位置感觉有重要意义,并提出了助跑启动、直线加速、曲线过渡、弧线助跑、放脚起跳阶段视觉的注视点[27];而由横杆、立柱、垫子的变化引起的错觉对跳高教学的影响较大,并提出了言语刺激和场地器材设置的干预方法[28]。有的研究认为在跳远教学助跑中,大脑根据场地器材提供的视觉偏差对最后6~8步的步幅进行调整,从而避免助跑速度损失、节奏破坏,以达到准确上板、提高成绩的目的[29];而视觉差对起跳踏板具有重要的影响,并探析了视觉差形成的生理学原因,并提出了强调"下扒"、注意力转移、助跑节奏和跑跳结合、被动训练的纠正方法[30]。

2.2.1.1.3 其他来源视觉信息的研究

该部分研究主要以多媒体传递的视觉信息研究为主,主要分析了多媒体视觉信息的作用和具体操作方法等。研究认为多媒体类视觉信息有利于学生建立正确的概念,掌握好关键技术[31],有利于提高学生学习兴趣、更好地纠正错误动作、加快正确技术动作的形成、提高教师教学积极性、增强师生间互动[32]。

---

[26] 范洪彬,陈锐,李焰等.影响田径技术教学讲解时机与示范位置的若干因素[J].宜宾学院学报,2011,11(6):119-122.

[27] 阎洁.视觉对跳高运动员助跑稳定性的作用探析[J].山西师大体育学院学报,2005,20(2):0104-0106.

[28] 张海.跳高训练中视错觉形成原因及对成绩的影响[J].教学与管理,2007(21):104-105.

[29] 周强,虞锡芳,高峰.视觉判断在跳远运动中的作用[J].北京体育大学学报,1998(4):93.

[30] 黄永京,蔡继云.诊治青少年跳远运动员因视觉差造成起跳犯规的方法[J].华北煤炭医学院学报,2003,5(2):230.

[31] 张著.录像教学在跳远教学中的运用[J].辽宁教育行政学院学报,2007,24(8):123-124.

[32] 张铁军.录像分析法对背越式跳高技术教学效果的实验研究[J].吉林体育学院学报,2010,26(4):122-123.

2.2.1.2 听觉信息研究概况

听觉信息的研究主要对田径运动技术教学中语言、讲解的作用以及语言和讲解的运用方法进行了分析。研究认为语言是教学中最基本、最重要的方式之一，并提出了田径运动技术教学中教师言语信息的传递要具有精练性、知识性、趣味性、针对性、教育性[33]；语言信息的传递要注重术语准确、把握科学性，语言精当、重点突出，对象有别、因人而异，时机不同、目的明确[34]。研究认为讲解是教师与学生沟通、交流思想的重要途径，讲解要具有规范化、针对性、激励性，讲解的方法主要有描述法、解析法和提问法，在运动技能形成的不同阶段要采用不同的讲解策略[35]；讲解要向学生说明教学任务、动作名称、动作要领、做法及要求，讲解要语言精练、重点突出，幽默风趣、有艺术性等[36]。

2.2.1.3 本体感觉信息研究概况

田径运动技术教学研究中关于本体感觉信息的研究数量相对较少。田径运动技术教学研究中本体感觉信息的研究主要以实验研究为主，研究者通过设计相应的实验，以本体感觉信息训练为干预手段，通过实验前后测试指标的比较验证本体感觉信息训练对田径运动技术教学的影响，主要代表性研究如下：有的研究以跳远教学为例进行了实验研究，提出通过增强运动员的本体感觉从而提高步长、稳定步频，对提高助跑的准确度有极大帮助[37]。有的研究以标枪为例进行了实验研究，结果发现投掷臂本体感觉的敏感性对标枪成绩有着重要的影响，为标枪教学中把握技术重点、分解技术难点，适应现代教学改革、促进教学质量的提高提供依据[38]。而中长跑赛

---

[33] 彭立群.论田径教学中语言艺术的特点[J].新疆师范大学学报(自然科学版)，1998，17(1)：78-80.

[34] 张荣清.浅论田径技术课教学的语言运用艺术[J].武汉体育学院学报，1994(1)：91.

[35] 刘建.论田径教学中的讲解[J].成都体育学院学报，1988(2)：42-45.

[36] 何学敏.示范讲解在跨栏教学中的作用[J].高师理科学刊，2000，20(4)：87-88.

[37] 李海龙.高校体育专业跳远专修运动员踏板准确性的实验研究[D].北京：首都体育学院，2008.

[38] 李跃林，杨小坚.浅析动作准确性对标枪成绩的影响[J].辽宁体育科技，2004，26(1)：46.

前训练中加强本体感觉训练对运动员发挥最佳竞技水平具有重要的促进作用[39]。

2.2.2 田径运动技术教学信息国外研究现状

国外专门研究田径运动技术教学信息的文献较少,可查阅的研究主要以实验研究为主,将信息作为实验的主要或者辅助内容,以满足教学或训练的需要。根据查阅到的文献发现,国外研究主要以视觉信息居多,且研究主要以场地器材来源的视觉信息为主,代表性的研究如下。

有的研究表明,通过设置标志物的视觉信息,可以提高跳远踏板的准确性和减少踏板的误差,提出视觉标志起始点的确定应根据起跳时脚趾前端和起跳板距离的标准差来确定,且应该在助跑的最后四步的位置设置视觉标志[40]。有的研究对 19 名运动员的实验发现,视觉标志放置在助跑的最后 5 步也取得了很好的成绩,因此提出了视觉标志放置在助跑最后四步并不是绝对的观点[41]。有的研究认为高水平运动员在距离起跳板距离远时就会注视起跳板,而初学者在距离近时才注视起跳板[42]。有的研究发现,盲人运动员和视觉正常运动员的踏板准确性和误差相似,说明视觉信息可能不是影响跳远踏板准确性的因素[43]。有的研究对旋转掷铁饼技术中视觉的作用进行了研究,结果发现只呈现中央视觉的情况下运动员的成绩最差,只呈现中央视觉和盲掷的实验结果不存在显著性差异,而只呈现外周视觉和全视觉的成绩显著的比只呈现中央视觉好,研究认为外周视觉对提高旋转掷铁饼技术具有重要的作用[44]。

---

[39] 彭全德.中长跑运动员提高自我意象和本体感觉的对策[C].第十届全国心理学学术大会论文摘要集,2005:752-753.

[40] Berg,William P,Wade,etl.Visual regulation of gait in Bipedal Locomotion:Revisiting Lee,Lishman,and Thomson(1982)[J].Journal of Experimental Psychology:Human Perception and Performance,1994,20(4):854-863.

[41] Hay J G.Approach Strategies in the Long Jump[J].International Journal of Sport Biomechanics,1988(4):114-129.

[42] Scott MA,Li F X,Davids K.Expertise and the Regulation of Gait in the approach phase of the Long Jump[J].Journal of Sports Sciences,1997,15(6):597-605.

[43] Theodorou A,Skordilis E.Evaluating the approach run of class F11 Visual Impaired Athletes in Triple and Long Jumps[J].Perceptual and Motor Skills,2012,114(2):595-609.

[44] Lenoir M,Mazyn L.The Role of Visual input during rotation:The Case of Discus Throwing[J].Biology of Sport,2005,22(1):53-66.

2.3 信息整合的国内外研究现状

2.3.1 田径运动技术教学中信息整合研究概况

无论研究者意识到与否,田径教学研究中也存在少量的信息整合的研究。田径教学中信息整合的研究主要以理论研究为主,研究者根据教学经验对视觉和听觉信息的整合(讲解和示范的整合)进行了基本的阐述,并初步地提出了田径教学中视觉和听觉信息整合的方法。

有的研究认为在教学过程中讲解和示范相互依存、相互补充,只有将动作示范与动作讲解充分结合,才能体现教者的教学优势,提高教学效果[36];而讲解、示范的整合可分为:先示范后讲解、先讲解后示范、边讲解边示范三种形式,教师可根据教学项目和不同阶段、不同任务、不同对象,相应采取不同的讲解与示范的方法[45];更有研究认为在背越式跳高技术教学中,采用讲解、示范与表象训练方法的综合运用,更符合运动技能形成的规律,有利于学生正确运动技能的掌握。讲解、示范与表象训练方法的综合运用,有利于形成学生独立思考和独立操作能力,最大限度地发挥学生的主观能动性[46]。

2.3.2 其他动作技能领域信息整合研究概况

其他动作技能领域的信息整合研究主要以感觉信息整合的研究为主,比如视—听觉信息整合、视—本体感觉信息整合、视—触觉信息整合等。

有的研究以目标检测或识别作为任务发现视—听觉信息整合比单纯的视觉、单纯听觉的反应时更快、辨别更准确[47][48];有的研究以注视点反应时为实验任务,结果发现视—听觉信息整合的反应时明显的比视觉、听觉的反应时短[49];有的研究采用视觉、听觉整合和分离的方式对乒乓球运动技

[45] 张新运.浅议田径教学的形象讲解与示范[J].邯郸大学学报,2000(1):36-37.

[46] 孙铁民.论背越式跳高教学中传统教学方法与表象训练法的综合运用[J].吉林体育学院学报,2005,21(3):84-85.

[47] Frassinetti F,Bolognini N,Ladavas E.Enhancement of Visual Perception by Cross-modal Visuo-Auditory Interaction[J].Experimental Brain Research,2002,147(3):332-343.

[48] Frens M A,Van Opstal A J,Vander Willigen R F.Spatial and Temporal Factors Determine Auditory-Visual Interactions in Human Saccade Eye Movements[J].Perecption & Psychophysics,1995,57(6):80-81.

[49] 刘强.多感觉整合脑机制研究[D].重庆:西南大学,2010.

能学习进行了研究,发现视—听觉信息整合比单独视觉和单独听觉信息的学习效果好[50];有的研究以操纵杆距离预测任务为实验任务,发现视觉、听觉和本体感觉信息的整合能够提高运动技能学习的效果[51];有的研究采用视觉和听觉信息整合和分离的方式研究了直线行走任务,结果发现视—听觉整合的成绩比视觉和听觉分离组的成绩好[51]。

有的研究采用虚拟现实技术进行研究,发现在相对距离判断任务中,视—本体感觉信息整合能够显著地提高被试判断的准确性[52];有的研究表明视—本体感觉信息整合能够提高路径整合任务完成的准确性[53];有的研究认为视—本体感觉信息整合能够显著地提高速度知觉的准确性[54];有的研究认为视—本体感觉信息整合能够显著地提高距离复制任务的准确性和稳定性[55]。

有的研究以简单反应时为研究任务,发现视—触觉信息整合情况下反应时最快、准确率最高[56];有的研究对棒球击球手击球的准确性进行了研究,发现视觉、听觉和触觉信息整合对提高棒球手击球准确性具有很好的促进作用[57]。

2.4 小　结

现有文献对田径运动技术教学信息整合进行了研究,其研究对象主要包括视觉、听觉、本体感觉等信息,以理论研究居多。现有研究对后续研究

---

[50] Whiting, H. T. The effect of exercise on the visual and auditory acuity of Table-Tennis Players[J]. Journal of Motor Behavior, 1972, 4(3): 163-169.

[51] Crabtree DA, Crabtree MP. Transfer of Sensory-Integration Training[J]. Perceptual and Motor Skills, 1987, 64(2): 643-649.

[52] Sun H J, Campos J L, Chan G S. Multisensory Integration in the estimation of Relative Path Length. Experimental Brain Research, 2004, 154(2): 246-254.

[53] Kearns M J, Warren W H, Duchon A P, etl. Path Integration from optic flow and body senses in a homing task[J]. Perception, 2002(31): 349-374.

[54] Durgin F H; Gigone K; Scott R. Perception of visual speed while moving[J]. Journal of Experimental Psychology: Human Perception and Performance, 2005, 31(2): 339-353.

[55] 周佩灵. 动态距离知觉中的多感觉整合[D]. 重庆: 西南大学, 2011.

[56] Kritikos A, Brasch C. Visual and tactile integration in action comprehension and execution[J]. Brain Research, 2008(1242): 73-86.

[57] Gray R. How do batters use visual, auditory and tactile information about the success of a baseball swing[J]. Motor control and learning, 2009, 80(3): 491-501.

提供了大量参考，但仍存在以下不足：

第一，田径运动技术教学信息由哪些要素构成？现有研究多对听觉、视觉、本体感觉等感觉信息进行研究，而对知觉信息研究很少；且视觉的经验性、概括性的理论研究过多，而实验性研究太少，不同示范类型提供的视觉信息对田径运动技术教学的影响如何？已有的文献中没有提及。

第二，田径运动技术教学信息整合的定义、作用、特点、原则、层次、分类等应该是什么？现有可借鉴的研究多是心理学、工程学等领域的研究，田径运动技能领域的研究很少。

第三，信息整合（感觉信息整合、感知觉信息整合、知觉信息整合）对田径运动技术教学的影响如何？已有文献中只是"精讲多练""合理性""适宜性""科学性"等经验性的模糊阐述，缺乏实验研究。而其他动作技能领域主要以感觉信息整合研究为主，但研究任务（距离复制、直线行走、反应时、乒乓球技能等）与田径运动技能存在较大差异，不能够为田径运动技术教学提供足够的参考。

3 研究对象与研究方法

3.1 研究对象

田径运动技术教学信息整合运用作为研究对象。

3.2 研究方法

3.2.1 文献资料法

通过国家图书馆、北京体育大学图书馆等馆藏图书资料，中国知网、国外电子文库[PSYCHINFO(1967—2014)，EBSCO(1965—2014)，SPECIALSCIDBS(1965—2014)]等收集电子文献资料，获得了与本研究相关的动作技能学习、运动训练学、运动心理学、教学论、系统论、控制论、信息论、人类工程学等领域的资料，为本研究的开展提供了研究思路、理论依据和资料支撑。

3.2.2 调查法

3.2.2.1 问卷调查法

对研究框架、技术评分标准、教案、教师和学生问卷等研究资料进行专家问卷调查。研究采用专家判断法对研究框架、技术评分标准、教案、教师问卷、学生问卷、理论问卷的内容效度进行判定(五分制)，采用重测法对专家咨询的信度进行判定。

为提供研究可行性、必要性分析的基础资料，编制《田径运动技术教学信息整合运用教师调查问卷》(半开放式)，对田径运动技术教学中常用的信息及其运用状况进行调查；编制《田径运动技术教学信息整合运用学生调查问卷》，了解学习过程中学生对信息的运用状况。具体情况见表1~表3。

表1 专家问卷发放和专家构成状况

调查内容	专家构成		发放和回收状况				
	教授	副教授	发放	回收	有效	回收率	有效率
研究框架	10人	5人	15份	15份	15份	100%	100%
技术评分标准	10人	8人	18份	18份	18份	100%	100%
教案合理性	7人	3人	10份	10份	10份	100%	100%
教师、学生问卷	7人	3人	10份	10份	10份	100%	100%
理论试卷	7人	3人	10份	10份	10份	100%	100%

表2 专家问卷调查结果和信、效度

调查内容	调查结果					内容效度	重测信度
	非常赞成	比较赞成	不好说	不太赞成	不赞成		
研究框架	66.7%	33.3%	0	0	0	4.667	0.866
挺身式跳远技评标准	72.2%	27.8%	0	0	0	4.556	0.877
背向滑步推铅球技评标准	77.8%	22.2%	0	0	0	4.556	0.862
100米跑技评标准	61.1%	38.9%	0	0	0	4.444	0.892
挺身式跳远教案1	70.0%	30.0%	0	0	0	4.700	0.802
挺身式跳远教案2	80.0%	20.0%	0	0	0	4.800	0.875
挺身式跳远教案3	70.0%	30.0%	0	0	0	4.700	0.810
背向滑步推铅球教案1	80.0%	20.0%	0	0	0	4.800	0.829
背向滑步推铅球教案2	70.0%	30.0%	0	0	0	4.700	0.873
背向滑步推铅球教案3	60.0%	40.0%	0	0	0	4.600	0.836
100米跑教案1	70.0%	30.0%	0	0	0	4.700	0.813
100米跑教案2	80.0%	20.0%	0	0	0	4.800	0.832
教师问卷	80.0%	10.0%	10.0%	0	0	4.700	0.937
学生问卷	60.0%	30.0%	10.0%	0	0	4.500	0.899
理论试卷	50.0%	40.0%	10.0%	0	0	4.400	0.818

注：1=预实验，2=实验1，3=实验2。

表 3 教师和学生问卷调查情况

	发放	回收	有效	回收率	有效率
教师问卷	60 份	55 份	49 份	91.7%	81.7%
学生问卷	500 份	465 份	430 份	93.0%	86.0%

3.2.2.2 访谈法

研究过程中对研究框架、信息的构成和种类等,信息整合的方式、层次等,实验设计的可行性、教案、技术评分标准、调查问卷、理论试卷等访谈了部分专家、田径教师,获得了宝贵的建议。

3.2.3 统计法

采用 Excel2000、SPSS16.0 对采集数据进行数据输入、描述性统计、频数分析、信度分析、非参数检验、单因素方差分析、多因素方差分析、多变量方差分析、重复测量方差分析等。

3.2.4 逻辑法

采用归纳、演绎、对比等逻辑方法对实验结果进行分析与讨论。

3.2.5 实验法

3.2.5.1 预实验:示范类型和性别对田径运动技术教学的影响

3.2.5.1.1 研究目的与实验背景

示范是动作技能习得的重要途径,是练习者获得视觉信息的重要渠道,也是田径运动技术教学主要的教学方法。示范(Model)泛指通过观察一个或多个榜样,引起行为、思想和情感发生变化的过程。班杜拉提出,示范的一个特殊优点是能够借助符号化的榜样媒体,将具有广泛适用性的东西同时传给多人,观察者能够通过观察他人的行为习得认知技能和新的行为模式[2]。

学习型示范(Learning Model)、熟练型示范(Skilled Model)、混合示范(Mixed Model)是示范的主要类型。熟练型示范指由专家或者动作熟练者进行动作示范,将正确的动作示范给学习者的示范方式;学习型示范指由初学者进行动作示范,将正确或者错误的动作示范给学习者的示范方式[10][11],而混合示范是指示范中包含学习型示范和熟练型示范。不同示范类型对动作技能学习效果出现了研究不一致的状况:有的研究认为熟练型示范比学习型示范对动作技能的获得有利[58][59][60][61];有的研究认为学习型示范和熟练型示范对动作技能学习的效果不存在差异[62][63][64];有的研究认为学习型示范比熟练型示范对动作技能的学习更为有利[65][66][67];有的研究表明混合型示范对动作技能学习的效果有利[68][69]。有的研究认为在保持测试中学习型示范和熟练型示范的学习效果相同,但是在迁移测试中学习型示范的学习效果好于熟练型示范[10]。

田径运动技术教学是习得田径运动技能的主要途径,而示范是田径运动技术教学中视觉信息传递的重要方法,示范类型的合理性对教学效果具

---

[58] Mccullagh P. Modeling: Learning, developmental and social considerations[J]. Journal of Sport Psychology,1986(8):319-331.

[59] Bird G, Heyes C. Effector-dependent learning by observationof a finger movement sequence[J].J Exp Psychol Hum Percept Perform,2005(31):262-275.

[60] Heyes CM, Foster CL.Motor learning by observation:evidence from a serial reaction time task[J].Q J Exp Psychol A 2002(55):593-607.

[61] Hodges NJ, Chua R, Franks IM. The role of video in facilitating perception and action of a novel coordination movement.J Motor Behav,2003(35):247-260.

[62] Pollock B J, Lee, T D.Effects of the model's skill level on observational motor learning[J].Research Quarterly for Exercise and Sport,1992(63):25-29.

[63] Mccullagh P, Meyer KN.Learning versus correct models:Influence of model type on the learning of a free-weight squat lift[J].Research Quarterly for Exercise and Dance,1997, 68(1):56-61.

[64] Weir P L, Leavitt J L.The effects of model's skill level and model's knowledge of results on the acquisition of an aiming task[J].Human Movement Science,1990,9(3-5):369-383.

[65] Mccullagh P, Caird J K. Correct and learning models and the use of model knowledge of results in the acquisition and retention of a motor skill[J].Journal of Human Movement Studies,1990,(18):107-116.

[66] Black CB, Wright DL. Can observational practice facilitates error recognition and movement production? [J].Res Q Exercise Spor,2000(71):331-339.

[67] Buchanan JJ, Dean NJ.Specificity in practice benefits learning in novice models and variability in demonstration benefits observational practice[J].Psychol Res,2010(74):313-326.

[68] Rohbanfard H, Proteau L.Learning through observation:a combination of expert and novice models favors learning[J].Exp Brain Res,2011(215):183-197.

[69] Andrieux M, Proteau L.Observation learning of a motor task:who and when? [J]. Exp Brain Res,2013,215(8):221-234.

有重要的影响。田径研究领域对示范的研究仍存在于经验总结、文献综述等理论研究层面，少有的实验研究也没有严格对示范类型进行深入的探讨；纵观动作技能领域已有的研究文献，实验任务多是电脑追踪性质的序列反应时任务（SRT）[59][60][66][69]或其他方法[67]，主要对反应时（RT）指标进行研究，且以国外实验研究为主，少有的负重深蹲任务[63]的研究在实验任务上与田径运动技术有明显的不同，不能直接作为田径运动技术教学的借鉴。因此，田径运动技术教学中示范的研究存在很大不足，阻碍了田径运动技能学习领域正确认识和科学运用示范类视觉信息，不利于田径运动技术教学的开展。

研究目的：本实验选取挺身式跳远、背向滑步推铅球、100 米跑作为实验项目，目的在于：验证示范类型和性别对田径运动技术教学的影响，为实验 1 和实验 2 中视觉信息（示范类型）和被试（被试性别）的确定提供依据。

3.2.5.1.2　实验假设

（1）不同示范类型对田径运动技术教学效果具有不同的影响。

（2）田径运动技术教学效果存在性别差异。

（3）示范类型与性别对田径运动运动技术教学效果具有交互作用。

3.2.5.1.3　实验方法

（1）实验任务：掌握挺身式跳远、背向滑步推铅球、100 米跑技术。

（2）实验时间：2013 年 9 月 11 日至 12 月 13 日。

（3）实验对象：曲阜师范大学体育学院 2012 级 6 个班共计 96 名学生［每班 16 人，男女各 3 个班，男女各 48 名，年龄（18.656 ± 0.477）］，将 6 个班级分为学习型示范男生组、熟练型示范男生组、混合型示范男生组、学习型示范女生组、熟练型示范女生组、混合型示范女生组，所有被试者没有参加过类似的实验、没有系统地学习过田径运动技能。

（4）实验设计：采用多因素实验设计，其中自变量为示范类型和性别，即学习型示范、熟练型示范、混合型示范，男、女；因变量为技评、达标、理论成绩。

（5）实验材料：

①示范类型：任课教师作为熟练型示范，在各实验组内随机抽取一名学生作为学习型示范，混合型示范是教师和抽取的学生各示范 50%。

②场地器材：铅球、起跑器、发令枪、秒表、起跳板、米尺、成绩记录表、水笔、标准田径场等场地、器材、辅助设施。

③其他材料：课的教案、理论试卷、技术评分标准等。

（6）实验步骤（见图 4）：

①前测阶段：在专家访谈、参考文献的基础上，根据挺身式跳远、背向滑步推铅球、100 米跑的相关素质指标[70][71][72][73][74][75][76]，实验前对被试的 30 米跑、立定跳远、前抛铅球、后抛铅球、身高、体重进行测试。

②教学阶段：每组总示范的次数相同（正确、错误示范次数总和相同），示范的相对频率为 50%。其中：

熟练型示范组：教师示范一次并加以讲解，然后学生练习，根据练习情况再次示范（正确和/或错误示范），并配以教师讲解（正确动作、错误纠正等），然后学生再练习，循环往复。

学习型示范组：学生示范一次，同时教师加以讲解，然后学生进行练习，根据练习的情况再次由学生进行示范（正确和/或错误动作示范），并配以教师讲解（正确动作、错误纠正等），然后学生再练习，循环往复。

混合型示范组：教师示范一次并配以讲解，然后学生练习；根据练习情况由学生进行示范（正确和错误示范），并配以教师讲解（正确动作、错误纠正等），然后学生再练习；再次根据学生练习情况由教师进行示范（正确和错误示范），然后学生再练习，循环往复，其中教师和学生的示范各占 50%。

③测试阶段：第 8 次课进行技评、达标测试，考评人员由 2 名教师组成，并选定同一时间对学生的理论成绩集中测试。

[70] 程晖，高小爱.我国优秀男子跳远运动员专项素质指标体系的研究［J］.解放军体育学院学报，2005，4（1）：69-72.

[71] 张亚平，程晖，王麒麟.我国优秀男子跳远运动员专项素质指标体系及评价方法研究［J］.天津体育学院学报，2006，21（2）：171-173.

[72] 宋德海.北京市体校少年男子跳远运动员专项力量指标体系研究［D］.北京：首都体育学院，2010.

[73] 周睿.我国青少年女子铅球运动员专项身体素质指标体系及评价标准的研究［D］.北京：首都体育学院，2007.

[74] 宋德海.少年男子铅球运动员专项力量评价指标的研究［J］.运动，2012（48）：30-32.

[75] 袁运平.我国高水平男子百米跑运动员体能训练理论体系的研究［D］.北京：北京体育大学，2002.

[76] 张保顺.上海市二线男子短跑运动员选材与育才影响因素的研究［D］.上海：上海师范大学，2009.

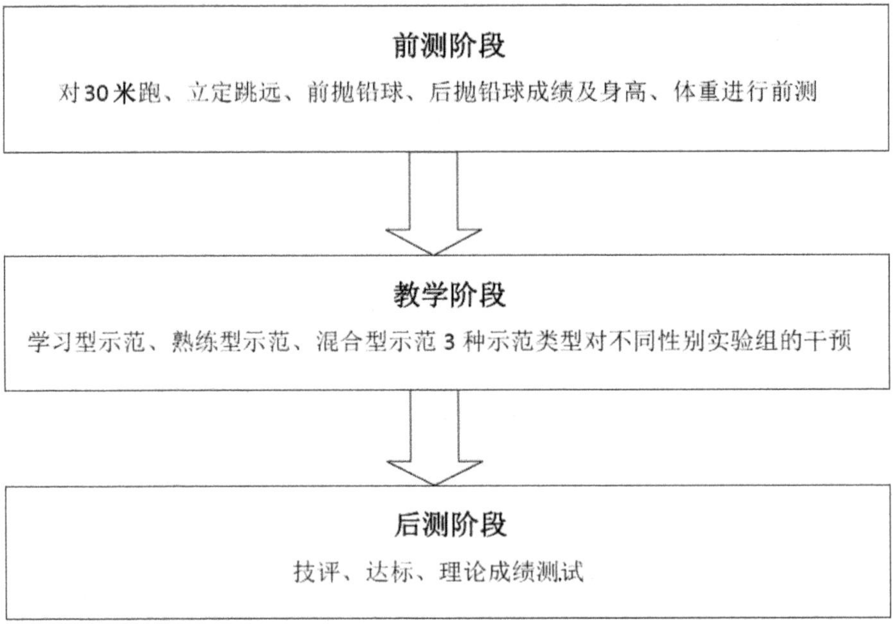

图4　示范类型和性别对田径运动技术教学影响的实验步骤

(7)统计方法:采用 Excel2000、SPSS16.0 进行数据输入、描述性统计、非参数检验(单样本 K-S 值检验)、单因素方差分析、双因素单变量方差分析、双因素多变量方差分析。

(8)实验控制:为保证教学内容和评价标准的一致,本实验采用统一的教案、统一的评分标准;为消除由于练习次数导致的影响,本研究中不同组间练习次数一致;为消除示范次数导致的影响,本研究中不同组间示范次数相同;为消除被试效应,实验前对基本身体素质进行测试;为消除主试效应,对任课教师和考评教师进行统一培训;为消除听觉信息的效应,听觉信息结合视觉信息一起呈现,每次听觉信息的内容为对练习结果的说明(结果反馈)和纠正方法或提示(操作反馈);所有的信息是集体性给予,保证同实验组内所有被试者获得相同形式和相同频率的信息。

3.2.5.2　实验1:感觉信息整合对田径运动技术教学的影响

3.2.5.2.1　研究目的与实验背景

感觉信息整合是人类获取信息的重要途径,不同感觉信息之间的整合都可称为感觉信息整合,比如视—本体感觉信息整合、视—听觉信息整合、视—触觉信息整合等,其中视—听觉信息整合是最常见的感觉信息整合形式,在各领域的研究和运用最多。

视觉和听觉信息是动作技能学习中重要的外源信息[9],是动作技能习得的主要途径,也是动作技能学习领域研究的重点之一。相关研究发现视—听觉信息整合有利于练习者技能的获得:有的研究以目标的检测或识别作为实验任务(光点移动等)[47][48][77][78],发现视—听觉信息整合比单纯的视觉、单纯听觉的反应时更快、辨别更准确;有的研究以踢踏舞学习为任务[79],发现视—听觉信息整合比单独视觉或听觉信息更能够促进踢踏舞动作序列的掌握;有的研究以注视点反应时为实验任务[49],发现视—听觉信息整合的反应时明显地比单独视觉、听觉信息的反应时短;有的研究以直线行走为任务[51],发现视—听觉信息整合对直线行走技能的习得具有促进作用。

田径运动技术教学是田径运动技能习得的重要途径,教师传达的视觉和听觉信息是田径运动技能习得的主要外源信息,而依托于示范的视觉信息和依托于讲解、提示等的听觉信息则是教师传递视觉和听觉信息的主要形式。相关研究表明,教师通过示范传递的视觉信息和通过讲解传递的听觉信息能够有效地提高田径运动技术教学效果[23][24][25][26],并对教师示范和讲解组合而成的视—听觉信息整合进行了研究,认为示范和讲解相互补充、相互依存[36],教师传递的视—听觉信息整合更符合运动技能的学习规律,更有利于运动技能的掌握[46],并提出了先示范后讲解、先讲解后示范、边讲解边示范三种教师传递的视—听觉信息整合的方式[45]。

示范和讲解、提示等传递的视觉、听觉信息对田径运动技术教学的重要性毋庸置疑,但目前对由示范和讲解、提示等组成的视—听觉信息整合的研究多是理论阐述和经验总结,并且关于视—听觉信息整合信息频率的研究数量极少。而其他动作技能领域视—听觉信息整合的研究任务多是目标检测[47][48]、路线复制[51]等认知技能和简单运动技能,少有的以踢踏舞运动技能[79]的研究其任务也与田径运动技能差异较大,且研究场景多为实验室研

[77] Zahn J R, Abel L A, & Dell'Osso L F. Audio-ocular response characteristics[J]. Sensory Processes, 1978(2): 32-37.

[78] Perrott D R, Saberi K, Brown K, etl. Auditory psychomotor coordination and visual search performance[J]. Perception & Psychophysics, 1990(48): 214-226.

[79] Roberto A, Francesco M, David B. Meaningful auditory information enhances perception of visual biological motion[J]. Journal of Vision, 2009, 9(4): 25, 1-7.

究,其中以实验室虚拟场景(Virtual Environment)居多,研究的生态效度(Ecological Validity)较低[80],不能为田径运动技术教学信息整合运用提供直接的参考。因此,为了提高田径运动技术教学的合理性、科学性,将课堂作为一个完整的系统,并综合教学中的示范、指导、讲解、提示、反馈于一体(本研究中教师的正确示范、错误示范等示范类视觉信息统称为视觉信息,教师的讲解、提示、语言反馈等听觉类信息统称为听觉信息),对视—听觉信息整合进行实验研究,并探寻信息频率的作用是必要和迫切的。

基于此,本实验探索感觉信息整合对田径运动技术教学的影响,采用教学中最为常见的教师外源视—听觉信息整合的方式(根据国内外研究惯例,以下简称为感觉信息整合),选取挺身式跳远、背向滑步推铅球、100 米跑为实验项目,以视—听觉信息整合、传统方式、视—听觉信息分离三种信息方式和不同信息频率对教学进行干预,目的在于:验证感觉信息整合对田径运动技术教学的影响,并为实验 2 中感觉信息整合(视—听觉信息整合)的确定提供依据。

3.2.5.2.2　实验假设

(1)感觉信息整合对田径运动技术教学具有促进作用。

(2)高信息频率对田径运动技术教学效果更好。

(3)信息方式与信息频率在田径运动技术教学效果上存在交互作用。

3.2.5.2.3　实验方法

(1)实验任务:掌握挺身式跳远、背向滑步推铅球、100 米跑技术。

(2)实验时间:2014 年 3 月 12 日至 6 月 13 日。

(3)实验对象:泰山学院体育学院 2013 级 6 个班共 90 名学生[每班 15 人,均为男生,年龄(18.615±0.510)]。将 6 个班分为视—听觉信息整合+50%信息频率组、视—听觉信息整合+70%信息频率组、传统教学+50%信息频率组、传统教学+70%信息频率组、视—听觉信息分离+50%信息频率组、视—听觉信息分离+70%信息频率组,所有被试没有参加过类似的实验、没有系统地学习过田径运动技能。

(4)实验设计:采用多因素实验设计,自变量为信息方式和信息频率,信息方式为视—听觉信息整合(感觉信息整合)、传统教学、视—听觉信息分离三种方式,信息频率约为 50%、70%;因变量为技评、达标、理论成绩和一般自我效能感、积极幸福感和心理烦恼得分。

---

[80]　章建成,施之皓,李安民,等.现场与试验室情境下乒乓球运动员对发球旋转判断的比较研究[J].天津体育学院学报,2012,27(4):277-281.

(5)实验材料:

①视觉信息材料:通过预实验发现,熟练型示范对田径运动技术教学的效果较好,因此实验1中的视觉信息材料采用预实验确定的熟练型示范(教师示范),视觉信息共包括练习前的完整正确示范、练习过程中的正确或错误动作示范,并做到各实验组别示范次数相同。

②听觉信息材料:教师对技术动作的讲解、练习结果的说明(结果反馈)和纠正方法或提示(操作反馈)等。

③场地器材:标准田径场地、铅球、秒表、米尺、沙耙、自制计分表、水笔等场地、器材、辅助设施。

④其他材料:课的教案、技术评分标准、理论试卷、一般自我效能感量表[81][82]、积极幸福感和心理烦恼量表[83]。

(6)实验步骤(见图5):

①前测阶段:实验前对学生的30米跑、立定跳远、前抛铅球、后抛铅球[70]~[76]、身高、体重进行测试。

②教学阶段:

感觉信息整合组:教师边示范边讲解一次,然后学生进行练习,教师根据练习情况向学生同时提供示范(正确、错误动作示范)和讲解(讲解、提示等),然后学生再练习,循环往复,整体的视—听觉信息整合的频率约50%或约70%。

传统教学组:教师边示范边讲解一次,然后学生进行练习,后续的课堂练习不对讲解和示范的整合进行限定,但讲解、示范的总频率约50%或约70%。

视—听觉信息分离组:教师边示范边讲解一次,然后学生进行练习,后续的课堂练习中讲解和示范分开进行,讲解和示范的总频率约50%或约70%。

教学过程中聘任研究人员对实验方案的完成情况进行监督,并在必要的情况下对教师进行提示。

③后测阶段:测试指标为达标、技评、理论成绩,心理指标为一般自我效能感、积极幸福感和心理烦恼。第8次课的技评、达标测试人员由2名教师组成,选定同一时间对学生的理论成绩集中测试;第1次、3次、5次、7次课

---

[81] 王才康,胡中锋,刘勇.一般自我效能感量表的信度和效度研究[J].应用心理学,2001,7(1):37-40.

[82] 申继亮,唐丹.一般自我效能感量表(GSES)在老年人中的使用[J].中国临床心理学杂志,2004,12(4):342-344.

[83] 张力为,毛志雄.体育科学常用心理量表评定手册[M].北京:北京体育大学出版社,2004:115-117.

后立即对学生的心理指标进行测试。

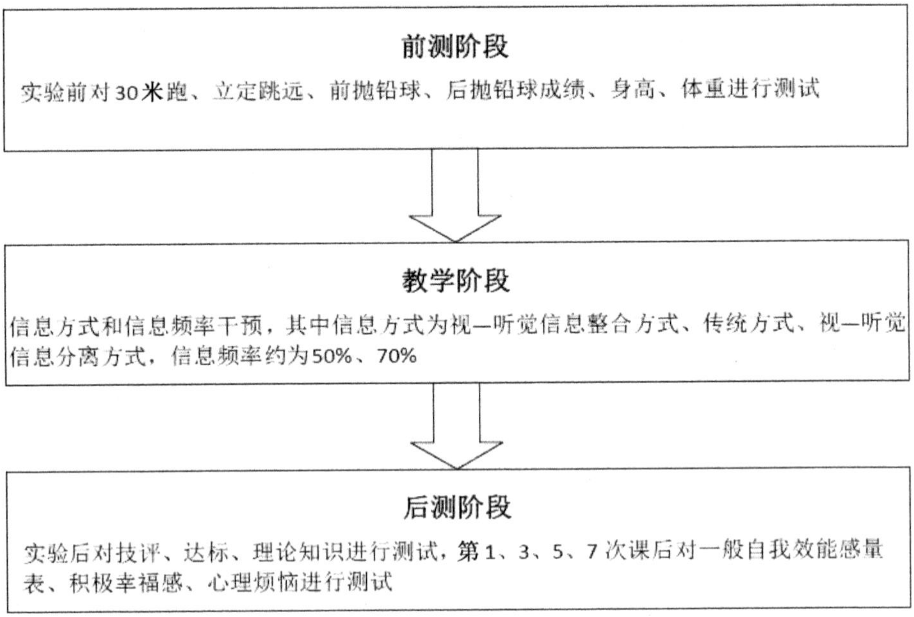

图5　感觉信息整合对田径运动技术教学影响的实验步骤

(7)统计方法:采用Excel2000、SPSS16.0进行数据输入、描述性统计、非参数检验(单样本K-S值检验)、单因素单变量方差分析、双因素多变量方差分析、重复测量方差分析。

(8)实验控制:为保证教学内容和评价标准一致,本实验采用统一的教案、统一的评分标准;为消除由于练习次数导致的影响,本研究中各实验组课堂练习次数一致;为消除被试效应,实验前对基本身体素质进行测试,并对心理指标进行多次前测;为消除主试效应,对任课教师、考评教师和聘任研究人员进行培训;所有的信息是集体性给予,保证同实验组内所有被试者获得相同形式、频率的信息。

3.2.5.3　实验2:感知觉信息整合对田径运动技术教学的影响

3.2.5.3.1　研究目的与实验背景

感知觉信息整合是为达到特定目标,对具有相互作用的感、知觉信息的获取、加工的过程。感知觉信息整合的目的是获得与目标相关的多种信息,为认知和行为提供最优的指导。感觉、知觉信息是动作技能学习和控制的重要基础,也是动作技能学习理论领域研究的重点之一。已有研究表明视、听觉信息整合[77][78][47][79][49][51],视、本体感觉信息整合[52][53][54][55],视、触觉信息整合[56],视、听、触觉信息整合[57]等形式的感觉信息整合对技能获得等具有很好的提高作用,且研究任务涉及路线复制、操作反应时、目标辨别、其他技能习得等,但感知觉信息整合对动作技能习得影响的研究很少。

感觉、知觉信息是田径运动技术教学的基础,但田径运动技能领域中感知觉信息整合的研究在数量、研究方法上存在较大不足,不能为田径运动技术教学中感知觉信息整合的运用提供参考。基于此,本研究选取挺身式跳远、背向滑步推铅球作为实验项目,采取视觉—距离知觉的感知觉信息整合方式(简称感知觉信息整合),目的在于:验证感知觉信息整合对田径运动技术教学的影响。

3.2.5.3.2 实验假设

(1)感知觉信息整合对挺身式跳远、背向滑步推铅球技评、达标成绩具有促进作用,对理论成绩的获得影响不显著。

(2)感知觉信息整合对挺身式跳远起跳技术和背向滑步推铅球滑步技术具有积极的影响。

(3)感知觉信息整合对距离知觉预测技能具有促进作用。

3.2.5.3.3 实验方法

(1)实验任务:掌握挺身式跳远、背向滑步推铅球技术。

(2)实验时间:2014年9月8日至12月12日。

(3)实验对象:曲阜师范大学体育学院2013级6个班共计96名学生[每班16人,均为男生,平均年龄(18.625±0.487)]。将6个班分为挺身式跳远视觉信息组、挺身式跳远距离知觉信息组、挺身式跳远视觉+距离知觉信息组(感知觉信息整合组)、背向滑步推铅球视觉信息组、背向滑步推铅球距离知觉信息组、背向滑步推铅球视觉+距离知觉信息组(感知觉信息整合组),所有被试者没有参加过类似实验、没有系统地学习过田径运动技能。

(4)实验设计:采用单因素实验设计,自变量为信息方式,即视觉+距离知觉信息整合、视觉信息、距离知觉信息;因变量为:挺身式跳远和背向滑步推铅球技评、达标、理论成绩,挺身式跳远起跳踏板和距离预测的绝对误差、绝对常数误差、变异误差(前后、左右);背向滑步推铅球滑步距离、落地后两脚距离、总距离,右脚落地绝对误差、绝对常数误差、变异误差,左脚落地合理性、落地变异误差,滑步距离预测绝对误差、绝对常数误差、变异误差。

(5)实验材料:

①视觉信息材料：

挺身式跳远：视觉信息材料包括助跑道上助跑启动位置和倒数第4步标志（见图6）。

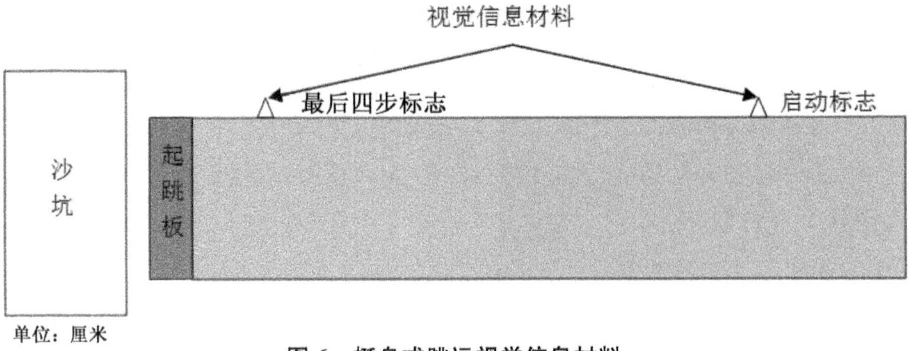

图6　挺身式跳远视觉信息材料

背向滑步推铅球：在投掷圈后沿标志滑步起始位置，在投掷圈中间和左下方标志落脚位置（见图7）。

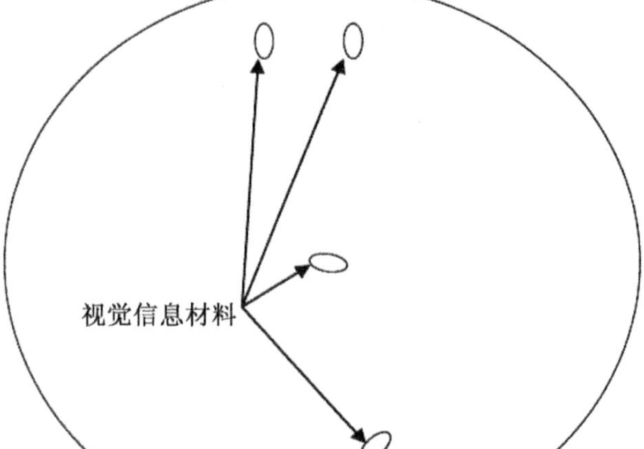

图7　背向滑步推铅球视觉信息材料

②距离知觉信息材料：

挺身式跳远：以起跳板前沿为零点（靠近沙坑一边），以前后2厘米、左右5厘米的方格将起跳板及延伸区域进行划分，作为距离知觉预测的材料（见图8）。

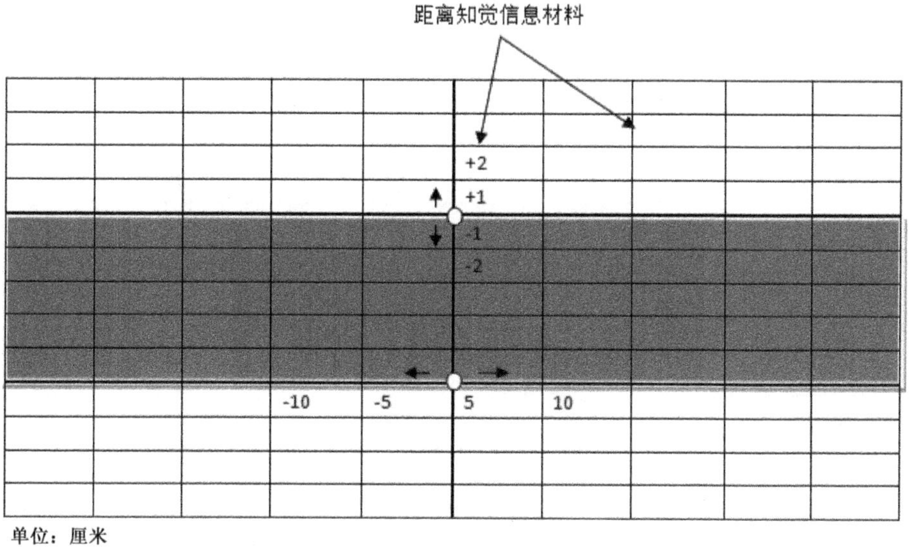

图 8　挺身式跳远距离知觉信息材料

背向滑步推铅球：将投掷圈以圆心为原点、以 10 厘米为单位进行划分，X 轴值左负右正，Y 轴上正下负，作为距离知觉预测的材料（见图 9）。

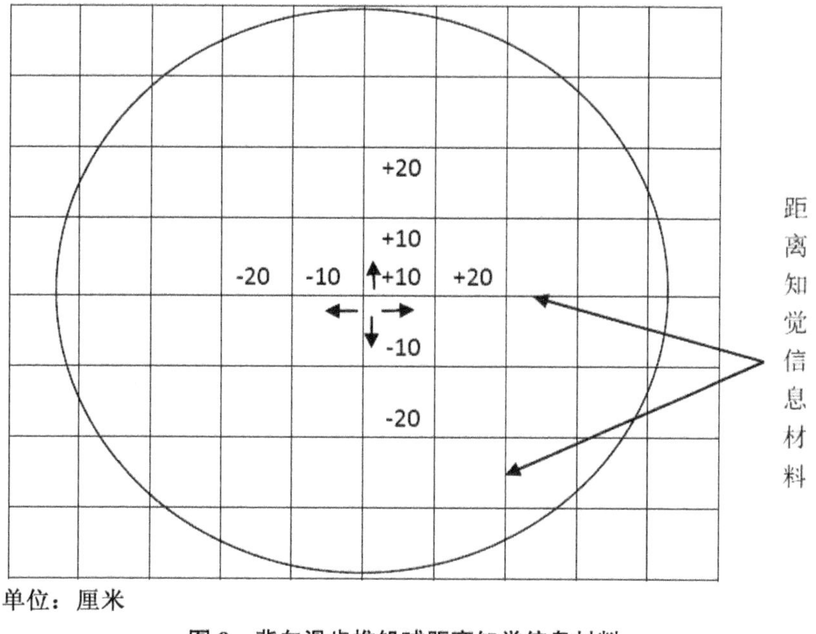

图 9　背向滑步推铅球距离知觉信息材料

③感知觉信息整合材料：

挺身式跳远：将挺身式跳远视觉和距离知觉信息材料结合（见图 10）。

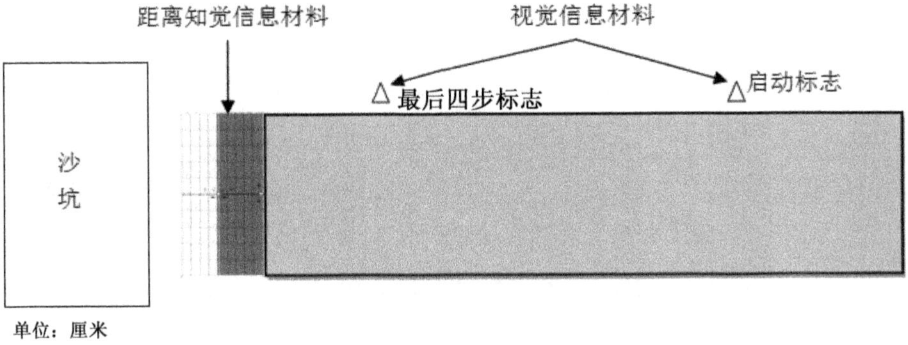

图 10　挺身式跳远感知觉信息整合材料

背向滑步推铅球：将背向滑步推铅球视觉和距离知觉信息材料结合（见图 11）。

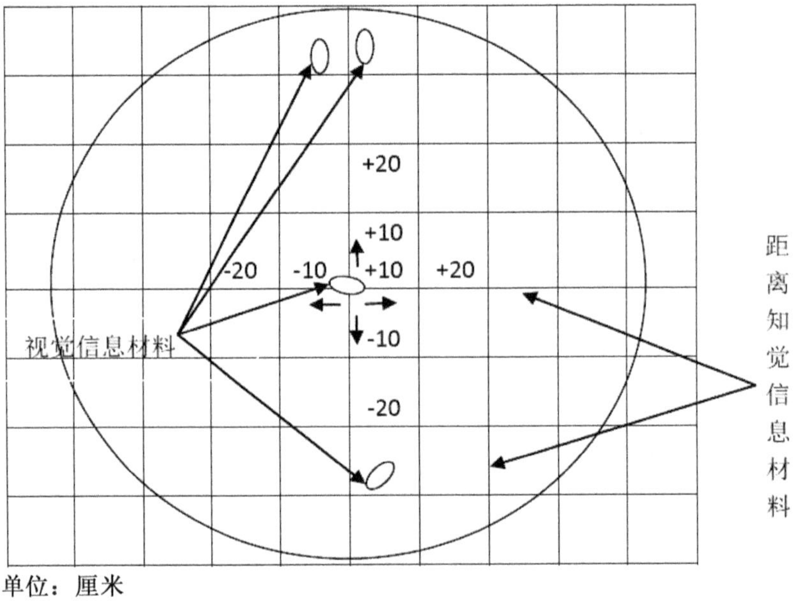

图 11　背向滑步推铅球感知觉信息整合材料

④场地器材：跳远场地、铅球场地、Sony JVC 数码摄像机、笔记本电脑（ThinkPad E430c）、米尺、粉笔、自制计分表、水笔等场地、器材、辅助设施。

⑤其他材料：课的教案、理论试卷、技术评分标准等。

（6）实验步骤（见图 12）：

①前测阶段：实验前对学生 30 米跑、立定跳远、前抛铅球、后抛铅球成绩[70]~[76]、身高、体重进行前测。

②教学阶段：教学阶段开始前对所有被试者讲解实验方案，并每人练习 5 次。教学过程中教师外源视、听觉信息的呈现以实验 1 结果呈现，即采用视—听觉信息整合 50%频率（感觉信息整合 50%频率）的方式进行。

挺身式跳远：

视觉信息组：起跳上板练习（确定起跳点练习、半程助跑练习、全程助跑练习等）按照实验设计放置启动标志和最后四步标志提供的视觉信息进行练习。

距离知觉信息组：起跳上板练习（确定起跳点练习、半程助跑练习、全程助跑练习等）按照实验设计进行距离知觉预测，即学生踏跳后要求学生口头报告上板或没上板的距离，比如"上板 6 厘米""未上板 6 厘米""超板 6 厘米""靠左 5 厘米""靠右 5 厘米"等。在踏板左侧和正前方放置录像机，将学生的踏板情况进行录像，录像人员（聘任研究人员）根据录像中学生的踏板情况在学生口头报告上板情况后对学生进行呼报（听觉距离反馈），比如"上板 4 厘米""未上板 4 厘米""超板 4 厘米""靠左 10 厘米""靠右 10 厘米"，等等，反馈频率约为 50%，另一名聘任研究人员对学生口头呼报距离和实际距离进行记录。

视觉+距离知觉信息组（感知觉信息整合组）：将视觉信息组和知觉信息组的教学方法结合在一起。

背向滑步推铅球：

视觉信息组：滑步技术练习时（滑步技术练习、完整技术练习等），提示学生滑步到指定位置（见视觉材料），学生练习过程中以眼睛的余光关注左右脚落脚位置，并努力滑步到指定的位置。

距离知觉信息组：滑步技术练习时（滑步技术练习、完整技术练习等），滑步完成后学生不看脚的位置口头呼报自己预测的两脚位置的坐标（以脚尖的位置为标准），比如"（10，20）""（20，50）"等。在投掷圈正后方和左侧放置录像机，将学生的滑步情况进行录像，录像人员（聘任研究人员）根据录像中学生的踏板情况在学生口头报告上板情况后对学生反馈（听觉距离反馈），比如"（10，30）""（10，40）"等，反馈频率约为 50%，另一名聘任研究人员对学生口头呼报坐标和实际坐标进行记录。

视觉+距离知觉信息组（感知觉信息整合组）：将视觉信息组和距离知觉信息组的教学方法合并在一起。

③测试阶段：

测试指标：挺身式跳远和背向滑步推铅球技评、达标、理论成绩，挺身式跳远起跳踏板和距离预测的绝对误差、绝对常数误差、变异误差(前后、左右);背向滑步推铅球滑步距离、落地后两脚距离、总距离,右脚落地绝对误差、绝对常数误差、变异误差,左脚落地合理性、落地变异误差,滑步距离预测绝对误差、绝对常数误差、变异误差。第 8 次课进行技评,达标,挺身式跳远起跳上板技术、背向滑步推铅球滑步技术测试,测试小组由 2 名教师、1 名摄像人员组成,每名学生 3 次试跳、试掷机会,摄像人员对学生的踏板、滑步情况进行摄像,第 8 次课的下周二集中对理论知识进行考核。

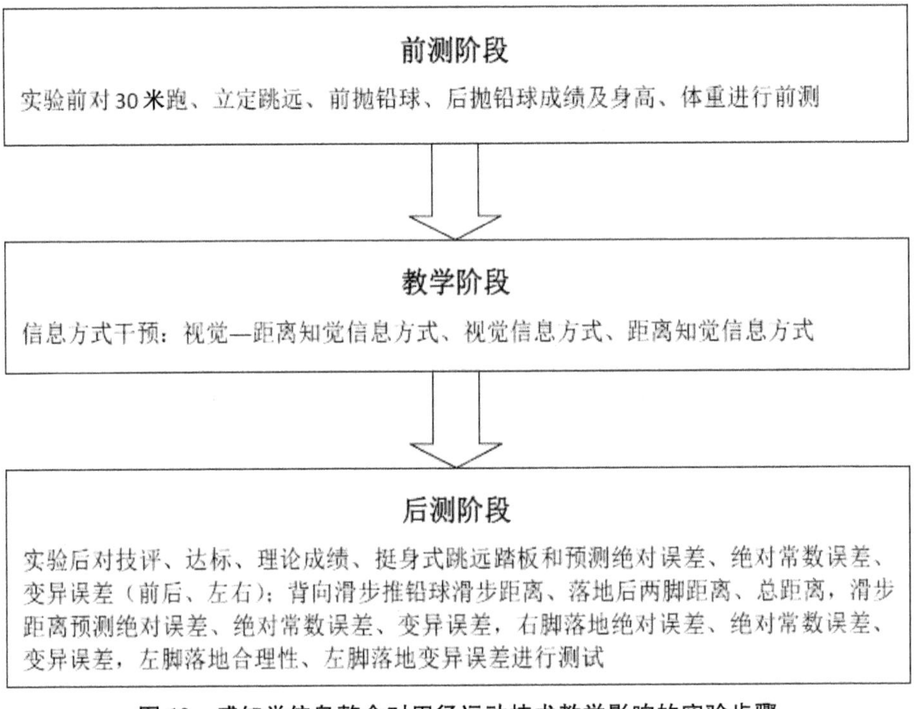

图 12 感知觉信息整合对田径运动技术教学影响的实验步骤

(7)统计方法:

①测试指标计算方法:技评、达标、理论成绩采用百分制,其中技评成绩为两位专家的主观评分,达标成绩为客观的丈量远度,理论成绩为学生理论试卷考试得分。

挺身式跳远起跳踏板指标:准确性指标为绝对误差(AE),误差指标为绝对常数误差(ACE),一致性指标为变异误差(VE),绝对误差、绝对常数误差和变异误差根据脚尖的 X 轴(左右)或 Y 轴(前后)坐标值计算。其中前后绝对误差表示起跳点与起跳板前沿的间距,前后绝对常数误差表示起跳点偏离起跳板前沿的误差,前后变异误差表示起跳点在 X 轴上的离散程度;左右绝对误差表示起跳点与起跳板 Y 轴中点的间距,左右绝对常数误差表示起跳点偏离起跳板 Y 轴中点的误差,左右变异误差表示起跳点在 Y 轴上的离散程度。

挺身式跳远踏板准确性(绝对误差)[84][85]:

$$AE = \frac{\sum_{i=1}^{n} |x_i - x|}{n}$$

挺身式跳远踏板误差(绝对常数误差)[86][87]:

$$ACE = \frac{\left|\sum_{i=1}^{n} x_i - x\right|}{n}$$

挺身式跳远踏板一致性(变异误差)[84][86]:

$$VE = \sqrt{\frac{\sum_{i=1}^{n} (x_i - x)^2}{n - 1}}$$

挺身式跳远预测准确性(绝对误差)[84][85]:

$$AE = \frac{\sum_{i,j=1}^{n} |[x_j - (x_i - x)]|}{n}$$

挺身式跳远预测误差(绝对常数误差)[86][87]:

$$ACE = \frac{\left|\sum_{i,j=1}^{n} [x_j - (x_i - x)]\right|}{n}$$

挺身式跳远预测一致性(变异误差)[84][86]:

$$VE = \sqrt{\frac{\sum_{i,j=1}^{n} [x_j - (x_i - x)]^2}{n - 1}}$$

其中,X_i 表示前后或左右上板距离;X_j 表示前后或左右预测距离;X 表示0 厘米;i、j 表示第几次练习;n 表示总练习次数。

背向滑步推铅球滑步指标:准确性指标为绝对误差(AE),误差指标为

[84] Magill R A.运动技能学习与控制[M].张忠秋,等译.北京:中国轻工业出版社,2005:25-27.

[85] Judith A S.Absolute Error Revisited:An Accuracy Indicator in Disguise[J].Journal of Motor Behavior,1986,18(2):225-238.

[86] Schutz W,Roy E A.Absolute error:The devil in disguise[J].Journal of Motor Behavior,1973,(5):141-153.

[87] Schutz R W.The measuremen1 of change in physical education:Proceedings of the Colorado Measurement Symposium[M].Boulder,co,1977:82-100.

绝对常数误差(ACE),一致性指标为变异误差(VE),绝对误差、绝对常数误差和变异误差根据脚尖的 X 轴(左右)和 Y 轴(前后)坐标值计算,其中绝对误差表示落地点与圆心的间距、绝对常数误差表示落地点偏离圆心的误差、变异误差表示落地点的离散程度;滑步距离是指右脚滑步的起点到止点之间的距离,滑步后两脚间距离是指滑步完成落地后左右两脚之间的距离,总距离是指右脚滑步的起点至滑步完成后左脚落地点之间的距离,距离数据根据脚尖的 X 轴(左右)和 Y 轴(前后)坐标值计算;左脚落地合理性是落地后左脚脚尖到右脚脚后跟之间的 X 轴方向距离。

背向滑步推铅球滑步距离:

$$A=\frac{\sum_{i,j=1}^{n}\sqrt{(x_i-x_j)^2+(y_i-y_j)^2}}{n}$$

背向滑步推铅球两脚距离:

$$B=\frac{\sum_{j,a=1}^{n}\sqrt{(x_j-x_a)^2+(y_j-y_a)^2}}{n}$$

背向滑步推铅球总距离:

$$C=\frac{\sum_{i,a=1}^{n}\sqrt{(x_i-x_a)^2+(y_i-y_a)^2}}{n}$$

背向滑步推铅球左脚落地合理性:$D=X_a-X_c$

背向滑步推铅球右脚落地准确性(绝对误差)[88]:

$$AE=\frac{\sum_{j=1}^{n}\sqrt{(x_j^2+y_j^2)}}{n}$$

背向滑步推铅球右脚落地误差(绝对常数误差)[88]:

$$ACE=\sqrt{\left(\frac{\sum_{j=1}^{n}x_j}{n}\right)^2+\left(\frac{\sum_{j=1}^{n}y_j}{n}\right)^2}$$

背向滑步推铅球右脚落地一致性(变异误差)[88]:

$$VE=\sqrt{\frac{\sum_{j=1}^{K}\left[\left(x_j-\frac{\sum_{j=1}^{n}x_j}{n}\right)^2+\sum_{j=1}^{K}\left(y_j-\frac{\sum_{j=1}^{n}y_j}{n}\right)^2\right]}{K}}$$

[88] Hancock G R, Butler M S, Fischman M G. On the problem of two-dimensional error scores: Measures and analyses of accuracy, bias, and consistency [J]. Journal of Motor Behavior, 1995, 27(3): 241–250.

背向滑步推铅球左脚落地一致性(变异误差)[88]：

$$VE = \sqrt{\frac{\sum_{a=1}^{K}\left[\left(x_a - \frac{\sum_{a=1}^{n} x_a}{n}\right)^2 + \sum_{a=1}^{K}\left(y_a - \frac{\sum_{a=1}^{n} y_a}{n}\right)^2\right]}{K}}$$

其中，x 表示横坐标数值；y 表示纵坐标数值；X_i、Y_i 表示预备姿势时右脚坐标，X_j、Y_j 表示滑步落地后右脚脚尖坐标，X_c 表示滑步落地后右脚脚跟坐标，X_a、Y_a 表示滑步落地后左脚脚尖坐标，i、j、a、c 表示第几次练习，n、k 表示总练习次数。

此外，背向滑步推铅球滑步的预测准确性、落地误差、落地一致性的计算方法与挺身式跳远踏板准确性、误差和一致性的计算方法相同，但公式中 X_i 值为预测距离，X 值为滑步距离(A)。

②统计方法：采用 Excel2000、SPSS16.0 进行数据输入、描述性统计、非参数检验(单样本 K-S 检验)、单因素单变量方差分析、单因素多变量方差分析。

(8)实验控制：为保证教学内容和评价标准的一致，本实验采用统一的教案、统一的评分标准；为消除由于练习次数导致的影响，本研究中不同组间课堂练习次数一致；为消除被试效应，实验前对被试基本身体素质进行测试；为消除主试效应，实验前对任课教师、聘任研究人员进行培训。

4 研究结果与分析

4.1 本研究中信息的定义

鉴于信息定义的广泛性和本研究的特异性，有必要明确本研究中田径运动技术教学信息的概念，明确概念则必须明确其内涵和外延[89][90]，而明确概念内涵和外延的方法分别是定义和划分。基于本研究需求，借鉴信息、教学信息的相关定义，结合专家访谈，本研究中信息的操作定义为：田径运动技术教学过程中，为实现技术教学目标而运用的来自教师、学生、场地器材的感、知觉信息。该定义是规定的语词定义，是狭义的信息。

该操作定义着重强调以下几点：第一，对研究的范围进行界定。本研究只研究技术教学开展中发生的信息，技术教学之外的信息不在本研究之列。第二，对研究视角进行了界定。本研究以感、知觉信息为研究视角对田径运动技术教学中的信息进行研究。第三，对信息的来源进行了界定。本研究主要研究来自于教师、学生自身、教学中所运用的场地器材方面的信息，其他来源信息不在本研究之列。第四，对信息的功能进行了规定。对促进田径运动技术学习为目标的信息进行研究，而干扰田径运动技术学习的信息则不在本研究之列，比如恶劣天气等相关信息。

4.2 田径运动技术教学信息的构成

田径运动技术教学信息与人类感、知觉信息之间是特殊与一般的关系，其必定具有个性特征，反映在构成上则是田径运动技术教学信息系统的构成要素不同。在问卷调查和访谈的基础上，并结合文献资料，认为田径运动技术教学信息由感觉信息、知觉信息构成，其中感觉信息主要包括视觉、听觉、本体感觉、触压觉、前庭感觉等信息，知觉信息主要包括距离知觉、时间

[89] 刘江.逻辑学推理和论证[M].广州：华南理工大学出版社，2010：16-17.

[90] 李娜.逻辑学导论[M]：武汉：武汉大学出版社，2010：20.

知觉、方位知觉、形状知觉、大小知觉等信息(见表4)。

表4 田径运动技术教学信息的构成

感觉信息	知觉信息
视觉、听觉、本体感觉、前庭感觉、触压觉等信息	距离知觉、时间知觉、方位知觉、形状知觉、大小知觉等信息

4.2.1 感觉信息

感觉是客观事物直接作用于人的感觉器官而在人脑中形成的对事物的个别属性的反应[91]。感觉是人类认识客观世界的基础,无论是简单的事物还是复杂的事物,人类对其认识则必须从感觉开始。通过感觉获得的信息叫作感觉信息,人类通过不同的感受器获得不同的感觉信息,感觉信息在人类获得的信息中占有重要的地位。田径运动技术教学过程是信息传递的过程,感觉信息是田径运动技术教学中信息的重要组成部分。

4.2.1.1 视觉信息

通过视觉感受器获得的信息称为视觉信息。客观世界的信息有80%是通过视觉获得的,当视觉信息与其他渠道的信息发生矛盾时,人类接受的往往是视觉信息[91],因此视觉信息是人类最为重要的感觉信息。视觉可分为中央视觉和周边视觉,视觉信息亦分为中央视觉信息和周边视觉信息,中央视觉信息和周边视觉信息在田径运动技术教学中均具有重要的意义。

4.2.1.1.1 中央视觉信息(见表5)

表5 田径运动技术教学中央视觉信息的构成

信息来源	动作时间	动作空间
学生、教师、场地器材	动作开始、动作进行、动作结束	长度、宽度、高度

中央视觉是确认物体的视觉系统,其位于人的视野中央,受意识的支配,受周围事物运动和光线的影响。由中央视觉获得信息称为中央视觉信息,中央视觉信息是与选择性注意联系在一起的有意识的视觉信息,它是人类为了达到确认物体的目的而获得的视觉信息。

田径运动包含项目众多,其技术结构也较为复杂,尽管学生具有人体基

[91] 李玉杰.心理学[M].北京:中国书籍出版社,2013:49-50.

本的跑、跳、投能力,但相对复杂的技术(比如跳高、标枪等)必须经过系统的学习才能够掌握,而学习的基本途径则是学生必须集中注意力观察技术动作的身体姿势、动作轨迹、动作时间、动作速度、动作速率、动作力量和动作节奏等技术要素、动作基本结构、技术结构等,以获得对运动技术的正确认知。集中注意力观察的过程是有意识的过程,是中央视觉信息采集、输入、加工的过程,因此中央视觉信息在田径运动技术教学中尤为重要。

田径运动技术教学中央视觉信息按照信息来源的不同可分为教师、学生、场地器材来源的信息,比如教师的示范属于教师来源的信息、模仿学习者的信息属于学生来源信息、跳远的起跳标志属于场地器材来源信息等;根据动作执行时间的不同可分为动作开始阶段、动作进行阶段、动作结束阶段信息,比如教师示范跨栏步技术的起跨攻栏是动作开始信息、腾空过栏是动作进行过程信息、下栏着地是动作结束信息,而三者信息的组合则是动作全过程信息;根据动作执行的空间关系可分为长度、高度、宽度信息,比如跳高的起跳高度信息、跑道的长度和宽度信息等。

4.2.1.1.2 周边视觉信息(见表6)

表6 田径运动技术教学周边视觉信息的构成

动作时间	动作空间
动作开始、动作进行、动作结束	长度、宽度、高度

周边视觉占据了中央和周边的全部视觉,而且它的功能不受光线变暗的影响,周边视觉专门作用是帮助动作控制,具有发现环境中运动的物体及其位置的功能[92],由周边视觉获得的信息为周边视觉信息。周边视觉专门作用是帮助动作控制,具有发现环境中运动的物体及其位置的功能,因此周边视觉信息主要通过环境中运动的物体及其位置提供。

田径运动技术的学习是系统的过程,田径运动技术具有多环节性和特殊的动作基本结构,是由跨关节的不同动作组成的专项动作模式,是一个系统的整体。在田径运动技术学习的初始阶段,由于田径运动技术的复杂性[93]和学生自身认知、体质等因素的作用,学生往往不能够对动作进行良好的控制,在此情况下周边视觉信息的获得能够帮助学生提高动作控制能力,对掌握田径运动技术具有重要的促进作用。

---

[92] 张英波.运动技能学理论与实践[M].北京:高等教育出版社,2012:76.

[93] 赵洪波.田径运动技能系统特征及其学习过程中迁移指导策略研究[D].北京:北京体育大学,2013.

田径运动技术教学周边视觉信息按照时间顺序可分为动作开始阶段、动作进行阶段、动作结束阶段的周边视觉信息，以挺身式跳远技术教学助跑技术为例，在助跑道上放置启动标志为动作开始信息，助跑步点上放置步点标志和最后四步放置标志为动作进行过程信息，起跳板为动作结束信息，三个信息的组合为动作全过程信息；按照空间可以分为长度、宽度和高度周边视觉信息，比如跳远助跑中标志点之间的距离长度信息、为提高起跳高度设置的障碍物高度信息、落地区的宽度信息等。

4.2.1.1.3 中央视觉信息与周边视觉信息的关系

中央视觉信息是周边视觉信息的基础。根据动作技能信息处理的程序，动作信息的整个处理过程为输入、加工、输出过程，其中加工过程包含刺激确认、反应选择、反应程序三阶段[94]。刺激确认就是选择性注意的过程，也是中央视觉信息获得的过程，在此基础上才产生反应选择、反应程序，最后以动作执行的外在表现输出，因此中央视觉信息的获得可以看作是动作技能学习的开始，是后续信息加工和技术练习的前提。由于周边视觉主要与动作控制有关，而动作控制主要在动作执行过程中才能够产生，即主要在技术练习过程中产生动作控制，从一堂田径运动技术课的纵向时间顺序分析，在运动技术教学过程中学生的动作执行必须建立在对技术动作形成基本的表象基础上，只有这样才能够保证技术动作的规范性和准确性。学生通过观察教师的示范、多媒体技术、场地器材获得中央视觉信息其目的就是对技术动作形成正确的表象，尤其是观察教师的示范动作所获得的中央视觉信息尤为重要。因此中央视觉信息是周边视觉信息的前提，这符合动作技能信息加工过程、田径运动技术教学规律和人们认识规律。

周边视觉信息是中央视觉信息的补充。中央视觉信息的作用主要体现在动作开始之前，而一旦动作执行开始，中央视觉信息的作用减弱，周边视觉信息的作用增大。动作执行开始后，大脑接收周边视觉信息并不断地进行校正，以保证动作执行的准确性、稳定性，达到动作控制的目的。因此，中央视觉信息在动作开始之前获得了有关运动技术的直观信息，属于动作开始前的视觉信息，对动作的执行具有前馈控制作用；而周边视觉信息在动作执行的过程中发挥动作控制的价值，属于动作进行过程中的信息，对动作的执行具有反馈控制作用。在动作进行过程中，在多种因素的干扰下中央视觉信息的前馈控制作用逐渐减少，甚至消失，此时周边视觉信息的反馈控制能够提高动作执行的准确性、稳定性。所以，周边视觉信息对中央视觉信息

[94] 张英波.运动技能学理论与实践[M].北京：高等教育出版社，2012：39-40.

具有补充的作用。

4.2.1.2 听觉信息(见表7)

表7 田径运动技术教学听觉信息的构成

信息来源	动作时间
学生、教师、场地器材	动作开始、动作进行、动作结束

听觉感受器接收到刺激后经神经传导到大脑的相关中枢,经一系列的加工形成听觉。听觉的适宜刺激是声音,声音是由物体振动而引起的,而声音中包含的内容则为信息[95],即听觉信息,因此通过听觉所获得的信息称为听觉信息,听觉信息是人类感觉信息的重要组成部分。

听觉信息作为人体重要的感觉信息,是人类赖以生存和发展的重要信息,而在田径运动技术教学中听觉信息也具有重要的作用。田径运动技术具有复杂性特征,且每个运动项目具有相对独特的技术结构,田径运动技术的复杂性决定了其传授和习得的高难度。为保证学生对技术认识的客观性和准确性,保证学生技术动作的准确性和规范性,教学过程中必须向学生提供与技术相关的讲解、解释、提示等听觉信息,以促进学生对田径运动技术的认知和掌握。

田径运动技术教学听觉信息可根据信息来源和动作时间进行分类。根据信息来源可分为教师、学生、场地器材源听觉信息,比如教师的讲解、提示、反馈等属于教师源听觉信息,而学生源听觉信息主要包括学生以语言形式表达的对技术的理解、认识等,辅助器材发出的听觉信息属于场地器材源听觉信息。根据动作时间课分为动作开始阶段、动作进行阶段、动作结束阶段的听觉信息,比如教师对技术动作不同阶段的讲解、场地器材发出的对技术动作不同阶段的提示等。

4.2.1.3 本体感觉信息

本体感觉是指肌腱、关节等运动器官本身在不同状态(运动或静止)时产生的感觉(例如人在闭眼时能感知身体各部的位置),又称深感觉,包括位置觉、运动觉和震动觉,该传导通路还传导皮肤的精细触觉(如辨别两点距离和物体的纹理粗细等)[96]。肌肉、肌腱和关节囊中的肌梭与腱梭等能

[95] 孙玉温.听觉比较生理学[M].合肥:中国科技大学出版社,1994:1.

[96] 柏树令.系统解剖学汇[M].北京:人民卫生出版社,2006:278.

够感受肌肉被牵拉的程度、肌肉收缩和关节伸展的程度,本体感受器受到刺激后将刺激信号经神经传导到脑部进而形成本体感觉。

由本体感受器获得的信息称为本体感觉信息,本体感觉信息可分为意识性和非意识性本体感觉信息。意识性本体感觉信息的感受器主要是躯干和四肢的肌、腱、关节的肌梭、腱梭等深感受器和浅感觉的精细触觉感受器,意识性本体感觉信息的作用是意识性的调节运动系统的张力以维持身体的平衡;非意识性本体感觉信息的感受器主要是肌、腱、关节等深部感受器,非意识性本体感觉信息的作用是反射性的调节肌张力和协调运动进而维持身体姿势和平衡。田径运动技术教学中意识性和非意识性本体感觉信息同时存在并发挥作用。

本体感觉信息是田径运动技术中非稳定支撑动作完成的基础。田径运动技术中单脚支撑的非稳定性动作大量存在,比如起跨攻栏支撑腿动作、背向滑步推铅球预摆和团身动作、跳高和跳远中的起跳动作等,非稳定性支撑动作对人体维持姿势和平衡的能力具有很高的要求,尤其田径运动要求练习者在负重、高速运动中完成单脚支撑的非稳定性动作,因此在非稳定支撑的情况下,学生要保持合理的身体姿势和维持良好的身体平衡,这就要求意识性和非意识性本体感觉信息的参与,在大脑和小脑的调节下维持身体姿势和平衡,进而完成技术动作。

本体感觉信息是田径运动技术中空中动作完成的基础。田径运动技术的空中动作较多,比如跳远的腾空动作、跨栏的腾空过栏动作、跳高的过杆动作等,空中动作是缺乏支撑面的动作,动作完成的质量与学生维持身体姿势、平衡能力具有密切的关系,加之田径运动的空中技术是技术序列,比如挺身式跳远的空中动作要完成摆动腿下放、挺髋、两臂后摆、收腹举腿、双腿前伸等动作,对学生控制身体姿势、平衡能力提出更高的要求,在空中动作的完成过程中,学生需要根据意识性和非意识性的本体感觉信息调整身体姿势、维持身体平衡,以完成技术动作。

4.2.1.4 前庭感觉信息

人体在进行直线运动或旋转运动时,其速度的加快或减慢就会引起前庭器官(椭圆囊、球囊和三个半规管)中的感受器(感受性毛细胞)的兴奋而产生的感觉称为前庭感觉[97],由前庭感觉提供的信息称为前庭感觉信息。

跑、跳、投是田径项目的基本运动形式,旋转、加减速、头部等动作在田径运动中大量存在,是田径运动项目的重要技术环节(比如推铅球的旋转、跳远的助跑、跳高的头部后仰和低头含胸等),是学习技术、提高成绩的重

[97] 王瑞元,苏全生.运动生理学[M].北京:人民体育出版社,2010:242-243.

要基础。因此,田径运动项目技术的构成决定了田径运动技术教学中前庭感觉信息是大量存在的,也决定了前庭感觉信息在田径运动技术教学中的重要性。

前庭感觉信息对田径运动技术教学中头部姿势的控制具有重要的作用。走、跑类田径项目中,头部的主要动作是由颈椎的屈、伸引起的在冠状面的低头、抬头和在矢状面的侧弯动作,比如在直线加速阶段是低头动作,随着速度的提升头部逐渐抬起至水平位置,在弯道技术中要求头部适度侧弯;跳跃类田径项目中头部动作主要是在冠状面的低头、水平、仰头动作,比如跳远助跑的微低头、随着助跑加快的抬头至水平、腾空中的微仰头、落地时的低头含胸动作;投掷类田径项目中,由于技术结构不同,头部的动作也不同,比如掷标枪项目的头部动作与旋转推铅球的头部动作不同,但是基本上包括了低头、仰头动作。如果前庭感觉信息传导不良,会造成低头、抬头的时机不恰当,从而导致走、跑类技术动作不规范,也会造成走、跑类项目技术完成中存在头部旋转过度或不足的状况,从而影响田径运动技术执行的正确性。

前庭感觉对田径运动技术教学中旋转动作的控制具有重要作用。旋转动作是田径运动技术中重要的动作,田径运动技术中的旋转可分为在垂直轴、冠状轴的旋转,旋转推铅球、掷链球、掷标枪、背向滑步投铅球的旋转是垂直轴旋转的体现,背越式跳高、撑竿跳高的旋转是冠状轴旋转的体现。由旋转动作产生的前庭感觉信息的获得,能够为控制身体姿势和动作准确性提供基础,是田径运动技术教学中不可忽视的感觉信息。

4.2.1.5 触压觉信息

触觉是当皮肤受到轻微的不引起变形的刺激时所产生的感觉,感受器是皮肤中的触觉小体或神经末梢。压觉是受到较强的机械刺激导致皮肤变形时引起的感觉,感受器是位于皮肤深层的环层小体。触压觉是皮肤接受机械刺激时产生的感觉。[98] 触压觉产生的信息成为触压觉信息。田径运动技术教学中触压觉信息的运用较少,只有在少数田径项目中(比如掷铅球等)得到运用,且由于田径运动技能是封闭式动作技能,运动器材的标准有严格规定,对触压觉信息的运用多是通过运用不同标准的器械进行练习。

4.2.2 知觉信息(见表8)

知觉是客观事物直接作用于感官而在头脑中形成的对事物整体的反

[98] 王瑞元,苏全生.运动生理学[M].北京:人民体育出版社,2010:247.

应[99]。多种感受器的协同运行是知觉产生的生理机制[100]。人们在认识事物时总会获得该事物多方面的信息,对事物多方面信息的获得对此事物进行了认识,并能够将其与其他事物进行辨别,比如我们能够通过形状、重量、颜色对标枪和铅球进行辨别,而对事物的知觉就是建立在多信息基础之上。

由知觉所获得的信息称为知觉信息,知觉信息对人们认识主、客观世界具有重要的意义。知觉信息作为人类感知觉信息的重要组成部分,其分类标准依知觉的分类标准而定,目前知觉的分类主要是空间知觉、时间知觉、运动知觉、错觉[99][101],其中空间知觉包括形状知觉、大小知觉、方位知觉、深度知觉,而深度知觉又分为距离知觉和立体知觉,运动知觉包括真动知觉、似动知觉、运动幻觉。由此可见,知觉信息包括形状知觉信息、大小知觉信息、方位知觉信息、距离知觉信息、立体知觉信息、时间知觉信息、真动知觉信息、似动知觉信息、运动幻觉信息、错觉信息等。

本研究基于田径运动技术的计分特征、器材特点、运动技术的动作要素和技术结构等,在参考文献、专家访谈、专家问卷调查的基础上,认为田径运动技术教学中知觉信息主要包括距离知觉信息、时间知觉信息、方位知觉信息、形状知觉信息、大小知觉信息。

表 8 田径运动技术教学知觉信息的构成

知觉信息
距离知觉、时间知觉、方位知觉、形状知觉、大小知觉信息

4.2.2.1 距离知觉信息

距离知觉是物体离我们远近的知觉[99],是指观察者使用各种线索对于环境中的目标物距离进行估计,是观察者对于自己和目标物,或者两个物体之间的距离的知觉[55]。距离知觉分为静态距离知觉和动态距离知觉,静态距离知觉是指观察者保持在一个固定的位置,在没有自身运动的情况下判断一段视觉距离[102];动态距离知觉发生于观察者的运动过程中,以观察者

[99] 李玉杰.心理学[M].北京:中国书籍出版社,2013:56-59.

[100] 冀先礼.心理学[M].北京:中国书籍出版社,2013:45.

[101] 全国十二所重点大学联合编写.心理学基础[M].北京:教育科学出版社,2008:120-123.

[102] 吴灵丹.时距估计在距离知觉中的作用[D].重庆:西南大学,2006.

自身为参照物，让观察者知觉一段运动变化的距离[102][103][104][105]。

动态距离知觉对田径运动技术教学过程中的动作执行具有重要的意义，其主要目的是动作控制，是为了提高动作执行的准确性、规范化而进行的距离估计。田径运动技术是较为复杂的序列性动作技能和连续性动作技能，其运动技术由动作基本结构构成，动作基本环节之间存在固定的顺序，由于每个动作基本环节执行所需要的动作速率、动作时间等动作要素的要求不同，造成了每个动作基本环节所运行的距离不同，因此田径运动技术的执行需要练习者具有良好的动态距离知觉，对速度、速率、距离、节奏、时间等要素进行控制，以提高技术动作执行的准确性和稳定性、调整运动策略。比如竞走、长距离跑类项目中学生需要根据所经过距离的估计进行速度变化、时间消耗等以调整速度、身体姿势；跨栏教学中学生需要根据距离的估计进行脚步调整、确定起跨点以提高起跨攻栏的准确性，跳类项目中学生需要根据距离估计进行脚步的调整、速度的控制等以提高起跳的准确性等，投类项目中学生需要根据距离估计来控制结束姿势以防止犯规等。

田径运动技术的习得需要静态距离知觉信息的参与，静态距离知觉信息的目的主要是制订动作计划。在田径技术动作执行前练习者需要对目标距离进行估计，进而制订相应的计划以避免动作失误和保证动作执行的准确性、稳定性。比如跳高教学中，学生需要根据横杆的高度（物物距离估计）确定助跑的节奏、速度、距离等；投掷类项目教学中，学生每次练习后会观察脚落地点与自己的距离（物我距离估计）和脚落地点与限制区边缘的距离（物我距离估计），以获得反馈信息并制订下一次投掷的计划。

静态距离知觉和动态距离知觉在田径运动技术教学中同时存在、互相依存、互相促进，均为提高动作执行的准确性、规范性服务。从时间顺序上分析，静态距离知觉信息是田径运动技术教学中动作执行的起点和止点，而动态距离知觉是动作执行的过程，两者具有依次进行的先后顺序。从主要目的分析，静态距离知觉制订动作计划的目的是动态距离知觉动作控制目的的前提和基础，制订的速度、节奏、距离等计划影响了动作执行过程中动作准确性、规范性的控制；而动作执行的准确性、规范性又对动作计划的制

---

[103] Sadalla E K, Staplin L J. An information model for distance cognition[J]. Environment and Behavior, 1980(12): 182-193.

[104] Sadalla E K, Staplin L J. The perception of traversed distance[J]. Environment and Behavior, 1980(12): 167-182.

[105] Jansen-Osmann P, & Berendt B. Investigating distance knowledge using virtual environment[J]. Environment and Behavior, 2004(34): 178-193.

订具有反作用,能够发现动作计划制订的不足并提供修改建议。

4.2.2.2 时间知觉信息

时间知觉是对客观现象的延续性(时间知觉)和顺序性(时序知觉)的反映[101]。一般来讲,时间段不超过5秒的知觉叫时间知觉[106][107],超过5秒的知觉叫时间估计[108]。由时间知觉和时间估计获得的信息称为时间知觉信息、时间估计信息,本研究中统称为时间知觉信息。

时间知觉信息对田径教学中单个运动技术环节的掌握和短时间连续技术(低于5秒)的掌握具有重要的促进作用。田径运动技术教学中学生处于动作技能学习的认知阶段的初始阶段时一般采用分解教学法以促进学生对技术的直观认识,通过在分解教学法的指导下传授练习单个技术环节或动作基本结构(一般低于5秒),学习的初始阶段学生对动作节奏、时间、速度、速率等要素认识模糊,可通过时间知觉信息促进学生对技术的理解或进行动作纠正。比如跨栏教学中学生的腾空过栏技术滞空时间过长,可以通过时间知觉信息的反馈进行干预,促进学生形成快速过栏的意识和技术动作;背向滑步推铅球教学中学生滑步结束后右腿的回收速度太慢,也可以通过时间知觉信息的反馈进行干预等。

时间估计信息对练习时间长于5秒的技术教学具有重要的促进作用。在时间较长的练习中(比如完整练习或时间较长的分解练习等)进行时间估计信息的干预能够促进学生对技术的掌握和动作控制能力。由于田径运动技术教学一般采用班级授课的组织方式进行,每个学生练习后进行即时反馈的概率相对较低,因此在技术练习后的延时反馈中时间估计信息也非常重要,对纠正、提高、控制动作具有重要的促进作用。

4.2.2.3 方位知觉信息

方位知觉是对物体所处的方向的知觉,是在一定参照系作用下形成的关于物体空间方向、位置的知觉和机体所在空间位置的知觉[99][109]。人们获得视觉、听觉、触觉、动觉、平衡觉等感知觉信息或上述信息的综合信息从而形成了方位知觉。由方位知觉获得的信息称为方位知觉信息。

---

[106] 黄希庭,徐光国.对变化/分割模型的验证[J].心理学报,1999,31(2):135-141.

[107] 黄希庭,李伯约,张志杰.时间认知分段综合模型的探讨[J].西南师范大学学报(人文社会科学版),2003,29(2):5-9.

[108] Fraisse P.Psychology of Time[M].New York:Harper & Row,1963:65-280.

[109] 彭聃龄主编.普通心理学[M].北京:北京师范大学出版社,2001:152.

方位知觉信息在田径运动技术教学中客观存在。田径运动技术学习的过程就是对技术的控制过程,而田径运动技术是徒手或持器械动作的组合,所以田径运动技术的学习过程也就是对学生身体和/或器械的控制过程。田径运动项目的技术是较为复杂的,田径运动技术动作的构成在方向上由前、后、左、右、上、下6个方向,因此田径运动技术的教学需要让学生掌握不同方向的徒手或持器械的技术。田径运动技术教学中位置和方向是紧密相连的,多是以某物作为参照物的基础上对方向和位置进行阐述,比如跨栏项目的过栏技术教学要求"在摆动腿脚掌刚刚接近栏板时就积极地下压摆动腿[110]",即以栏板为参照物,要求摆动腿脚掌的方向是在栏板上方,位置是接近栏板。由此可见,方向和位置的控制对田径运动技术教学的开展非常重要,良好的方向和位置的控制是学生掌握田径运动技术的基础。

4.2.2.4 其他知觉信息

形状知觉信息和大小知觉信息也是田径运动技术教学信息的内容。对物体形状整体属性的认识叫作形状知觉,形状知觉是视觉、触觉、动觉协同活动的结果[99]。物体大小和物体距离是大小知觉的两个影响因素,在人离物体距离相等的条件下,物体的大小与视像成正比;在人离物体距离不相等的条件下,视像大小与物体的距离成反比[99]。形状知觉和大小知觉获得的信息称为形状知觉信息和大小知觉信息。

形状知觉信息和大小知觉信息的获得是人类对客观世界认识的重要途径,其在田径运动技术教学中也具有一定的作用。形状知觉信息在田径运动技术教学中主要表现为场地器材的形状信息,比如标枪是长竿的形状、铅球是圆形的,等等;大小知觉信息主要表现为场地器材的大小,比如男女标枪的大小不同、男女铅球的大小不同等。形状知觉信息和大小知觉信息在田径运动技能学习的认知阶段具有较为重要的作用,学生通过形状知觉信息和大小知觉信息能够获得场地器材的基本知识,而在建立基本认识的基础上,形状知觉信息和大小知觉信息对田径运动技术教学的作用则逐渐减小。

4.3 田径运动技术教学信息整合的理论研究

[110] 文超.田径运动高级教程(修订版)[M].北京:人民体育出版社,2003:388.

4.3.1 信息整合的定义

信息整合在不同的研究领域因研究重点差异而有不同的表达方式，比如信息整合、多传感器信息融合（简称信息融合）、数据融合等。虽然研究者用不同的概念对信息整合进行了表述，并对不同的概念进行了解释，但通过对所用概念的释义可知，对获得的多种信息依据某种准则进行组合，以获得对被观测目标的综合的最佳估计[22]是不同概念释义中共性的内容。

根据本研究范围、视角的需求，在文献资料的基础上，结合专家访谈，对本研究中信息整合进行了操作性定义，认为信息整合是指：在田径运动技术教学过程中，为充分发挥信息的整体性以实现技术教学目标，综合利用来自教师、学生、场地器材的多种感、知觉信息的过程。该操作性定义是规定的语词定义，是狭义的信息整合。该操作定义着重强调以下几点：第一，对研究的范围进行了界定。本研究只研究技术教学开展中发生的信息整合，技术教学之外的信息不在本研究之列。第二，对研究视角进行了界定。本研究中的信息整合是对感觉信息、知觉信息的整合。第三，对信息整合中信息的来源进行了界定。本研究主要研究来自于教师、学生自身、教学中所运用的场地器材方面的信息并将其整合，其他来源信息不在本研究之列。第四，对信息整合的功能进行了规定。对促进田径运动技术学习为目标的信息整合进行研究，而干扰田径运动技术学习的信息整合则不在本研究之列，比如恶劣天气等相关信息。

4.3.2 信息整合的分类

分类是根据对象本质属性或特有属性进行的划分[111]。分类作为划分的特殊形式，是通过揭示种概念，从而明确概念外延的逻辑方法。分类是对田径运动技术教学中信息整合这一概念外延明确的重要方法。根据划分依据或分类标准的不同，分类的结果不同，研究中根据信息之间的关系对田径运动技术教学信息整合进行分类。

4.3.2.1 互补信息整合

互补信息整合是指田径运动技术教学中两个或者多个信息提供的关于

[111] 李娜.逻辑学导论[M]：武汉：武汉大学出版社，2010：28.

某一运动技术的不同侧面信息的整合[112][113]。互补信息整合中两个或多个信息之间相互独立、不重复，是对运动技术的不同属性的反映，两个或多个互补信息之间的整合提供了运动技术不同侧面的信息，提高了对运动技术解释的综合性。

田径运动技术教学中的互补信息能够整合减少单渠道信息的单一性、不确定性，提高了教学信息传导的准确性和全面性，能够更加全面、准确地解释田径运动技术，对田径运动技术的学习具有重要的促进作用。互补信息整合是田径运动技术教学中信息整合的重要方式，互补信息整合的信息可以是同通道信息、不同通道信息、综合通道信息，且主要是感觉信息整合，比如跳远中助跑标志和起跳板是同通道感觉信息整合（视觉信息整合）、助跑标志和辅助器材的节拍是不同通道感觉信息整合（视—听觉信息整合）。

4.3.2.2 相关信息整合

相关信息整合是指田径运动技术教学中两个或者多个信息提供的关于同一运动技术的相同信息的整合。相关信息整合又称冗余信息整合，是信息整合的重要方式。两种或者多种关于同一运动技术的信息能够提高运动技术解释的准确性，提高解释信息的可靠性，当某一种信息对运动技术的解释存在错误或者误差时，其他渠道的信息依旧能够对运动技术进行准确的解释，极大地提高了对运动技术认识的准确性和可靠性。

田径运动技术教学中相关信息整合大量存在并发挥着重要的作用，田径运动技术的动作要素和技术结构是复杂的，单一的信息往往不能够对复杂的动作要素和技术结构进行清晰的解释，而相关信息整合能够将多渠道的对同一动作要素和技术结构的多个信息进行综合处理，提高了对运动的解释能力，对技术的解释更加准确化，大大提高了技术传授的效果。田径运动技术教学中相关信息的整合可以是同通道信息整合和跨通道信息整合，也可以是单渠道信息整合和多渠道信息整合。

4.3.2.3 协同信息整合

信息之间存在协同关系，即某种信息的产生是建立在另外信息的基础上，存在协同关系的两种或者多种信息称为协同信息，协同信息之间的整合

[112] 张翼.基于多源信息融合的传感器故障诊断方法研究[D].北京：华北电力大学，2008.

[113] 陈忠德.多传感器智能系统信息融合理论及应用[D].杭州：浙江大学，1995.

即为协同信息整合。协同信息整合中信息之间存在时间的先后顺序,协同信息整合能够降低所获信息的不确定性,发挥多种信息的协同作用,对运动技术的解释更加全面和准确。

协同信息整合对田径运动技术教学具有重要的促进作用,田径运动技术是由动作基本环节和环节之间的顺序构成的技术链,技术环节之间的先后顺序为协同信息的产生和整合奠定了基础,比如挺身式跳远踏板起跳的距离知觉信息的产生是建立在助跑标志提供的视觉信息、助跑速度知觉等信息基础之上的,踏板起跳距离知觉信息和助跑标志视觉信息的整合是典型的协同信息整合。田径运动技术教学的结构也为协同信息整合提供了可能,田径运动技术教学一般分为开始部分、准备部分、基本部分、结束部分(也可以将开始部分和准备部分合并在一起),在准备部分进行的练习会在神经肌肉系统留下"痕迹",而此种"痕迹"的存在为基本部分的练习奠定了基础,因此准备部分、基本部分和结束部分之间本身就是协同关系,比如背越式跳高教学在准备部分进行的本体感觉信息的训练能够有效地提高本体感觉信息感受器和神经传导通路的效率,该本体感觉信息训练的"痕迹"为过杆技术练习中方位知觉的准确性奠定了基础。

4.3.3 信息整合的特点

4.3.3.1 综合性

综合指把事物或现象的各部分、各属性组合成统一的整体进行分析[114],而综合性指将不同部分、不同事物或现象的属性合并成为一个整体来对待。综合性是田径运动技术教学信息整合的重要特点。由多通道信息组合在一起的信息整合是多源性的,信息整合就是对多渠道信息的系统的综合处理过程,是一个多输入系统,在该系统中人脑根据输入的多源信息对运动技术进行估计或判断,从而形成对运动技术的正确认识或理解,进而进行正确的动作执行,其构成要素的多源性决定了信息整合具有综合性的特点。

田径运动技术教学信息整合的综合性主要体现为:第一,信息感受器的综合性。田径运动技术教学中感受器主要是视觉、听觉、触觉、本体感觉等感受器,以及建立在感觉之上的距离知觉、时间知觉、方位知觉等组合感受器,因此田径运动技术教学信息整合的感受器是综合性的,多种感受器分别

[114] 方林.新编现代汉语词典[K].长沙:湖南人民出版社,2009:1549.

对不同刺激进行感受并共同对运动技术进行解释,从而产生了信息整合,促进了对运动技术的认识、理解和掌握。第二,信息层次的综合性。根据对事物属性的反映状况,对事物个别属性反映的感觉信息是低层次信息,而对事物总体属性反映的知觉信息是高层次信息。田径运动技术教学信息整合从信息的层次来讲是感觉信息和知觉信息两层次的综合性整合,从信息整合层次来讲是感觉信息整合、知觉信息整合、感知觉信息整合三层次的综合性整合。第三,信息来源的综合性。研究中信息的来源是教师、学生、场地器材三个来源的感、知觉信息,其信息来源具有综合性。

4.3.3.2 互补性

互补即互相补充,互补性指信息整合发挥不同感、知觉信息之间互相补充作用的特性。信息整合的信息来源是多通道的,多通道信息之间的互补提高了运动技术估计、运动技术认识、动作执行的全面性和准确性。人体具有不同的感觉器官,主要包括眼、耳、鼻、舌、身[91],不同的感觉器官接受不同的刺激,信息整合能够融合不同的刺激,能够发挥刺激的互补作用弥补单一刺激的不足,比如发挥视觉信息与听觉信息之间的补充作用等。

田径运动技术教学中信息整合的信息来源主要是通过眼、耳、身等感觉器官产生的视觉、听觉、触觉等信息,腱器官、肌梭等感觉器官产生的本体感觉信息,以及建立在感觉信息之上的知觉信息。根据信息来源可知,信息整合的感觉器官是多样的,而不同的感觉器官接受的刺激不同,作用于脑部的机制也不同,单一的感觉器官感受到的刺激只能够反映技术的某个或某些方面,不能够对技术进行全面的反映,不利于学生全面、准确地认识、理解和练习技术。因此田径运动技术教学中必须发挥信息整合的互补作用以提高技术传授的全面性和准确性。田径运动技术教学中信息整合的互补性根据感受器的多少可分为两种信息互补和多种信息互补,根据互补层次不同可分为感觉信息互补、感知觉信息互补、知觉信息互补。

4.3.3.3 任务相关性

任务相关性指信息整合中所整合的信息是对同一运动技术具有解释作用的信息,即所整合的信息必须是与运动技术认识、动作执行相关的信息。任务相关性是田径运动技术教学中信息整合的重要特点,只有将与任务相关的信息进行整合,才能够发挥不同通道信息之间的互补作用,才能够提高信息整合的综合性,才能够体现信息整合的作用和价值。

田径运动技术教学中不同通道的信息围绕着技术的学习而展开,而所整合的信息是对技术学习具有解释作用的感、知觉信息。与任务相关的不同信息能够反映技术动作的不同属性,视觉信息反映了技术动作的外在形式,听觉信息反映了技术动作的规格,本体感觉信息反映了技术动作执行的内在感受,而建立在不同感觉信息基础上的知觉信息反映了技术动作执行的总体状况。只有当不同通道信息对同一技术动作进行解释时才发生信息整合,比如通过视觉信息建立动作的表象,而通过听觉信息获得动作规格的知识,在对同一技术动作的解释时发生了视—听觉信息的整合。

4.3.3.4 复杂性

复杂即多而杂,复杂性即事物或现象具有多而杂的特点。复杂性是客观存在的,不能将复杂性归结为认识的不完全性,复杂性是建立在差异性和多样性基础上的[115],并不是所有的事物和现象都具有复杂性的特点,而是由多个因素具有差异性和多样性因素组成的事物或现象才具有复杂性。

复杂性是田径运动技术教学信息整合的特点。田径运动技术教学信息整合的复杂性表现为:第一,构成部分的复杂性。田径运动技术教学信息整合以感觉、知觉信息的整合为主,其中感觉信息包括视觉、听觉、本体感觉、触觉等信息,知觉包括距离知觉、时间知觉、方位知觉、形状知觉、大小知觉等,其构成因素是复杂的。第二,组合方式的复杂性。信息整合包括感觉整合、感知觉整合、知觉整合三个层次,表现出复杂性。第三,信息来源的复杂性。田径运动技术教学中的信息整合的信息来源为教师、学生、场地器材,信息来源具有复杂性。第四,信息整合运用的复杂性。信息整合在运用过程中具有复杂性,表现为信息整合的施加频率、不同动作技能学习阶段信息整合的选择等均较为复杂。

4.3.4 信息整合的作用

4.3.4.1 提高运动技术认识的全面性

全面是指对物体或现象各方面的综合,从大体上看某一物体或事件,从整体来看物体或现象。整体地看待事物则需要对事物的多方面属性进行认识,而信息整合能以多种信息互补、相关、协同的形式向认识主体提供运动技术的多方面信息,信息整合的信息获得方式与单通道的信息获得方式相比具有全面性的特点。

全面性对田径运动技术教学非常重要。技术结构是田径运动技术的重要组成部分,田径运动技术最为显著的特点是动作基本结构突出,田径运动

[115] 许国志.系统科学[M].上海:上海科技出版社,2000:297.

技术具有动作基本环节清晰、动作基础环节顺序固定的动作基本结构。动作要素也是田径运动技术构成的重要内容,动作要素包括身体姿势、动作时间、动作速度、动作速率、动作轨迹、动作力量、动作节奏等动作要素[116],且动作要素在时间和空间上的变化较多。由此可见田径运动技术是由动作基本结构的"点"、动作基本环节之间的"顺序"构成的动作基本结构"技术链"和动作要素的复合体,其本身是一个复杂的系统。田径运动技术的复杂性增加了田径运动技术学习的困难,因此在课堂教学中应该尽可能地让学生获得田径运动技术的多方面信息,提高学生对技术认识和理解的全面性,从而促进教学的开展。

信息整合的运用对提高田径运动技术认识的全面性具有重要的作用。信息整合将有关同一运动技术的不同通道的信息进行整合,通过信息的互补、相关、协同提高对该运动技术认识的全面性。学生先验知识的缺乏和技术复杂性等因素对田径运动技术教学的开展具有重要的影响,而降低先验知识和技术复杂性两大影响因素的重要途径就是提高学生对运动技术认识的全面性,因此信息整合的运用对田径运动技术的学习和田径运动技术教学的开展具有重要的促进作用。但信息整合的全面性要结合动作技能学习的不同阶段进行运用。

4.3.4.2 提高运动技术信息传达的可靠性

可靠指真实可以信赖,可靠性指所传达的信息对运动技术解释的可靠程度。信息是事物本质特征的反映,是事物运行规律的体现,获得可靠性的信息对学生认识运动技术和指导学生的技术练习具有重要的意义。可靠性信息的获得是学生正确感知和认识运动技术的基础,只有建立在可靠性信息的基础上,学生才能够正确地认识和判断运动技术。可靠性信息的获得是学生正确动作执行的必要条件,在可靠性信息的指导下学生能够沿着正确的方向练习技术,才能够获得理想的练习效果。当运动技术复杂时信息的可靠性就更加重要,在此情况下,可靠的信息提高了学生认识运动技术和动作执行的准确性。

信息的可靠性对田径运动技术教学非常重要。田径运动技术教学中,技术知识的传授主要依靠讲解、示范、辅助器材等传达的视觉、听觉、知觉信息和学生自身传达的本体感觉信息,某一运动技术知识的传授是建立在多种感知觉信息的基础之上的,比如教学中最为常用的讲解、示范就是视觉和听觉两种信息的传达。由于教师、学生、其他因素的影响,教学中存在信息

---

[116] 田麦久.运动训练学[M].北京:人民体育出版社,2000:235-236.

丢失和信息冲突的状况,当某一种信息丢失或两种信息之间出现冲突时会造成学生学习的困惑,此时需要第三种信息进行弥补以提高运动技术信息传递的准确性。比如当学生对教师讲解的不理解(听觉信息丢失)或教师的讲解和学生自身的本体感觉信息冲突时(听觉和本体感觉信息冲突)学生会对技术的学习产生困惑,此时需要教师进行示范以提高信息传递的可靠性(视觉信息的补充)。

信息整合对田径运动技术教学的可靠性具有促进作用。可靠性对田径运动技术教学的重要性毋庸置疑,而信息整合能够很好地提高田径运动技术教学中运动技术知识传授的可靠性。信息整合是对多通道信息的整合,而此种多通道信息的整合能够弥补单通道信息的不足,让学生获得技术的全面性、准确性知识,当某一通道的信息传达错误、对某一信息认识和理解错误、两种信息冲突时,其他通道的信息仍能提供技术知识的信息,大大提高了田径运动技术知识传授的可靠性。比如跨栏中起跨攻栏和下栏着地距离的教学中设置起跨攻栏和下栏着地的地面标志(视觉信息),同时让学生进行距离估计(知觉信息),当学生的距离估计出现错误时仍能够通过地面标志准确地进行起跨攻栏和下栏着地,即视觉信息和知觉信息的整合中视觉信息的准确信息弥补了知觉信息错误带来的技术练习障碍,视觉信息和知觉信息的整合比单独采用知觉信息或视觉信息提供的信息可靠。

4.3.4.3 提高运动技术动作执行的准确性

准确指符合实际情况和要求,准确性也叫准确度,指运动技术认识、执行的准确程度。准确性是运动技术认识的重要前提,只有建立在准确性的基础上,人们才能够对运动技术的表象进行正确的认识,才能够正确地把握运动技术的本质。

动作要素是田径运动技术构成的重要组成部分,动作要素包括身体姿势、动作时间、动作速度、动作速率、动作轨迹、动作力量、动作节奏等动作要素[116],田径运动技术是动作要素较多的技术,且技术的动作要素在时间和空间上的变化较多(尤其是田赛中的跳高、标枪等),田径运动技术的构成与变化决定了其具有特定的复杂性,田径运动技术的复杂性给学生的学习造成了很大的障碍,为了促进田径运动技术教学的开展,提高技术传授的准确性是重要的途径。

信息整合对提高田径运动技术传授的准确性具有重要的促进作用。田径运动技术教学中,教师需要将技术准确地传授、展现给学生,学生获得技术的准确信息进而在此准确性技术信息的指导下进行练习以习得该技术。田径运动技术构成具有复杂性,复杂性的事物是很难分析和理解的,而为了提高学生对复杂的田径运动技术的认识则必须提高田径运动技术传授的准确性。单一的信息传输不具有信息传递的全面性、可靠性，只能给学生传递田径运动技术的单方面、不可靠的信息，比如只通过讲解或示范学生只能抽象地理解挺身式跳远的空中技术，且容易导致错误的认知。信息整合是多感知觉信息的整合，通过感觉、知觉信息不同种类和层次的整合提高信息传递的全面性、可靠性，而建立在全面性、可靠性信息之上的技术认知和动作执行的准确性大大提高。比如挺身式跳远腾空技术的教学中采用示范、标志物、讲解、距离知觉的信息整合方式进行教学，此种方式包括了听觉信息（讲解、距离反馈）、视觉信息（示范、标志物）、本体感觉信息（包含在距离知觉信息中），大大提高了运动技术认知和动作执行的准确性。

4.3.4.4 提高运动技术教学时间的经济性

经济性指田径运动技术教学获得一定教学效果时所耗费的时间短。经济性是效率的体现，是投入和产出的比例。经济性在社会生产的各个领域具有重要的意义，在保证教学效果的前提下最大程度地节约时间成本是提高田径运动技术教学效率的重要途径，故而节约教学时间成本是教学经济性的体现。

田径运动技术教学中高度重视教学的经济性。首先，以效率的视角为出发点，任何事物的开展均以高效率为目标，田径运动技术教学也不例外，高效率的教学能够大量地节约时间成本、人力成本等，从而降低教学的成本投入，高效率的教学是田径运动技术教学追求的目标。其次，随着认识的不断提高、改革的不断推进，体育教学不断地吸纳新的运动项目，在总课时不变的情况下，田径等传统的运动项目的教学课时被压缩，如何提高教学的效率、提高教学的经济性是必须解决的问题。此外，由于体育教学项目的不断增加，学生必须把有限的心理资源和运动能力分配到更多的运动项目中，单个运动项目所占有的心理资源和运动能力的比例必然降低，在此情况下传统的占有大量时间、单通道或少通道信息传达的教学模式不利于教学效率的提高，节约时间成本、多通道信息整合的教学模式必然运用得更多。

信息整合能够有效地提高田径运动技术教学的经济性。多通道信息的互补、相关、协同的整合决定了信息整合的综合性、互补性，以整合的方式传递信息能够在有限的时间内传递更大信息量，能够促进学生对技术知识认识、理解的全面性、准确性，有效地提高技术知识学习的效果，大大提高田径运动技术教学的经济性，对提高技术知识的学习具有很好的促进作用。需要指出的是，田径运动技术教学的经济性体现在教师花费最少的时间将知识传授给学生（时间成本），学生花费最少的时间掌握知识（教学效果），教的经济性和学的效果是互相依存、缺一不可的,不能够忽视教学的效果而过度地追求节约时间成本,也不能够不计时间成本过度地追求教学效果,教学中只重视教的经济性忽视学的效果、只重视学的效果忽视了教的经济性都不是信息整合经济性的体现。

4.3.5 信息整合的层次

系统的层次性原理是指,由于系统组成要素的种种差异,从而使系统组织在地位、作用、结构与功能上表现出等级秩序性,形成了具有质的差异的系统等级,层次概念就反映这种质的差异的不同系统等级或系统中的等级差异[117]。田径运动技术教学信息整合是一个系统,由不同的要素构成,每个要素均可以看作子系统,子系统也有不同的要素构成,系统和子系统之间是层次的关系,各构成要素之间同样具有层次的关系,以系统论层次性原理对田径运动技术教学中信息整合进行阐述,能够科学地剖析信息整合的内部结构,有助于正确地认识信息整合,对发挥信息整合的功能具有重要的促进作用。

4.3.5.1 感觉信息整合

感觉是脑部对事物个别属性的反应,感觉信息具有片面性,但多个感觉信息之间的整合能够提高运动技术解释的全面性、可靠性,提高信息传达的准确性。感觉信息整合是来自某通道的感觉信息与其他通道的感觉信息的交互影响,包括这些信息被整合为一个统一、连贯、完整的多感觉事件的加工过程[118][119],是不同感觉信息之间的相互作用的体现,是初级层次的整合。

感觉信息整合是田径运动技术教学中常用的信息整合方式。田径运动技术的复杂性决定了田径运动技术教学的难度,田径运动技术教学过程中不同的感觉信息是对田径运动技术不同属性的反映,而多种属性的综合认识显然能够提高田径运动技术传授的效果,感觉信息整合则是田径运动技术教学中提高学生对所传授技术多重属性认识的主要途径。田径运动技术教学中感觉信息的整合方式呈现多样化,视觉信息、听觉信息、本体感觉、前

[117] 魏宏森,曾国屏.系统论:系统科学哲学[M].北京:清华大学出版社,1995:213-215.

[118] Barry E S, Terrence R S. Multisensory integration: current issues from the perspective of the single neuron[J].Nature Reviews,2008,9:255-266.

[119] Talsma D, Senkowski D, Soto Faraco S, etl.The multifaceted interplay between attention and multisensory integration[J].Trends in Cognitive Sciences,2010,14(9),400-410.

庭感觉、触压觉信息是田径运动技术教学中重要的感觉信息,两种及两种以上的感觉信息之间的整合均可作为感觉信息整合的方式。

视听觉信息整合是最为常见的感觉信息整合(比如教师的讲解和示范相结合等),并在所有田径运动技术教学中均得到广泛运用;本体感觉、前庭感觉、触压觉信息是内源性信息,难以直接测得,一般与其他信息整合为知觉信息(比如与视觉信息整合为距离知觉信息),或者作为知觉信息的组成部分与其他信息进行整合(比如距离知觉信息与其他信息的整合);视觉、听觉、本体感觉、前庭感觉信息之间的整合在徒手和持器械项目中均发挥作用,而触压觉信息一般在持器械项目中与其他感觉信息进行整合时作用更大。根据教学需求,田径运动技术教学中的感觉信息整合可采用两感觉信息之间的整合,也可采用多感觉信息之间的整合。

4.3.5.2 感知觉信息整合

感觉信息和知觉信息之间存在密切的联系且不可分割,感觉信息对事物的个别属性进行反映,而知觉信息对事物的总体属性进行反映,且知觉信息是建立在多感觉信息基础上的,因此感知觉信息整合是复合整合,是感觉信息与已经整合过的知觉信息的整合,是中级层次的整合。

感知觉信息的整合是田径运动技术教学中信息整合的重要形式。田径运动技术教学中感知觉信息的整合形式也较为多样,视觉信息、听觉信息与距离知觉信息、时间知觉信息、方位知觉、形状知觉、大小知觉信息之间两种及以上感觉和知觉信息之间的整合均称为感知觉信息整合;由于本体感觉、前庭感觉、触压觉信息是内源性信息且多作为知觉信息的线索,本体感觉、前庭感觉、触压觉信息与知觉信息客观存在,但是很难与知觉信息进行剥离后测得,因此受到的关注较少。

感觉信息与距离知觉、时间知觉信息的感知觉信息整合在田径项目中均广泛应用,感觉信息与方位知觉信息的感知觉信息整合在具有旋转动作的项目中广泛应用(比如背越式跳高、旋转推铅球),感觉信息与形状知觉、大小知觉信息的感知觉信息整合运用相对较少。根据田径运动技术教学需求,可采用单感觉信息与单知觉信息的整合、单感觉信息与多知觉信息的整合、多感觉信息与单知觉信息的整合、多感觉信息与多知觉信息整合的方式进行感知觉信息整合,但需要注意的是,随着知觉信息数量的增加感知觉信息整合的难度逐渐加大,可能会影响教学效果,因此要根据教学实际合理的选择感知觉信息整合的形式。

4.3.5.3 知觉信息整合

作为反映事物总体属性的知觉信息之间的整合对运动技术的综合性认识具有重要的促进作用。田径运动技术是由动作基本结构和技术顺序构成的,动作基本结构和技术顺序的每个构成部分均是一个完整的认知对象,若要全面地认识每个构成部分则需要对其形成正确的知觉,即要通过知觉对每个构成部分的总体属性进行认知,然后再对完整的技术进行总体的认知。知觉信息整合是田径运动技术教学中信息整合的高级层次的整合。

知觉信息整合也存在不同的形式,距离知觉、时间知觉、方位知觉、形状知觉、大小知觉信息之间的整合均称为知觉信息整合。距离知觉、时间知觉信息与其他知觉信息之间的整合在田径项目中均广泛应用,而方位知觉信息与其他知觉信息的整合主要应用在具有旋转技术的项目中,形状知觉、大小知觉信息与其他知觉信息的整合较少。

知觉信息的整合运用需要遵循信息整合的适宜性原则,不能够超过学习者接纳信息的能力。由于知觉信息建立在感觉信息基础上,知觉信息所包含的感觉信息也应该作为单个的信息量来对待,比如距离知觉信息和时间知觉信息的整合包含距离知觉信息、时间知觉信息的同时,还包含了视觉信息、听觉信息、本体感觉信息,所以运用知觉信息整合时必须厘清整合的信息种类或数量。知觉信息整合的运用必须建立在学生对运动技术具有较好掌握和认识的基础之上,一般在动作技能学习的联系阶段后期和自动阶段运用较多。

4.3.5.4 不同层次信息整合的关系

感觉信息整合、感知觉信息整合和知觉信息整合是田径运动技术教学信息整合的初级、中级、高级三个层次。从构成要素来讲,感觉信息整合的构成要素是感觉信息,感知觉信息整合的构成要素是感觉信息和知觉信息,知觉信息整合的构成要素是知觉信息,因此感觉信息整合是低层次感觉信息的横向整合,感知觉信息整合是低层次感觉信息和高层次知觉信息的纵向整合,而知觉信息是高层次知觉信息的横向整合,故而感觉信息整合、感知觉信息整合、知觉信息整合可以看作田径运动技术教学信息整合的初级、中级、高级三个层次。

田径运动技术教学中要根据运动技能的学习阶段注重信息整合层次性的运用。感觉信息整合作为低层次的信息整合,构成要素主要是感觉信息,属于容易获得、理解的信息,因此感觉信息整合多运用在动作技能学习的认知阶段(泛化阶段);感知觉信息整合作为中等层次的信息整合,其构成要素为感觉信息和知觉信息，多用于动作技能学习的联系阶段(分化阶段)和少量地运用于动作技能学习的认知阶段(泛化阶段)；而知觉信息整合的构成要素是高层次知觉信息，多运用于动作技能学习的自动阶段(自动化阶段)(见图13)。

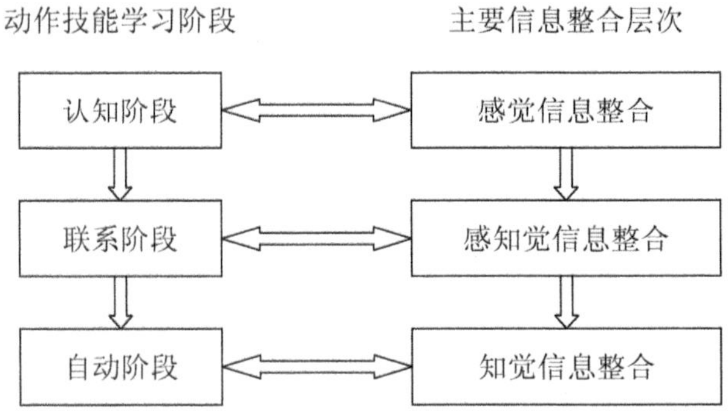

图13　动作技能学习阶段与田径运动技术教学信息整合层次的关系

4.3.6　信息整合的原则

原则通常指观察问题、处理问题的准绳，含有指导原理、基本要求的意思[120]。信息整合必须遵守一定的原则以将其作用发挥最大化，信息整合原则对信息整合的运用具有指导作用，是信息整合运用的出发点，是对信息整合调控的依据，并决定了信息整合运用的质量。田径运动技术教学中信息整合的运用除了要遵守其他教学原则外，需重点遵循目标实现、循序渐进、适宜性、因材施教原则。

4.3.6.1　目标实现原则

田径运动技术教学的目标是一个系统的目标体系，包括教学目的、任务和教学目标[121]，其中教学目的是宏观的层次，是对教学的总体指导的概括性、总体性要求，田径运动技术教学的主要目的是让学生掌握田径各项运动技术，有效地提高学生的身体素质和体育技能，更好地开展田径运动[122]；教学任务是为了达到体育教学目的而担负的责任，田径运动技术教学的任务则是：进行田径运动各项目的技术教学、提高学生的各项身体素质、传授各

[120] 龚正伟.体育教学论[M].北京：北京体育大学出版社，2004：258.
[121] 樊临虎.体育教学论[M].北京：人民体育出版社，2002：58-60.
[122] 李老民主编.田径运动教程[M].北京：高等教育出版社，2008：155.

项目的教学方法等[122]；教学目的和任务是原则性要求，决定着体育教学的发展方向，是方向目标[121]。教学目标是教学中师生预期达到的结果和标准，教学目的和任务要具体落实到教学目标中实现，教学目标是达成目标，具有阶段性、灵活性的特点，田径运动技术教学具体目标主要是增加学生的有益知识信息量和运动负荷，提高学生的教学能力和促使学生掌握教学方法，提高教学质量[122]。

目标实现原则是田径运动技术教学信息整合的首要原则，所谓目标实现原则是指田径运动技术教学信息整合的运用目的是实现教学目标、任务，达到预定的教学效果，是信息整合实效性的体现。信息整合作为一种教学方法，要为田径运动技术教学的目标体系服务，既要实现宏观层面的教学目的和任务，又要实现微观层面的课堂教学目标，而信息整合对田径运动技术教学目标体系的实现是通过实现课堂教学目标的途径达到的，即信息整合运用于课堂教学中并实现课堂教学目标，通过课堂教学目标的实现进而促进教学任务和教学目的的实现。因此，在运用信息整合时，要根据教学目的、教学任务、教学目标合理地选择信息来源、信息种类、信息数量、信息整合方式和信息整合层次，做到信息整合与教学目标体系的密切结合，以提高信息整合运用的针对性，最大程度地提高信息整合的实效性和促进教学的开展。

4.3.6.2 循序渐进原则

循序渐进原则是指要按照学科的逻辑系统和学生认识发展顺序进行，使学生系统地掌握基础知识、基本技能，形成严密的逻辑思维能力[123]。循序渐进原则符合动作技能学习的规律，是田径运动技术教学信息整合运用的重要原则。

动作技能的学习要经过认知阶段、联系阶段、自动阶段，每个阶段具有不同的学习特征，认知阶段的特征是动作粗糙、缓慢、不稳定和紧张，注意范围比较狭窄，动作不协调，完成的动作在时间和空间上不准确；联系阶段的特征是动作表现更加稳定、连贯和准确，练习者对动作概念具有了比较清晰的认识，并开始对动作进行修正，并把动作与特定的环境和动作任务联系起来；自动阶段的特征是练习者将重点放在了动作上而不是对动作的认识上，表现出高水平动作技能的特征：达成目标的最大准确性、最小的能量消耗、最短的动作时间[124]。动作技能学习的三个阶段是客观存在的，是动作技能学习普遍规律的体现，具有普适性，田径运动技能的习得同样要经过认知、

[123] 汪刘生.教学论[M].合肥：中国科技大学出版社，2011：89.

[124] 张英波.运动技能学理论与实践[M].北京：高等教育出版社，2012：15.

联系、自动三个阶段，因此田径运动技术教学中信息整合需遵循动作技能学习的三阶段规律。

在认知阶段，学生的注意范围狭窄，应该将学生的注意力集中在几个动作的学习上，并且采用较为简单的信息传达方式进行教学，此阶段可采用多数量的低层次、少数量的中层次的信息整合方式开展教学，比如讲解、示范、标志物等传达的视觉、听觉、距离知觉等信息的整合；在联系阶段，学生可以把动作与环境和任务联系起来，并能够修正动作，此阶段学生对技术的抽象思维能力提高，可采用多数量的中层次、少数量的高层次的信息整合方式开展教学，比如采用讲解、示范、标志物、发声器械等提供的听觉、视觉、距离知觉、时间知觉等信息的整合；在自动阶段，学生的技能达到了较高的水平，此阶段更多的是依靠学生的抽象思维进行高度符合环境和任务的练习以提高练习的生态效度，可采用多数量的高层次和适量的中层次的信息整合方式开展教学，比如采用标志物、发声器械等提供的信息的整合等。

4.3.6.3 适宜性原则

适宜性原则是指教学中要根据动作技能学习规律、信息加工观合理地选择信息整合的数量、整合信息的层次，以提高信息整合的实效性和教学效果。适宜性原则在田径运动技术教学信息整合运用中非常重要。教学有其自身的规律，学生有其自身的特点，记忆有其信息加工的方式，教学信息的数量、整合方式是多样的，必须合理地选择才能够做到信息整合运用的最优化。

适宜性原则是动作技能学习规律的反映。动作技能学习分为认知、联系、自动三个阶段，每个阶段技术教学的方式不同，信息整合的运用特点也不同，但是信息整合的运用要与动作技能学习的三个阶段教学和学习特点相适应，认知阶段多采用低层次、少量信息的信息整合方式，联系阶段多采用中、高层次和多信息的信息整合方式，自动阶段多采用高层次、少量信息的信息整合方式，这样才能够符合动作技能学习的规律，与动作技能不同学习阶段学生的注意力分配、动作掌握情况相适应。

适宜性原则也是认知心理学信息加工观的反映。信息加工记忆理论，认为记忆或被称为存储的关联成分所构成的系统具有加工各种称之为认知代码表象的能力，并认为认知代码可以通过控制过程从一个存储器转移到另一个存储器。信息加工记忆理论认为人的记忆经过感觉存储器、短时记忆、长时记忆三个阶段，其中感觉存储器和长时记忆的容量是无限的，而短时记忆的容量是有限的(一般为 7±2 个信息组块)，且短时记忆的衰退时间一般为 30 秒,超过这一范围短时记忆的衰退就很快[125],因此根据信息加工观,田径运动技术教学中信息整合中不能超过 7±2 个信息组块,其中组块是指根据某些规则或者对应于某些熟悉的模式所组织起来的一个信息单位。比如有关同一运动技术的视觉、听觉、本体感觉会形成视觉—听觉、视觉—本体感觉、听觉—本体感觉、视觉—听觉—本体感觉 4 个组块,而关于同一技术的视觉、听觉、本体感觉、知觉则形成视觉—听觉、视觉—本体感觉、视觉—知觉、听觉—本体感觉、听觉—知觉、本体感觉—知觉、视觉—听觉—本体感觉—知觉 7 个组块。因此,实际运用必须明确所采用的信息整合符合信息加工观。

4.3.6.4 因材施教原则

因材施教是田径运动技术教学信息整合的重要原则。因材施教原则指教师要从学生的实际情况、个别差异出发,有的放矢地进行有差别的教学,使每个学生都能扬长避短,获得最佳的发展[126]。因材施教原则符合学生个性发展规律,在教育领域应用非常广泛,田径运动技术教学信息整合要遵守因材施教原则。

田径运动技术教学主要采用班级授课制的形式组织教学,作为一个集体的班级和作为个体的班级内学生是群体与个体的关系,学生个体间身心发展差异较大,教学中必须重视个体差异,对学生进行因材施教以促进不同水平学生习得田径运动技术。信息整合中因材施教原则的运用首先要建立在对学生全面了解的基础上,教师要对班级内学生的运动背景、身体运动能力、学习特点等个性特点全面掌握,然后根据学生的个性特点选择信息的种类和来源、信息整合方式和层次。在信息种类和来源选择上,对获得直观信息能力强的学生多选择直观的视觉信息,对抽象思维能力强的学生多选择抽象的听觉信息、知觉信息;在信息整合方式的选择上,对速度控制不良的学生可采用时间知觉与其他信息的整合方式,对距离控制不良的学生可采用距离知觉与其他信息整合的方式;在信息整合层次的选择上,对外显学习能力强的学生多采用感觉信息整合的层次,对内隐学习能力强的学生多采用感知觉或知觉信息整合的层次。

信息整合的因材施教原则应符合教学客观条件的实际。因材施教原则是信息整合运用必须遵守的原则,但是其运用必须与教学进度、场地器材等

---

[125] John B Best.认知心理学[M].黄希庭,主译.北京:中国轻工业出版社,2000:77-78.

[126] 汪刘生.教学论[M].合肥:中国科技大学出版社,2011:94.

客观条件相适应,不能脱离教学的实际盲目地运用因材施教原则。

4.4 示范类型和性别对田径运动技术教学的影响（预实验）

4.4.1 实验前测结果

为保证各实验组同质性,在专家访谈、查阅文献等基础上将30米跑、立定跳远、前抛铅球、后抛铅球、身高、体重作为衡量被试者初始水平的指标。单因素方差分析结果发现被试者总体、男生被试者、女生被试者在不同示范组别上的差异不具有统计学意义[$F=(0.001-0.406)$, $P>0.05$](见表9),表明实验前各组初始水平的差异不显著,可以认为各组被试处于同一初始水平。

表9 实验前各组同质性测试结果($M \pm SD$)($N=16$)

被试	项目	学习型示范	熟练型示范	混合型示范	F值
男生	30米跑(秒)	4.45±0.150	4.47±0.13	4.44±0.13	0.163
	立定跳远(米)	2.75±0.13	2.77±0.14	2.80±0.14	0.406
	前抛铅球(米)	10.79±0.58	10.77±0.49	10.70±0.47	0.150
	后抛铅球(米)	11.60±0.37	11.52±0.30	11.55±0.42	0.195
	身高(厘米)	175.75±3.80	175.81±4.22	176.06±3.86	0.028
	体重(千克)	69.31±2.89	70.06±2.57	69.75±2.27	0.339
女生	30米跑(秒)	4.90±0.31	4.95±0.31	4.98±0.31	0.272
	立定跳远(米)	2.26±0.06	2.24±0.11	2.25±0.06	0.235
	前抛铅球(米)	7.58±0.50	7.61±0.41	7.65±0.49	0.118
	后抛铅球(米)	8.33±0.36	8.36±0.27	8.35±0.27	0.053
	身高(厘米)	165.63±4.18	165.75±4.52	165.25±4.41	0.057
	体重(千克)	55.25±5.83	54.88±5.90	53.38±5.67	0.469

续表

被试	项目	学习型示范	熟练型示范	混合型示范	F 值
全部	30 米跑(秒)	4.68±0.33	4.71±0.34	4.71±.36	0.092
	立定跳远(米)	2.50±0.27	2.50±0.30	2.52±0.30	0.037
	前抛铅球(米)	9.18±1.70	9.19±1.67	9.17±1.62	0.001
	后抛铅球(米)	9.96±1.70	9.94±1.63	9.95±1.66	0.002
	身高(厘米)	170.69±6.47	170.78±6.68	170.66±6.84	0.003
	体重(千克)	62.28±8.46	62.47±8.92	61.56±9.34	0.092

4.4.2 实验后技评成绩

技评成绩采用专家评分的方式确定,将两位专家的技评成绩进行整理,并进行评分者信度检验和评分的变异系数检验,以验证专家评分的一致性。其中评分者信度的检验采用皮尔逊相关,相关程度越高表明评分者之间一致性越高,一般认为相关系数达到 0.90 以上才认为评分是客观的[127];评分的变异系数以标准差除以平均数计算,变异系数越低表明评分者之间的一致性越高。检验表明两位专家对每位学生挺身式跳远、背向滑步推铅球、100 米跑的技评分数之间的相关系数为 1,均达到统计学意义($P<0.05$);两位专家对每位学生挺身式跳远、背向滑步推铅球、100 米跑的技评分数的变异系数很小[$CV=(0.007-0.009)$]。因此,通过检验表明两位专家对被试者的技评分数具有很好的信度。

表 10 不同项目技评成绩的相关分析(*Pearson*)

	挺身式跳远	背向滑步推铅球	100 米跑
挺身式跳远	1	0.298**	0.205*
背向滑步推铅球	0.298**	1	0.225*
100 米跑	0.205*	0.225*	1

注:**代表 $P<0.01$,*代表 $P<0.05$。

相关分析发现,挺身式跳远、背向滑步推铅球、100 米跑技评成绩之间相关关系达到显著的程度($P<0.05$)(见表 10),应采用双因素多变量方差

[127] 张力为.体育科学研究方法[M].北京:高等教育出版社,2002:105-106.

分析的方法对数据进行分析[128][129]。方差分析前研究对不同示范类型、不同性别挺身式跳远、背向滑步推铅球、100 米技评成绩进行单样本 K-S 检验,发现各组数据均呈正态分布[$Z=(0.696-1.661)$,$P>0.05$]。以示范类型和性别为自变量,以挺身式跳远、背向滑步推铅球、100 米跑技评成绩为因变量进行双因素多变量方差分析,发现各组方差齐性($Box's\ M=46.612$,$F=1.420$,$P>0.05$)和各反应变量方差齐性[$F=(1.119-1.517)$,$P>0.05$],适合进行方差分析。

多变量方差结果表明,示范类型主效应显著($Wilk's=0.747$,$F=4.607$,$P<0.05$),该效应由挺身式跳远($F_{(2,95)}=7.739$,$P<0.01$,偏 $\eta^2=0.147$)、背向滑步推铅球($F_{(2,95)}=8.404$,$P<0.01$,偏 $\eta^2=0.157$)、100 米跑($F_{(2,95)}=4.118$,$P<0.01$,偏 $\eta^2=0.084$)的技评成绩造成(见表 12)。多重方差分析(LSD 法)显示,挺身式跳远、背向滑步推铅球、100 米跑的技评成绩差异表现为:熟练型示范组(88.34±4.63,88.31±4.72,85.69±4.90)和混合型示范组(87.97±4.70,87.59±4.92,85.97±5.15)显著高于学习型示范组(84.38±3.76,84.16±3.25,83.31±2.76)($P<0.01$)。而熟练型示范组和混合型示范组技评成绩的差异不具有统计学意义($P>0.05$)。(见表 11、表 12)

性别主效应显著($Wilk's=0.789$,$F=7.867$,$P<0.05$),该效应由背向滑步推铅球($F_{(2,95)}=4.100$,$P<0.05$,偏 $\eta^2=0.044$)、100 米跑的技评成绩造成($F_{(2,95)}=14.734$,$P<0.05$,偏 $\eta^2=0.141$)(见表 12)。多重方差分析(LSD 法)显示,背向滑步推铅球和 100 米跑的技评成绩差异表现为:男生(87.58±4.58,86.58±5.00)显著高于女生(85.79±4.66,83.40±3.33)($P<0.01$)(见表 11、表 12)。但技评成绩的示范类型和性别的交互作用不具有统计学意义($Wilk's=0.951$,$F=0.739$,$P>0.05$)。

4.4.3 实验后达标成绩

研究对挺身式跳远、背向滑步推铅球和 100 米跑达标成绩进行相关分析发现三个项目的达标成绩存在显著相关[$r=(0.780-0.862)$,$P<0.01$](见表 13),因此本研究中采用多变量方差分析对数据进行统计。

研究对挺身式跳远、背向滑步推铅球、100 米跑的达标成绩进行单样本

[128] 张文彤,董伟.SPSS 统计分析高级教程[M].北京:高等教育出版社,2004:50-51.

[129] 林震岩.多变量分析 SPSS 的操作与应用[M].北京:北京大学出版社,2011:403-404.

K-S 值检验发现达标成绩均呈正态分布[$Z=(0.666-1.171)$,$P>0.05$]。研究以示范方式和性别为自变量,以挺身式跳远、背向滑步推铅球、100 米跑的达标成绩为因变量进行双因素多变量方差分析,方差检验表明各组方差齐性(*Box's* $M=45.391$,$F=1.493$,$P>0.05$)和各反应变量方差齐性[$F=(1.351-1.385)$,$P>0.05$],适合进行方差分析。

对多变量模型而言,示范类型主效应显著(*Wilk's*$=0.695$,$F=5.855$,$P<0.05$),该效应由挺身式跳远达标成绩造成($F_{(2,95)}=16.752$,$P<0.01$,偏 $\eta^2=0.271$)(见表 15)。多重方差分析(*LSD* 法)显示,挺身式跳远的达标成绩差异表现为:混合型示范(5.27±0.51)和熟练型示范组(5.26±0.52)显著地高于学习型示范组(4.94±0.71)($P<0.01$),而熟练型示范组和混合型示范组之间的差异不具有统计学意义($P>0.05$)。研究发现背向滑步推铅球、100 米跑的达标成绩在不同示范类型上的差异不具有统计学意义($P>0.05$)(见表 14、表 15)。

表 11 技评成绩的描述性统计结果(*M*±*SD*)(*N*=16)(单位:分)

示范类型	性别	挺身式跳远	背向滑步推铅球	100 米跑
熟练型示范	男	88.19±4.71	89.00±4.90	83.75±4.11
	女	88.50±4.71	87.63±4.59	87.63±4.97
	总计	88.34±4.63	88.31±4.72	85.69±4.90
学习型示范	男	84.44±3.56	85.06±3.45	82.88±2.83
	女	84.31±4.06	83.25±2.86	83.75±2.72
	总计	84.38±3.76	84.16±3.25	83.31±2.76
混合型示范	男	87.94±4.46	88.69±4.44	83.56±3.05
	女	88.00±5.07	86.50±5.28	88.38±5.75
	总计	87.97±4.70	87.59±4.92	85.97±5.15
总计	男	86.85±4.52	87.58±4.58	86.58±5.00
	女	86.94±4.91	85.79±4.66	83.40±3.33
	总计	86.90±4.70	86.69±4.69	84.99±4.52

表 12　示范类型、性别的多变量方差分析的各变量检验结果

变异来源	因变量	Ⅲ型平方和	自由度	均方	*F* 值	偏 η^2	多重分析
修正模型	挺身式跳远	308.208(a)	5	61.642	3.105**	0.147	
	背向滑步推铅球	395.500(b)	5	79.100	4.210**	0.190	
	100 米跑	447.802(c)	5	89.560	5.413**	0.231	
截距	挺身式跳远	724885.042	1	724885.042	36513.029**	0.998	
	背向滑步推铅球	721413.375	1	721413.375	38392.906**	0.998	
	100 米跑	693430.010	1	693430.010	41907.887**	0.998	
示范类型	挺身式跳远	307.271	2	153.635	7.739**	0.147	1>2**,3>2**
	背向滑步推铅球	315.813	2	157.906	8.404**	0.157	1>2**,3>2**
	100 米跑	136.271	2	68.135	4.118**	0.084	1>2**,3>2**
性别	挺身式跳远	0.167	1	0.167	0.008	0.000	
	背向滑步推铅球	77.042	1	77.042	4.100*	0.044	A>B**
	100 米跑	243.844	1	243.844	14.737**	0.141	A>B**

续表

变异来源	因变量	Ⅲ型平方和	自由度	均方	F 值	偏 η^2	多重分析
示范类型＊性别	挺身式跳远	0.771	2	0.385	0.019	0.000	
	背向滑步推铅球	2.646	2	1.323	0.070	0.002	
	100 米跑	67.688	2	33.844	2.045	0.043	
误差项	挺身式跳远	1786.750	90	19.853			
	背向滑步推铅球	1691.125	90	18.790			
	100 米跑	1489.188	90	16.547			
总方差	挺身式跳远	726980.000	96				
	背向滑步推铅球	723500.000	96				
	100 米跑	695367.000	96				
修正总方差	挺身式跳远	2094.958	95				
	背向滑步推铅球	2086.625	95				
	100 米跑	1936.990	95				

注：a：$R^2=0.147$（修正后 $R^2=0.100$）；b：$R^2=0.190$（修正后 $R^2=0.145$）；c：$R^2=0.231$（修正后 $R^2=0.188$）；1=熟练型示范；2=学习型示范；3=混合型示范；A=男生；B=女生；＊＊表示 $P<0.01$，＊代表 $P<0.05$。

表 13　不同项目达标成绩的相关分析（*Pearson*）

	挺身式跳远	背向滑步推铅球	100 米跑
挺身式跳远	1	0.780**	−0.836**
背向滑步推铅球	0.780**	1	−0.862**
100 米跑	−0.836**	−0.862**	1

注：**代表 $P<0.01$。

性别主效应显著（*Wilk's*=0.071，$F=384.478$，$P<0.05$），该效应由挺身式跳远（$F_{(1,95)}=376.548$，$P<0.01$，偏 $\eta^2=0.807$）、背向滑步推铅球（$F_{(1,95)}=484.415$，$P<0.01$，偏 $\eta^2=0.843$）、100 米跑（$F_{(1,95)}=441.962$，$P<0.01$，偏 $\eta^2=0.831$）的达标成绩造成（见表 15）。多重方差分析（*LSD* 法）显示，挺身式跳远、背向滑步推铅球、100 米跑的达标成绩性别差异表现为：男生（5.67±0.21，9.66±0.54，12.56±0.26）显著高于女生（4.64±0.38，6.71±0.75，14.61±0.63）（$P<0.01$）（见表 14、表 15）。研究发现达标成绩的示范类型和性别交互效应不具有统计学意义（*Wilk's*=0.934，$F=1.013$，$P>0.05$）。

表 14　达标成绩的描述性统计结果（*M*±*SD*）（*N*=16）

示范类型	性别	挺身式跳远（米）	背向滑步推铅球（米）	100 米跑（秒）
熟练型示范	男	5.73±0.13	9.80±0.64	12.56±0.27
	女	4.79±0.26	6.77±0.83	14.51±0.63
	总计	5.26±0.52	8.29±1.70	13.54±1.10
学习型示范	男	5.54±0.29	9.45±0.37	12.66±0.21
	女	4.33±0.41	6.65±0.42	14.80±0.62
	总计	4.94±0.71	8.05±1.48	13.73±1.18
混合型示范	男	5.74±0.12	9.73±0.53	12.46±0.27
	女	4.80±0.23	6.70±0.94	14.52±0.63
	总计	5.27±0.51	8.22±1.71	13.49±1.15
总计	男	5.67±0.21	9.66±0.54	12.56±0.26
	女	4.64±0.38	6.71±0.75	14.61±0.63
	总计	5.15±0.60	8.18±1.62	13.59±1.14

表 15 示范类型、性别的多变量方差分析的各变量检验结果

变异来源	因变量	Ⅲ型平方和	自由度	均方	F 值	偏 η^2	多重分析
修正模型	挺身式跳远	27.997(a)	5	5.599	83.144**	0.822	
	背向滑步推铅球	210.492(b)	5	42.098	97.447**	0.844	
	100 米跑	102.095(c)	5	20.419	89.438**	0.832	
截距	挺身式跳远	2549.663	1	2549.663	37859.569**	0.998	
	背向滑步推铅球	6429.809	1	6429.809	14883.386**	0.994	
	100 米跑	17718.644	1	17718.644	77610.380**	0.999	
示范类型	挺身式跳远	2.256	2	1.128	16.752**	0.271	1>2,3>2**
	背向滑步推铅球	0.942	2	0.471	1.091	0.024	
	100 米跑	1.036	2	0.518	2.268	0.048	
性别	挺身式跳远	25.359	1	25.359	376.548**	0.807	A>B**
	背向滑步推铅球	209.273	1	209.273	484.415**	0.843	A>B**
	100 米跑	100.901	1	100.901	441.962**	0.831	A>B**

续表

变异来源	因变量	Ⅲ型平方和	自由度	均方	F 值	偏 η^2	多重分析
示范类型＊性别	挺身式跳远	0. 382	2	0. 191	2. 834	0. 059	
	背向滑步推铅球	0. 276	2	0. 138	0. 320	0. 007	
	100 米跑	0. 158	2	0. 079	0. 347	0. 008	
误差项	挺身式跳远	6. 061	90	0. 067			
	背向滑步推铅球	38. 881	90	0. 432			
	100 米跑	20. 547	90	0. 228			
总方差	挺身式跳远	2583. 721	96				
	背向滑步推铅球	6679. 181	96				
	100 米跑	17841. 286	96				
修正总方差	挺身式跳远	34. 058	95				
	背向滑步推铅球	249. 373	95				
	100 米跑	122. 642	95				

注：a：R^2=0. 822（修正后 R^2=0. 812）；b：R^2=0. 844（修正后 R^2=0. 835）；c：R^2=0. 832（修正后 R^2=0. 823）；1=熟练型示范；2=学习型示范；3=混合型示范；A=男生；B=女生；＊＊代表 $P<0.01$，＊代表 $P<0.05$。

4.4.4 实验后理论成绩

研究对理论各实验组理论成绩进行单样本K-S值检验发现各实验组理论成绩呈正态分布[$Z=(0.754-1.166)$,$P>0.05$]。研究以示范类型、性别为自变量,以理论成绩为因变量,进行双因素单变量方差分析,结果表明方差齐性($F=0.515$,$P>0.05$),适合进行方差分析。

示范类型主效应显著($F_{(2,95)}=5.527$,$P<0.01$,偏$\eta^2=0.109$)(见表17),理论成绩的示范类型差异表现为:熟练型示范组(87.78±4.00)显著大于混合型示范组(85.25±3.79)和学习型示范组(85.44±3.58)($P<0.05$),而混合型示范组与学习型示范组的差异不具有统计学意义($P>0.05$)(见表16、表17)。

性别主效应显著($F_{(1,95)}=18.495$,$P<0.01$,偏$\eta^2=0.170$)(见表17),理论成绩的性别差异表现为女生(87.65±3.23)显著高于男生(84.67±4.03)($P<0.01$)(见表16、表17)。

示范类型和性别交互作用显著($F_{(2,95)}=3.897$,$P<0.05$,偏$\eta^2=0.080$)(见表17),表现为学习型示范和混合型示范类型下女生成绩(87.13±3.20,87.81±2.54)显著高于男生成绩(83.75±3.19,82.69±3.05)($P<0.01$),而熟练型示范下男生(87.56±4.16)和女生成绩(88.00±3.95)差异不具有统计学意义($P>0.05$)(见表16、表17)。

表16 理论成绩的描述性统计结果(*M*±*SD*)(*N*=16)(单位:分)

	熟练型示范	学习型示范	混合型示范	总计
男	87.56±4.16	83.75±3.19	82.69±3.05	84.67±4.03
女	88.00±3.95	87.13±3.20	87.81±2.54	87.65±3.23
总计	87.78±4.00	85.44±3.58	85.25±3.79	86.16±3.93

表17 理论成绩双因素单变量方差检验结果

变异来源	Ⅲ型平方和	自由度	均方	*F*值	偏η^2	多重分析
修正模型	430.094(a)	5	86.019	7.469**	0.293	
截距	712598.344	1	712598.344	61871.668**	0.999	
示范类型	127.313	2	63.656	5.527**	0.109	1>2,1>3**
性别	213.010	1	213.010	18.495**	0.170	B>A**

续表

变异来源	Ⅲ型平方和	自由度	均方	F 值	偏 η^2	多重分析
示范类型＊性别	89.771	2	44.885	3.897*	0.080	2、3:B>A**
误差项	1036.563	90	11.517			
总方差	714065.000	96				
修正方差	1466.656	95				

注:a:R^2=0.293(修正后 R^2=0.254);1=熟练型示范;2=学习型示范;3=混合型示范;A=男生;B=女生;＊＊代表 $P<0.01$,＊代表 $P<0.05$。

4.4.5 讨论

示范是观察学习领域的重要研究内容,是视觉信息的主要来源。为验证学习型示范、熟练型示范、混合型示范三种视觉信息方式和性别对田径运动技术教学的影响,研究选取挺身式跳远、背向滑步推铅球、100 米跑作为实验项目,采用多因素实验设计,以示范类型(学习型示范、熟练型示范、混合型示范)和性别(男、女)为自变量,以技评、达标、理论成绩为因变量,采用描述性统计、非参数检验(单样本 K-S 值检验)、单因素方差分析、双因素单变量方差分析、双因素多变量方差分析,探讨示范类型和性别对田径运动技术教学的影响。实验前对所有被试基本身体素质、身体形态的差异进行了检验,发现不同实验组被试具有同质性,可以认为不同实验组被试的初始水平相同。具体讨论如下。

4.4.5.1 技评成绩的讨论

第一,熟练型示范和混合型示范更有利于技评成绩的获得。研究发现,熟练型示范、混合型示范比学习型示范更有利于田径技评成绩的获得,表现为熟练型和混合型示范组的技评成绩高于学习型示范组的技评成绩,该研究成果与前人的研究结果相同[58][59][60][61]。相关研究表明熟练者示范(Expert Model)能够提供给学习者准确的动作模式,能使学习者掌握动作模式正确的时空特点[67],帮助学习者形成适当的动作执行策略[130];能够为学

[130] Bandura A.Social foundations of thought and action:A social cognitive theory[M].Englewood Cliffs,NJ:Prentice-Hall,1986.

习者提供与自身技能比较的认知蓝图[131](Perceptual Blueprint);动作观察网络理论(Action Observation Network)认为,熟练者示范使得学习者对该动作技能的认知过程和动作执行过程的信息加工区域(运动前区皮层、双侧顶下叶、聂上沟、运动辅助区)更为相似[132][133],从而使动作技能学习的心理过程和操作过程的衔接更加紧密。本研究中,熟练型示范组和混合型示范组中技能均有熟练示范者(Expert Model)的存在,导致了熟练型示范组和混合型示范组比学习型示范组技评成绩优异。

前人研究认为学习型示范(Learning Model)在示范过程中会出现各种错误,而这些错误是观察者可能出现的错误,而对这些错误的发现、纠正促进了观察者动作技能的学习,以此提出学习型示范比熟练型示范对动作技能学习更有利[65][66][67],而本研究实验结果与前人研究结果不同,究其原因,本研究认为此种差异的出现主要是本研究设计造成的。根据结果反馈对示范具有重要的促进作用的相关研究结果[65][134],结合课堂教学实际,本实验中熟练型示范和混合型示范中均增加了教师反馈、纠正的环节,即在本实验中熟练型示范、混合型示范、学习型示范中均有错误发现、反馈、纠正的环节,此种实验设计符合现场教学的实际,但是降低了学习型示范中错误纠正环节的效应,所以造成了本实验的结果与学习型示范比熟练型示范对动作技能学习好的结果不同。

值得注意的是,本研究中熟练型示范和混合型示范的后测结果的差异不具有统计学意义,这与熟练型示范效果更好的研究结果不同[68],这可能是由于实验设计和实验任务的不同造成的。本研究实验设计中熟练型示范和混合型示范中均有错误纠正、反馈的环节,这与前人只有混合型示范中有错误纠正、反馈环节的设计不同,这可能在一定程度上降低了混合型示范的效应;此外,前人的研究以时间序列任务作为实验任务,以相对时间作为反

[131] Sheffield F N.Theoretical consideration in the learning of complex sequential task from demonstration and practice.In A.A.Lumsdaine (Ed.), Student Response in Programmed Instruction[J]. Washington, DC: National Academy of Sciences, National Research Council, 1961:13-32.

[132] Buccino G, Binkofski F, Fink G R, etl. Action observation activates premotor and parietal areas in a somatotopic manner: an fMRI study[J].European Journal of Neuroscience, 2001,13(2),400-404.

[133] Dushanova J, Donoghue J. Neurons in primary motor cortex engaged during action observation[J].European Journal of Neuroscience,2010,31(2):386-398.

[134] Adams J A.Use of the model's knowledge of results to increase the observer's performance[J].Journal of Human Movement Studies,1986,12(2),89-98.

映一般动作程序的指标，其实验任务的复杂性相对较低，学习过程中信息加工相对简单，而本研究中以挺身式跳远、背向滑步推铅球、100 米跑技术掌握为任务，反映一般动作程序的指标涵盖了相对时间、相对力量和相对顺序，任务难度相对较大，这可能是实验结果不同的原因。

第二，简单运动技能技评成绩的性别差异明显，而复杂运动技能技评成绩的性别差异不显著。研究发现，背向滑步推铅球、100 米跑的性别主效应显著，表现为男生的技评成绩显著高于女生的技评成绩，而挺身式跳远的性别主效应不显著。根据菲兹定律[135]，挺身式跳远、背向滑步推铅球、100 米跑三个项目的复杂程度逐渐降低，即相对于挺身式跳远来讲，背向滑步推铅球和 100 米跑较简单。该实验结果显示越为简单的运动技能，其技评成绩受到性别因素的影响越大，该现象的出现可能由以下原因造成：一是复杂程度相同的运动技能对男、女生的难度不同。在本实验中，简单运动技能对男女生来讲难度是不同的，女生相对男生身体运动能力差，因此在学习简单运动技能时遇到的困难要比男生大，这在教学中是客观存在的现象，所以可能是男女生身体能力的差异导致了教学中女生群体的背向滑步推铅球、100 米跑的技评成绩（简单运动技能）比男生低。二是运动技能习得难度与运动技能习得时间导致了复杂运动技能的性别效应不明显。由于基本动作结构、技术环节等运动技术要素的复杂性，复杂运动技能习得的难度较大，在一定程度上减弱了不同性别身体运动能力差异的效应；此外本实验中被试运动技能的习得时间为 4 周，对于复杂运动技能的习得来讲时间相对较短，不同性别间运动技能的差异可能没有体现出来。

4.4.5.2 达标成绩的讨论

熟练型示范和混合型示范更有利于复杂技能达标成绩的获得。研究发现，不同示范类型对挺身式跳远的达标成绩具有显著的影响，具体表现为熟练型示范组和混合型示范组达标成绩高于学习型示范组达标成绩，此研究结果与熟练型示范比学习型示范更好[58][59][60][61]、混合型示范比学习型示范更好[68][136]的研究结果相一致。前人研究认为熟练者示范（Expert Model）具有的动作模式时空优势[67]、动作执行策略优势[130]、认知蓝图优势[131]、信息加工优势[132][133]，本实验中熟练型示范组和混合型示范组中均有

---

[135] Magill R A.运动技能学习与控制[M].张忠秋，等译.北京：中国轻工业出版社，2005：76-78.

[136] Andrieux M，Proteau L.Observation learning of a motor task：who and when? [J]. Exp Brain Res，2013，215（8）：221-234.

熟练者示范,进而导致了熟练型示范组和混合型示范组的达标成绩显著高于学习型示范组的达标成绩;另外在本研究实验中混合型示范组和熟练型示范组的实验设计中增加了学习型示范中错误纠正的内容,因此此种设计使得熟练型示范组和混合型示范组的学习者获得教学信息比学习型示范组要多,显然在运动技能达标成绩的获得上要比学习型示范好。

熟练型示范和混合型示范对挺身式跳远达标成绩的获得效果更好的研究结果与学习型示范更好[65][66][67]的研究成果不一致,分析认为,前人的研究中实验任务一般是序列时间任务、电脑追踪任务、现场追踪任务等精细动作技能,是动员小肌肉群为主的手、肘等身体局部的运动,多为限定时间内的运动轨迹的复制,动作任务较为简单,且练习时间较短;而本研究实验中挺身式跳远、背向滑步推铅球、100 米跑为粗略动作技能,是动员大肌肉群为主的全身运动,动作较为复杂,且练习时间较长。因此,实验任务的不同、实验时间的不同可能是导致此种差异的原因。

研究发现,被试的背向滑步推铅球、100 米跑达标成绩的学习型示范、熟练型示范、混合型示范差异不具有统计学意义,该研究结果与前人的研究结果相同[62][63][64],前人研究认为学习型示范、熟练型示范和混合型示范的不同优点导致了此现象的产生。此研究结果似乎与技评成绩、挺身式跳远达标成绩的研究结果相矛盾。但是分析认为,技评成绩更为注重的是技术结构,包括动作基本环节、技术顺序等,反映的是学习者所完成的技术与标准技术的差异程度,此种运动技能的学习以求“形似”为目标,在较短的时间内能够获得一定或者较大的提高;而达标成绩反映的是学习者的速度、高度、远度,以时间和距离为指标,需要学习者具有相应的身体能力,并且需经过相对长时间、系统的练习才能够获得提高,因此在同样的练习时间内不同示范对技评成绩和达标成绩的影响是不同的。此外,根据菲兹定律[135],挺身式跳远的难度系数要高于背向滑步推铅球和 100 米跑,达标成绩的获得需要建立在身体运动能力和技术的基础上,不同难度系数的项目中技术和身体运动能力所占的比例不同,越为复杂项目技术贡献比例越大,而身体能力贡献比例则降低,这是解释不同示范类型下背向滑步推铅球、100 米跑达标成绩无差异而挺身式跳远达标成绩具有差异的原因。

此外,达标成绩具有性别主效应,表现为男生的达标成绩显著高于女生的达标成绩。预实验以 100 米跑、挺身式跳远、背向滑步推铅球作为实验项目,此三个项目作为田径运动项目中跑、跳、投项目的代表,对人体的最大力量素质、快速力量素质、速度素质等具有较高的要求,而一般来讲男生的上述身体素质好于女生,预实验中的前测结果也印证了该观点,所以研究认为男生的达标成绩显著高于女生的达标成绩是由于男、女生身体素质的不同造成的。

4.4.5.3 理论成绩的讨论

第一,熟练型示范更有利于理论成绩的获得。研究显示,理论成绩中示范类型主效应显著,表现为熟练型示范组大于混合型示范组、学习型示范组。本实验中理论知识的学习是通过技术教学获得的,即在技术学习的同时对理论知识进行了学习,所以本实验中正确的理论知识建立在正确的技术动作基础之上,理论成绩的获得建立在正确的运动技术认知和执行基础之上。前人研究已明确提出熟练者示范具有动作模式时空优势[67]、动作执行策略优势[130]、感知蓝图优势[131]、信息加工优势[132][133],上述优势保证学习者能够获得良好的动作感知、顺畅的信息加工、正确的动作执行,既从认知层面上提高了对技术的理解,又从操作层面上提高了技术的掌握,进而提高了理论成绩,所以熟练型示范组理论成绩高于混合型示范组、学习型示范组是可以理解的。而本实验也表明混合型示范组和学习型示范组之间理论成绩的差异不显著,这可能是由于混合型示范组中熟练型示范数量少的原因造成的,这也提示我们熟练型示范效果的体现具有"量"的要求。

第二,理论成绩受性别因素的影响,女生的理论成绩高于男生的理论成绩。相关研究表明,女生机械记忆和形象记忆高于男生,而男生理解记忆和抽象记忆高于女生[137][138],本实验中理论知识的获得与运动技术的传授结合在一起进行,女生形象记忆的优势得以发挥,同时分析理论知识的测试题目发现,考核的内容多是技术结构、技术要点等需要机械记忆的知识,也有利于女生机械记忆优势的发挥。另外,女生较多倾向于安静、内向的人格特征、较多地表现为黏液质、抑郁质或混合型的气质特征[139],也对女生理论成绩的获得具有很好的促进作用。理论成绩的示范类型和性别交互作用显著,表现为在混合型和学习型示范形式下女生的理论成绩高于男生的理论成绩,而在熟练型示范类型下男、女生理论成绩的差异不显著。由此可见,对于教育的效果来讲,熟练型示范更有利于减少男、女生理论成绩之间的差异,对此可能的解释是熟练型示范的动作模式时空优势[67]、动作执行策略优势[130]、感知蓝图优势[131]、信息加工优势[132][133]对知识学习的影响超过了性别差异的影响,降低了男女生之间学习成绩的差异。

---

[137] 吴福元.大学生智力发展与智力结构[J].教育研究,1983,(4):41-45.

[138] 侯宇楠.高中生学业成绩性别差异研究——以河南省S县高考成绩为例[D].上海:上海师范大学,2012:58-59.

[139] 李山川.大学教育心理学[M].合肥:中国科技大学出版社,1991:167.

4.4.6 小结

(1)熟练型示范和混合型示范对技评成绩获得的效果比学习型示范好,且技评成绩获得效果在熟练型示范和混合型示范之间的差异不大。这表明在田径运动技术教学中,为了促进技评成绩的提高可采用熟练型示范或混合型示范的视觉信息方式。

(2)挺身式跳远达标成绩获得效果上熟练型示范、混合型示范显著地高于学习型示范,而背向滑步推铅球、100米跑达标成绩获得效果在学习型示范、熟练型示范、混合型示范之间的差异不显著,这提示在田径运动技术教学中复杂运动技术传授应采用熟练型或混合型示范,简单运动技术的传授采用学习型示范、熟练型示范、混合型示范均可。

(3)技评、达标成绩具有性别差异,男生在达标成绩获得上具有优势,在简单运动技能技评成绩获得上具有优势;而在理论知识获得上女生具有优势。这提示田径运动技术教学中要合理运用性别的差异进行教学。

(4)基于预实验结果,实验1和实验2中的视觉信息采用熟练型示范的方式,且实验1和实验2中全部选取男生作为被试以控制性别差异对实验指标的影响。

4.5 感觉信息整合对田径运动技术教学的影响(实验1)

4.5.1 实验前测结果(见表18)

本实验共分6组,为验证各组同质性,以不同组别为自变量,以30米跑、立定跳远、后抛铅球、前抛铅球测试成绩和身高、体重为因变量,采用SPSS16.0进行单因素方差分析,结果发现实验前各组上述指标的差异不具有统计学意义[$F=(0.089-0.343)$,$P>0.05$],可以认为本实验中各组学生初始水平基本一致。

表18 实验前各组同质性测试结果($M±SD$)($N=15$)

	30米跑(秒)	立定跳远(米)	前抛铅球(米)	后抛铅球(米)	身高(厘米)	体重(千克)
1	4.48±0.13	2.76±0.14	10.75±0.50	11.52±0.31	176.06±3.64	70.19±1.83

续表

	30米跑（秒）	立定跳远（米）	前抛铅球（米）	后抛铅球（米）	身高（厘米）	体重（千克）
2	4.45±0.15	2.76±0.13	10.78±0.60	11.64±0.35	176.33±3.34	69.67±3.26
3	4.43±0.13	2.80±0.13	10.70±0.48	11.55±0.43	176.27±2.60	70.87±3.52
4	4.47±0.13	2.78±0.14	10.73±0.48	11.52±0.31	176.64±3.52	70.21±2.78
5	4.44±0.14	2.75±0.13	10.78±0.60	11.62±0.37	175.13±3.36	70.25±3.34
6	4.45±0.13	2.78±0.14	10.68±0.48	11.58±0.41	175.06±3.15	70.41±2.90
F值	$F=0.297$	$F=0.343$	$F=0.089$	$F=0.276$	$F=0.629$	$F=0.230$

注：1=视—听觉信息整合50%信息频率组，2=视—听觉信息整合70%信息频率组，3=传统教学组50%信息频率组，4=传统教学方式70%信息频率组，5=视—听觉信息分离50%信息频率组，6=视—听觉信息分离70%信息频率组。

4.5.2 实验后技评成绩

由于实验后技评成绩是通过专家评定的方式获得，因此需要对专家评分的信度进行评定，结果发现两位专家对学生挺身式跳远、背向滑步推铅球、100米跑的技评分数之间的皮尔逊相关系数为1，均达到统计学意义（$P<0.01$）；两位专家对每位学生挺身式跳远、背向滑步推铅球、100米跑的技评分数的变异系数很小[$CV=(0.002-0.008)$]，表明两位专家之间的技评成绩存在高度一致，可以认为实验后获得的技评成绩是客观的。通过皮尔逊相关分析发现，三个项目技评成绩存在显著的相关[$r=(0.298-0.445)$，$P<0.01$]（见表19）。因此本实验中挺身式跳远、背向滑步推铅球、100米跑三个项目的技评成绩可以采用多变量方差分析进行统计[128][140]。

表19 不同项目技评成绩的相关分析（*Pearson*）

	挺身式跳远	背向滑步推铅球	100米跑
挺身式跳远	1	0.322**	0.298**
背向滑步推铅球	0.322**	1	0.445**

[140] 林震岩.多变量分析SPSS的操作与应用[M].北京：北京大学出版社，2011：403-404.

续表

	挺身式跳远	背向滑步推铅球	100 米跑
100 米跑	0. 298**	0. 445**	1

注：**代表 $P<0.01$。

研究对数据进行了单样本 K-S 值检验发现各实验组数据均呈正态分布[$Z=(0.573-1.207)$, $P>0.05$]。以信息方式、信息频率为自变量，以挺身式跳远、背向滑步推铅球、100 米跑技评成绩为因变量，进行双因素多变量方差分析，结果发现各组方差齐性（*Box's M* = 43. 935，$F=1.330$，$P>0.05$）和各反应变量方差齐性[$F=(1.011-1.400)$，$P>0.05$]。

多变量检验发现，对整体模型而言，信息方式主效应显著（*Wilk's* = 0. 576，$F=8.673$，$P<0.01$）（见表 21），该差异由挺身式跳远（$F_{(2,89)}=6.876$，$P<0.01$，偏 $\eta^2=0.141$）、背向滑步推铅球（$F_{(2,89)}=18.972$，$P<0.01$，偏 $\eta^2=0.311$）、100 米跑（$F_{(2,89)}=10.444$，$P<0.01$，偏 $\eta^2=0.199$）的技评成绩造成。多重分析（*LSD* 法）发现，信息方式的主效应表现为：挺身式跳远、背向滑步推铅球、100 米跑的视—听觉信息整合组成绩（89. 77±4. 91，93. 57±3. 21，88. 00±4. 66）显著地高于传统教学组（85. 73±4. 91，87. 83±5. 94，83. 00±5. 07）和视—听觉信息分离组成绩（86. 10±6. 21，89. 90±3. 34，84. 33±4. 80）（$P<0.05$）（见表 20、表 21）。

表 20　技评成绩的描述性统计结果（*M*±*SD*）（*N*=15）（单位：分）

信息方式	信息频率	挺身式跳远	背向滑步推铅球	100 米跑
视—听觉信息整合组	50%组	89. 93±6. 01	94. 87±3. 09	89. 67±4. 55
	70%组	89. 60±3. 72	92. 27±2. 87	86. 33±4. 29
	总计	89. 77±4. 91	93. 57±3. 21	88. 00±4. 66
传统教学组	50%组	83. 73±4. 96	83. 87±4. 85	79. 67±3. 60
	70%组	87. 73±4. 10	91. 80±3. 97	86. 33±4. 05
	总计	85. 73±4. 91	87. 83±5. 94	83. 00±5. 07
视—听觉信息分离组	50%组	81. 73±4. 54	89. 67±3. 94	83. 80±4. 68
	70%组	90. 47±4. 27	90. 13±2. 72	84. 87±5. 03
	总计	86. 10±6. 21	89. 90±3. 34	84. 33±4. 80
总计	50%组	85. 13±6. 19	89. 47±6. 01	84. 38±5. 91
	70%组	89. 27±4. 11	91. 40±3. 29	85. 84±4. 43
	总计	87. 20±5. 62	90. 43±4. 92	85. 11±5. 24

表 21　信息方式、信息频率的多变量方差分析的各变量检验结果

变异来源	因变量	Ⅲ型平方和	自由度	均方	F 值	偏 η^2	多重分析
修正模型	挺身式跳远	991.333(a)	5	198.267	9.135**	0.352	
	背向滑步推铅球	1030.233(b)	5	206.047	15.455**	0.479	
	100 米跑	827.422(c)	5	165.484	8.594**	0.338	
截距	挺身式跳远	684345.600	1	684345.600	31532.051**	0.997	
	背向滑步推铅球	736036.900	1	736036.900	55209.340**	0.998	
	100 米跑	651951.111	1	651951.111	33857.819**	0.998	
信息方式	挺身式跳远	298.467	2	149.233	6.876**	0.141	1>2**,1>3**
	背向滑步推铅球	505.867	2	252.933	18.972**	0.311	1>2**,1>3**
	100 米跑	402.222	2	201.111	10.444**	0.199	1>2**,1>3**
信息频率	挺身式跳远	384.400	1	384.400	17.712**	0.174	B>A**
	背向滑步推铅球	84.100	1	84.100	6.308*	0.070	B>A*
	100 米跑	48.400	1	48.400	2.514	0.029	

续表

变异来源	因变量	Ⅲ型平方和	自由度	均方	F 值	偏 η^2	多重分析
信息方式＊信息频率	挺身式跳远	308.467	2	154.233	7.106**	0.145	A:1>2**,1>3**
	背向滑步推铅球	440.267	2	220.133	16.512**	0.282	A:1>3>2**
	100 米跑	376.800	2	188.400	9.784**	0.189	A:1>3**>2*
误差项	挺身式跳远	1823.067	84	21.703			
	背向滑步推铅球	1119.867	84	13.332			
	100 米跑	1617.467	84	19.256			
总方差	挺身式跳远	687160.000	90				
	背向滑步推铅球	738187.000	90				
	100 米跑	654396.000	90				
修正总方差	挺身式跳远	2814.400	89				
	背向滑步推铅球	2150.100	89				
	100 米跑	2444.889	89				

注：a:R^2=0.352(修正后 R^2=0.314)；b:R^2=0.479(修正后 R^2=0.448)；c:R^2=0.338(修正后 R^2=0.299)；1=视—听觉信息整合组；2=传统教学组；3=视—听觉信息分离组；A=50%信息频率；B=70%信息频率；＊＊代表 $P<0.01$，＊代表 $P<0.05$。

信息频率主效应显著($Wilk's=0.791, F=7.229, P<0.01$),该差异由挺身式跳远($F_{(1,89)}=17.712, P<0.01$,偏 $\eta^2=0.174$)和背向滑步推铅球($F_{(1,89)}=6.308, P<0.05$,偏 $\eta^2=0.070$)的技评成绩造成。多重分析(*LSD* 法)发现,信息频率的主效应表现为:挺身式跳远、背向滑步推铅球70%信息频率组的成绩(89.27±4.11,91.40±3.29)显著高于50%信息频率组的成绩(85.13±6.19,89.47±6.01)($P<0.05$)(见表20、表21)。

信息方式和信息频率的交互作用效应显著($Wilk's=0.543, F=9.770, P<0.01$),该差异由挺身式跳远($F_{(2,89)}=7.106, P<0.01$,偏 $\eta^2=0.145$)、背向滑步推铅球($F_{(2,89)}=16.512, P<0.01$,偏 $\eta^2=0.282$)、100米跑($F_{(2,89)}=9.784, P<0.01$,偏 $\eta^2=0.189$)的技评成绩造成(见表21)。多重分析(*LSD* 法)发现,信息方式、信息频率的交互效应表现为:在50%信息频率的情况下,挺身式跳远技评成绩为视—听觉信息整合组(89.93±6.01)显著地高于传统教学组(83.73±4.96)、视—听觉信息分离组的成绩(81.73±4.54)($P<0.01$),但传统教学组和视—听觉信息分离组成绩差异不具有显著性($P>0.05$);背向滑步推铅球、100米跑技评成绩为视—听觉信息整合组(94.87±3.09,89.67±4.55)显著地高于传统教学组(83.87±4.85,79.67±3.60)、视—听觉信息分离组的成绩(89.67±3.94,83.80±4.68)($P<0.01, P<0.01$),视—听觉信息分离组显著高于传统教学组的成绩($P<0.01, P<0.05$);而在70%信息频率的情况下,各组技评成绩之间的差异不具有统计学意义($P>0.05$)(见表20、表21)。

4.5.3 实验后达标成绩

研究发现,挺身式跳远、背向滑步推铅球、100米跑间达标成绩显著相关[$r=(0.297-0.685), P<0.01$],且检验发现各实验组数据呈正态分布[$Z=(0.307-1.068), P>0.05$]。以信息方式、信息频率为自变量,以达标成绩为因变量,进行双因素多变量方差分析,发现各组方差齐性($Box's\ M=38.580, F=1.167, P>0.05$)和各反应变量方差齐性($F=0.716-1.253, P>0.05$)。

多变量方差检验发现,信息方式主效应显著($Wilk's=0.544, F=9.718, P<0.01$),该差异主要由挺身式跳远($F_{(2,89)}=27.407, P<0.01$,偏 $\eta^2=0.392$)、背向滑步推铅球($F_{(2,89)}=3.373, P<0.05$,偏 $\eta^2=0.074$)达标成绩造成(见表23)。多重分析(*LSD* 法)发现,挺身式跳远达标成绩差异表现为:视—听觉信息整合组(6.22±0.34)成绩显著高于传统教学组(5.93±0.29)、视—听觉信息分离组(5.64±0.27)($P<0.01$),传统教学组成绩显著

高于视—听觉信息分离组成绩($P<0.01$);背向滑步推铅球达标成绩差异表现为:视—听觉信息整合组(10.73±0.76)成绩显著高于视—听觉信息分离组(10.25±0.77)($P<0.05$),而视—听觉信息整合组和传统教学组(10.35±0.76)、传统教学组和视—听觉信息分离组之间成绩差异不显著($P>0.05$)(见表22、表23)。

而信息频率主效应不显著($Wilk's=0.878$,$F=3.797$,$P>0.05$);信息方式、信息频率的交互效应不显著($Wilk's=0.953$,$F=0.661$,$P>0.05$)。

4.5.4 实验后理论成绩

实验后采用集中测试的形式对理论成绩进行了测试,分析发现各实验组理论成绩呈正态分布[$Z=(0.177-1.120)$,$P>0.05$]。以信息方式、信息频率为自变量,以理论成绩为因变量,进行双因素单变量方差分析,结果发现方差齐性($F=0.654$,$P>0.05$)。

表22 达标成绩的描述性统计结果($M±SD$)($N=15$)

信息方式	信息频率	挺身式跳远(米)	背向滑步推铅球(米)	100米跑(秒)
视—听觉信息整合组	50%组	6.29±0.23	10.94±0.79	12.51±0.27
	70%组	6.15±0.42	10.52±0.69	12.55±0.29
	总计	6.22±0.34	10.73±0.76	12.53±0.27
传统教学组	50%组	5.96±0.31	10.41±0.89	12.70±0.29
	70%组	5.90±0.29	10.30±0.64	12.45±0.29
	总计	5.93±0.29	10.35±0.76	12.58±0.31
视—听觉信息分离组	50%组	5.66±0.27	10.38±0.94	12.69±0.28
	70%组	5.62±0.29	10.11±0.55	12.57±0.35
	总计	5.64±0.27	10.25±0.77	12.63±0.32
总计	50%组	5.97±0.37	10.58±0.89	12.63±0.29
	70%组	5.89±0.39	10.31±0.64	12.52±0.31
	总计	5.93±0.38	10.44±0.78	12.58±0.30

表 23　信息方式、信息频率的多变量方差分析的各变量检验结果

变异来源	因变量	Ⅲ型平方和	自由度	均方	F 值	偏 η^2	多重分析
修正模型	挺身式跳远	5. 205(a)	5	1. 041	11. 223**	0. 400	
	背向滑步推铅球	5. 847(b)	5	1. 169	2. 020	0. 107	
	100 米跑	0. 749(c)	5	0. 150	1. 727	0. 093	
截距	挺身式跳远	3162. 588	1	3162. 588	34092. 091**	0. 998	
	背向滑步推铅球	9815. 062	1	9815. 062	16954. 351**	0. 995	
	100 米跑	14238. 044	1	14238. 044	164134. 822**	0. 999	
信息方式	挺身式跳远	5. 018	2	2. 509	27. 047**	0. 392	1>2>3**
	背向滑步推铅球	3. 905	2	1. 953	3. 373*	0. 074	1>3*
	100 米跑	0. 160	2	0. 080	0. 924	0. 022	
信息频率	挺身式跳远	0. 145	1	0. 145	1. 561	0. 018	
	背向滑步推铅球	1. 608	1	1. 608	2. 778	0. 032	
	100 米跑	0. 278	1	0. 278	3. 202	0. 037	

续表

变异来源	因变量	Ⅲ型平方和	自由度	均方	F 值	偏 η^2	多重分析
信息方式 * 信息频率	挺身式跳远	0.042	2	0.021	0.229	0.005	
	背向滑步推铅球	0.333	2	0.167	0.288	0.007	
	100 米跑	0.311	2	0.155	1.792	0.041	
误差项	挺身式跳远	7.792	84	0.093			
	背向滑步推铅球	48.629	84	0.579			
	100 米跑	7.287	84	0.087			
总方差	挺身式跳远	3175.586	90				
	背向滑步推铅球	9869.538	90				
	100 米跑	14246.080	90				
修正总方差	挺身式跳远	12.998	89				
	背向滑步推铅球	54.475	89				
	100 米跑	8.036	89				

注 1：a：$R^2=0.400$（修正后 $R^2=0.365$）；b：$R^2=0.107$（修正后 $R^2=0.054$）；c：$R^2=0.093$（修正后 $R^2=0.039$）；1=视—听觉信息整合组；2=传统教学组；3=视—听觉信息分离组；* * 代表 $P<0.01$，* 代表 $P<0.05$。

信息方式主效应显著（$F_{(2,89)}=4.699$，$P<0.05$，偏 $\eta^2=0.101$）（见表25）。具体表现为视—听觉信息整合组（87.70±4.11）成绩显著高于传统教学组（85.37±3.67）（$P<0.05$）、视—听觉信息分离组（85.27±3.70）（$P<0.01$）成绩，而传统教学组和视—听觉信息分离组成绩的差异不显著（$P>0.05$）（见表24、表25）。

信息频率主效应显著（$F_{(2,89)}=15.04$，$P<0.01$，偏 $\eta^2=0.152$）（见表25）。具体表现为70%信息频率组的成绩（87.53±3.30）显著高于50%信息频率组的成绩（84.69±4.07）（$P<0.01$）（见表24、表25）。

信息方式、信息频率交互效应显著（$F_{(2,89)}=3.234$，$P<0.05$，偏 $\eta^2=0.071$）（见表25）。具体表现为：在50%信息频率下视—听觉信息整合组成绩（87.53±4.31）显著高于传统教学组（83.67±3.29）和视—听觉信息分离组（82.87±3.07）（$P<0.01$），在70%信息频率下各组成绩（87.87±4.05，87.07±3.31，87.67±2.55）的差异不具有统计学意义（$P>0.05$）；视—听觉信息整合组中，70%信息频率组（87.87±4.05）和50%信息频率组（87.53±4.31）的成绩差异不具有统计学意义（$P>0.05$）；但是在传统教学组和视—听觉信息分离组中，70%信息频率组的成绩（87.07±3.31，87.67±2.55）显著高于50%信息频率组的成绩（83.67±3.29，82.87±3.07）（$P<0.01$）（见表24、表25）。

表24　理论成绩的描述性统计结果（M±SD）（N=15）（单位：分）

信息方式	信息频率	均值±标准差
视—听觉信息整合组	50%组	87.53±4.31
	70%组	87.87±4.05
	总计	87.70±4.11
传统教学组	50%组	83.67±3.29
	70%组	87.07±3.31
	总计	85.37±3.67
视—听觉信息分离组	50%组	82.87±3.07
	70%组	87.67±2.55
	总计	85.27±3.70
总计	50%组	84.69±4.07
	70%组	87.53±3.30
	总计	86.11±3.95

表 25　理论成绩的双因素单变量方差检验结果

变异来源	Ⅲ型平方和	自由度	均方	F 值	偏 η^2	多重分析
修正模型	374.089(b)	5	74.818	6.181**	0.269	
截距	667361.111	1	667361.111	55132.114**	0.998	
信息方式	113.756	2	56.878	4.699*	0.101	1>2*, 1>3**
信息频率	182.044	1	182.044	15.039**	0.152	B>A**
信息方式*信息频率	78.289	2	39.144	3.234*	0.071	A:1>2**, 1>3** 2:B>A** 3:B>A**
误差项	1016.800	84	12.105			
总方差	668752.000	90				
修正总方差	1390.889	89				

注：$R^2=0.269$(修正后 $R^2=0.225$)；1=视—听觉信息整合组；2=传统教学组；3=视—听觉信息分离组；A=50%信息频率；B=70%信息频率；**代表 $P<0.01$，*代表 $P<0.05$。

4.5.5 心理指标结果

本实验选取一般自我效能感、积极幸福感和心理烦恼作为心理指标，以验证信息方式、信息频率对被试心理状态的影响，由于心理指标可能受到其他锻炼方式或者生活事件的影响，加之本实验中没有按照心理指标进行匹配分组，所以本研究采用重复测试的方法以控制个体差异，即在第 1 次、3 次、5 次、7 次课后立即发放并回收问卷，采用以班级为单位集体施测的形式开展，采用重复测量方差分析对测试数据进行处理，以验证实验干预效果。

4.5.5.1 一般自我效能感

单样本 K-S 值检验发现不同实验组的因变量均呈正态分布[$Z=(0.737-1.416)$，$P>0.05$]；4 次测试结果呈显著相关关系[$r=(0.449-0.719)$，$P<0.01$]。研究以信息方式、信息频率为自变量，以一般自我效能感测试结果为因变量，进行重复测量方差分析，结果发现不服从球形假设(*Mauchly's* $W=0.465$，$P<0.05$)，由于多元分析结果与一元分析结果相同，本研究选取一元分析结果的校正部分(Greenhouse-Geisser 法)进行分析[141]。

[141] 张文彤，董伟.SPSS 统计分析高级教程[M].北京：高等教育出版社，2004：62-65.

测试时间主效应显著($F_{(3,252)}=186.397$,$P<0.01$,偏 $\eta^2=0.689$)(见表27)。随着测试时间推移,一般自我效能感得分逐渐增加,其中第 7 次课(32.30±3.06)和第 5 次课(31.99±2.73)测试结果显著高于第 3 次课(30.81±2.83)和第 1 次课(26.81±2.58)测试结果($P<0.01$),第 3 次课测试结果显著高于第 1 次课测试结果,但第 7 次课和第 5 次课测试结果差异不显著($P>0.05$)(见表 26、表 27)。

信息方式与测试时间的交互作用显著($F_{(6,252)}=5.152$,$P<0.01$,偏$\eta^2=0.109$)(见表 27),表现为视—听觉信息整合组:第 7 次课测试结果(33.60±2.57)和第 5 次课测试结果(33.03±1.63)显著高于第 3 次课(31.13±2.43)、第 1 次课(26.47±2.11)测试结果($P<0.01$),第 3 次课测试结果显著高于第 1 次课的测试结果,但第 7 次课和第 5 次课测试结果的差异不显著($P>0.05$);传统教学组:第 7 次课(32.63±3.24)、第 5 次课(32.50±3.17)测试结果显著高于第 3 次课(31.30±3.22)和第 1 次课(27.30±3.22)测试结果($P<0.05$,$P<0.01$),其他测试结果之间的差异不具有显著性($P>0.05$);视—听觉信息分离组:第 7 次课(30.67±2.64)、第 5 次课(30.43±2.49)、第 3 次课(30.00±2.70)测试结果显著高于第 1 次课(26.67±2.28)测试结果($P<0.01$),其他测试之间差异不具有显著性($P>0.05$)(见表 26、表 27)。

表 26　一般自我效能感测试的描述性统计结果($M±SD$)($N=15$)(单位:分)

信息方式	信息频率	第 1 次课	第 3 次课	第 5 次课	第 7 次课
视—听觉信息整合组	50%组	26.69±2.06	31.50±2.31	33.25±1.53	33.69±2.92
	70%组	26.21±2.23	30.71±2.59	32.79±1.76	33.50±2.21
	总计	26.47±2.11	31.13±2.43	33.03±1.63	33.60±2.57
传统教学组	50%组	28.47±3.11	32.47±3.11	34.13±2.50	34.20±2.62
	70%组	26.13±2.97	30.13±2.97	30.87±2.97	31.07±3.11
	总计	27.30±3.22	31.30±3.22	32.50±3.17	32.63±3.24
视—听觉信息分离组	50%组	26.79±2.33	30.57±2.50	30.50±2.57	30.79±2.97
	70%组	26.56±2.31	29.50±2.85	30.38±2.50	30.56±2.42
	总计	26.67±2.28	30.00±2.70	30.43±2.49	30.67±2.64
总计	50%组	27.31±2.61	31.53±2.71	32.69±2.66	32.96±3.15
	70%组	26.31±2.48	30.09±2.80	31.29±2.63	31.64±2.85
	总计	26.81±2.58	30.81±2.83	31.99±2.73	32.30±3.06

表 27　一般自我效能感测试的重复测量方差分析的组内检验结果

变异来源	校正方式	Ⅲ型平方和	自由度	均方	F 值	偏 η^2	多重分析
测试时间	球形检验	1720.367	3	573.456	186.397**	0.689	7>3>1** 5>3>1**
	G-G 法	1720.367	2.263	760.321	186.397**	0.689	(某次课,下同)
测试时间*信息方式	球形检验	95.094	6	15.849	5.152**	0.109	1:7>3>1**,5>3>1** 2:7>3*,7>1**,5>3*,5>1**
	G-G 法	95.094	4.525	21.013	5.152**	0.109	3:7>1**,5>1**,3>1**
测试时间*信息频率	球形检验	1.820	3	0.607	0.197	0.002	
	G-G 法	1.820	2.263	0.805	0.197	0.002	
测试时间*信息方式*信息频率	球形检验	9.615	6	1.603	0.521	0.012	
	G-G 法	9.615	4.525	2.125	0.521	0.012	
误差项	球形检验	775.284	252	3.077			
	G-G 法	775.284	190.065	4.079			

注:1=视—听觉信息整合组;2=传统教学组;3=视—听觉信息分离组;**代表 $P<0.01$,*代表 $P<0.05$。

信息频率与测试时间的交互效应不显著（$F_{(3,252)}=0.197$，$P>0.05$，偏 $\eta^2=0.002$）。视听信息方式、视听信息频率、测试时间的交互作用不显著（$F_{(6,252)}=0.521$，$P>0.05$，偏 $\eta^2=0.012$）（见表 27）。

4.5.5.2 积极幸福感

单样本 K-S 检验发现各实验组的因变量均呈正态分布[$Z=(0.7686-1.310)$，$P>0.05$]；4 次测试结果呈显著相关[$r=(0.879-0.978)$，$P<0.01$]。以信息方式、信息频率为自变量，以积极幸福感测试结果为因变量，进行重复测量方差分析，结果发现球形检验结果表明不服从球形假设（*Mauchly's W*=0.431，$P<0.05$），而多元分析结果与一元分析结果相同，因此对一元分析结果的校正部分（Greenhouse-Geisser 法）进行分析[146]。

结果发现测试时间主效应显著（$F_{(3,252)}=1974.253$，$P<0.01$，偏 $\eta^2=0.959$）（见表 29）。具体表现为随着时间的推进，学生的积极幸福感程度呈依次显著增加趋势，具体表现为第 7 次课（20.88±3.19）和 5 次课（19.54±3.01）测试结果显著大于第 3 次课（18.79±3.03）和第 1 次课（16.98±2.87）的测试结果（$P<0.01$），第 3 次课测试结果显著大于第 1 次课测试结果（$P<0.01$），而第 7 次课和第 5 次课测试结果之间差异不具有显著性（$P>0.05$）（见表 28、表 29）。

表 28 积极幸福感测试的描述性统计结果（*M*±*SD*）（*N*=15）（单位：分）

信息方式	信息频率	第 1 次课	第 3 次课	第 5 次课	第 7 次课
视—听觉信息整合组	50%组	16.80±2.78	18.67±2.74	20.80±2.78	22.80±2.78
	70%组	17.00±3.05	19.20±2.98	21.00±3.05	23.00±3.05
	总计	16.90±2.87	18.93±2.83	20.90±2.87	22.90±2.87
传统教学组	50%组	17.80±2.91	19.67±3.20	19.80±2.91	20.80±2.91
	70%组	17.00±2.93	18.40±3.20	19.00±2.93	20.00±2.93
	总计	17.40±2.90	19.03±3.21	19.40±2.90	20.40±2.90
视—听觉信息分离组	50%组	16.47±3.09	18.27±3.06	18.13±3.00	19.13±3.00
	70%组	16.80±2.78	18.53±3.23	18.53±2.64	19.53±2.64
	总计	16.63±2.90	18.40±3.09	18.33±2.78	19.33±2.78
总计	50%组	17.02±2.92	18.87±3.00	19.58±3.04	20.91±3.21
	70%组	16.93±2.86	18.71±3.09	19.51±3.01	20.84±3.21
	总计	16.98±2.87	18.79±3.03	19.54±3.01	20.88±3.19

表 29 积极幸福感测试的重复测量方差分析的组内检验结果

变异来源	校正方式	Ⅲ型平方和	自由度	均方	F 值	偏 η^2	多重分析
测试时间	球形检验	715.275	3	238.425	1974.253**	0.959	7>3>1**，5>3>1**（某次课，下同）
	G-G 法	715.275	1.261	567.094	1974.253**	0.959	
测试时间＊信息方式	球形检验	136.600	6	22.767	188.517**	0.818	1、2:7>3>1**，5>3>1** 3:7>3>1**，5>1**
	G-G 法	136.600	2.523	54.150	188.517**	0.818	
测试时间＊信息频率	球形检验	0.119	3	0.040	0.330	0.004	
	G-G 法	0.119	1.261	0.095	0.330	0.004	
测试时间＊信息方式＊信息频率	球形检验	1.822	6	0.304	2.515	0.056	
	G-G 法	1.822	2.523	0.722	2.515	0.056	
误差项	球形检验	30.433	252	0.121			
	G-G 法	30.433	105.949	0.287			

注：1＝视—听觉信息整合组；2＝传统教学组；3＝视—听觉信息分离组；＊＊代表 $P<0.01$，＊代表 $P<0.05$。

信息方式与测试时间交互作用显著($F_{(6,252)}=188.517$,$P<0.01$,偏$\eta^2=0.818$)(见表29),表现为视—听觉信息整合组和传统教学组:第7次课(22.90±2.87,20.40±2.90)和第5次课(20.90±2.87,19.40±2.90)测试结果显著大于第3次课(18.93±2.83,19.03±3.21)和第1次课(16.90±2.87,17.40±2.90)的测试结果($P<0.01$),第3次课的测试结果显著大于第1次课的测试结果($P<0.01$),但第7次课和第5次课的测试结果之间的差异不具有显著性($P>0.05$)。视—听觉信息分离组:第7次课(19.33±2.78)测试结果显著大于第3次课(18.40±3.09)和第1次课(16.63±2.90)测试结果($P<0.01$),第5次课(18.33±2.78)测试结果显著大于第1次课测试结果($P<0.01$),第3次课测试结果显著大于第1次课测试结果,而第7次课和第5次课、第5次课和第3次课的测试结果之间的差异不具有显著性($P>0.05$);另外通过数据可知,视—听觉信息整合组的积极幸福感最大值比其他两组大,且上升的幅度也比其他两组大(见表28、表29)。

信息频率与测试时间交互作用不显著($F_{(3,252)}=0.330$,$P>0.05$,偏$\eta^2=0.004$),信息方式、信息频率、测试时间交互作用不显著($F_{(6,252)}=2.515$,$P>0.05$,偏$\eta^2=0.056$)(见表29)。

4.5.5.3 心理烦恼

单样本K-S检验发现各实验组的因变量均呈正态分布[$Z=(0.765-1.255)$,$P>0.05$],4次测试结果呈显著相关[$r=(0.902-0.980)$,$P<0.01$]。以信息方式、信息频率为自变量,心理烦恼测试结果为因变量,进行重复测量方差分析,结果发现不服从球形假设(*Mauchly's W*$=0.112$,$P<0.05$),多元方差分析结果与一元方差分析结果相同,本研究对一元分析结果的校正部分(Greenhouse-Geisser法)进行分析[141]。

测试时间主效应显著($F_{(3,252)}=414.790$,$P<0.01$,偏$\eta^2=0.832$)(见表31)。表现为随着时间的推进发现心理烦恼先升后降的趋势,即心理烦恼测试结果第7次课(15.13±4.20)测试结果显著的小于第1次课(17.17±4.29)、第5次课(18.00±4.37)、第3次课(20.13±4.30)测试结果,第1次课测试结果显著小于第5次课和第3次课测试结果($P<0.01$),第5次课测试结果显著小于第3次课测试结果($P<0.05$)(见表30、表31)。

信息方式和时间交互效应显著($F_{(6,252)}=8.017$,$P<0.01$,偏$\eta^2=0.103$)(见表31),且心理烦恼测试结果与时间效应相似,即第7次课(13.30±4.36,14.63±2.85,17.47±4.21)测试结果显著小于第1次课(16.00±4.05,16.90±4.22,18.60±4.32)、第5次课(16.50±4.13,17.90±4.17,19.60±4.36)、第3

次课(18.90±4.10,19.90±4.18,21.60±4.32)测试结果($P<0.01$);第1次课测试结果显著小于第5次、第3次课测试结果($P<0.01$),第5次课测试结果显著小于第3次课测试结果($P<0.01$),经过7次课后,视—听觉信息整合组心理烦恼总体程度(13.30±4.36)比传统教学组(14.63±2.85)和分离组(17.47±4.21)低(见表30、表31)。而信息频率和测试时间交互作用不显著($F_{(3,252)}=0.577$,$P>0.05$,偏$\eta^2=0.007$)。信息方式、信息频率、测试时间交互作用不显著($F_{(6,252)}=1.336$,$P>0.05$,偏$\eta^2=0.031$)(见表31)。

表30 心理烦恼测试的描述性统计结果($M\pm SD$)($N=15$)(单位:分)

信息方式	信息频率	第1次课	第3次课	第5次课	第7次课
视—听觉信息整合组	50%组	15.73±3.43	18.53±3.60	15.73±3.56	13.27±4.46
	70%组	16.27±4.70	19.27±4.64	17.27±4.64	13.33±4.40
	总计	16.00±4.05	18.90±4.10	16.50±4.13	13.30±4.36
传统教学组	50%组	16.80±3.67	19.80±3.67	17.80±3.69	14.40±2.44
	70%组	17.00±4.84	20.00±4.77	18.00±4.75	14.87±3.27
	总计	16.90±4.22	19.90±4.18	17.90±4.17	14.63±2.85
视—听觉信息分离组	50%组	18.53±3.34	21.53±3.34	19.53±3.42	17.27±3.01
	70%组	18.67±5.25	21.67±5.25	19.67±5.26	17.67±5.25
	总计	18.60±4.32	21.60±4.32	19.60±4.36	17.47±4.21
总计	50%组	17.02±3.60	19.96±3.67	17.69±3.81	14.98±3.75
	70%组	17.31±4.93	20.31±4.88	18.31±4.88	15.29±4.65
	总计	17.17±4.29	20.13±4.30	18.00±4.37	15.13±4.20

表 31　心理烦恼测试的重复测量方差分析的组内检验结果

变异来源	校正方式	Ⅲ型平方和	自由度	均方	F 值	偏 η^2	多重分析
测试时间	球形检验	1156.475	3	385.492	414.790**	0.832	7<1<5<3**（某次课，下同）
	G-G 法	1156.475	1.447	799.428	414.790**	0.832	
测试时间*信息方式	球形检验	26.850	6	4.475	4.815**	0.103	1、2、3：7<1<5<3**
	G-G 法	26.850	2.893	9.280	4.815**	0.103	
测试时间*信息频率	球形检验	1.608	3	0.536	0.577	0.007	
	G-G 法	1.608	1.447	1.112	0.577	0.007	
测试时间*信息方式*信息频率	球形检验	7.617	6	1.269	1.366	0.031	
	G-G 法	7.617	2.893	2.633	1.366	0.031	
误差项	球形检验	234.200	252	0.929			
	G-G 法	234.200	121.517	1.927			

注：1＝视—听觉信息整合组；2＝传统教学组；3＝视—听觉信息分离组；**代表 $P<0.01$，*代表 $P<0.05$。

4.5.6 讨论

为探讨感觉信息整合对田径运动技术教学的影响,弥补目前田径运动技能领域感觉信息整合研究的不足,并为其他运动技能领域提供参考,本研究以教师讲解、示范、纠正、指导等所产生的视—听觉信息整合为切入点,选取挺身式跳远、背向滑步推铅球、100 米跑三个运动项目,采用多因素实验设计,以信息方式、信息频率为自变量,以技评成绩、达标成绩、理论成绩、心理指标(一般自我效能感、积极幸福感和心理烦恼)为因变量,采用描述性统计、非参数检验(单样本 K-S 值检验)、单因素单变量方差分析、双因素单变量方差分析、双因素多变量方差分析、重复测量方差分析等统计方法,探讨感觉信息整合对田径运动技术教学的影响。实验前各组被试者身体能力基本指标前测表明各组具有同质性,而心理指标(一般自我效能感、积极幸福感和心理烦恼)采用重复测量方差分析也控制了个体差异,因此可以认为各实验组处于同一基本水平。研究表明实验结果验证了假设,具体讨论如下。

4.5.6.1 技评成绩的讨论

第一,感觉信息整合更有利于技评成绩的获得,但其作用的发挥需要有“量”的保证。研究结果显示,信息方式在技评成绩上主效应显著,挺身式跳远、背向滑步推铅球、100 米跑视—听觉信息整合组技评成绩显著高于传统教学组、视—听分离组的技评成绩,但传统教学组和视—听分离组的技评成绩的差异不具有显著性,表明感觉信息整合的方式更有利于技评成绩的获得,该研究成果与前人的研究结果相同[47][48][49][50]。有关研究表明,视—听觉信息整合方式更有利于集中学习者的注意力[142],而注意力是运动技能学习的必要条件[143],在注意力集中的条件下,学习者能够获得更为准确的知识,能够有效地促进技能的习得;此外,视—听觉信息整合是存在时间参数限制的,有的研究表明听觉在视觉后 22 毫秒(ms)[144]、30 毫秒(ms)[145]时

[142] Erik V B, Christian N L.Olivers, etl.Audiovisual events capture attention: Evidence from temporal order judgments[J].Journal of Vision, 2008, 8(5): 2, 1-10.

[143] 王洪彪.羽毛球练习者知觉动作技能认知加工特征研究——选择性注意与工作记忆视角[D].上海:上海体育学院,2009.

[144] Cristy H, Rob G, Charles S.Role of audiovisual synchrony in driving head orienting responses[J].Exp Brain Res, 2013(227): 467-476.

[145] Catarina M, Jorge A S, Joan L M.The benefit of multisensory integration with biological motion signals[J].Exp Brain Res, 2011(213): 185-192.

呈现能够最大程度地发挥视—听觉信息整合的作用,随着间隔时间的延长视—听觉信息整合的优势逐渐减少,而以 500 毫秒(ms)间隔出现时则不会显示出视—听觉信息整合的优势[47];本实验中感觉信息整合组中视觉和听觉信息基本是同时呈现,而视—听觉信息分离方式则是视觉信息和听觉信息间隔时间较长(500 毫秒以上),因此注意力优势和时间参数优势是实验中视—听觉信息整合组技评成绩显著高于视—听分离组技评成绩的原因。

研究对传统教学组中视、听觉信息的比例进行了记录,传统教学组的信息组成是约 40%的视—听觉信息整合方式和约 60%的视—听觉信息分离方式,因此,传统教学组虽然存在感觉信息整合的方式,但感觉信息整合方式运用的次数少于感觉信息整合组,数量多的优势应该是解释视—听觉信息整合组技评成绩高于传统教学组技评成绩的原因。同时,研究表明传统教学组技评成绩与视—听觉信息分离组技评成绩的差异不具有显著性,而数量少限制了感觉信息整合作用的发挥,导致了传统教学组和视—听觉信息分离组的技评成绩差异不具有显著性,同时也说明感觉信息整合作用的发挥有“数量”的限制。

第二,高信息频率有利于复杂技能技评成绩的获得,而简单运动技能需要相对较低的信息频率。研究表明,信息频率在技评成绩上主效应显著,在挺身式跳远、背向滑步推铅球技评成绩上 70%的信息频率组的技评成绩显著高于 50%信息频率组的技评成绩。由于该研究以整体视角对视觉信息和听觉信息进行研究,打破了传统的单独研究讲解、示范、反馈的研究范式,因此很少有前期研究成果与本实验结果相比较,但通过已有的视、听觉信息反馈频率的研究也能为本研究提供参考。本实验中由于课程安排等原因没有进行保持和迁移测试,因此本实验结果是学习阶段的成绩,与运动技能学习阶段高频率信息反馈优于低频率信息反馈[146][147][148]的研究结果相同,本实验中被试是初学者,初学者需要在具备必备的灵活性、稳定性的基础上,短时间内掌握田径运动技术专项动作模式具有较大的难度,在此情况下利用高频率信息的优势,提高对学生技术指导、纠正的次数有利于促进田径运

[146] 刘晓茹,夏忠梁.不同相对频率的视觉表现反馈对运动技能学习效果影响的实验研究[J].武汉体育学院学报,2007,41(9):45-48.

[147] 陈敬,章建成.反馈频率对追踪任务技能学习影响的实验研究[J].武汉体育学院学报,2008,42(4):50-53.

[148] Adams J A.A closed-loop theory of motor learning[J].Journal of Motor Behavior,1971(3):111-150.

动技术的掌握是合理的。

研究发现,100 米跑技评成绩在 50%信息频率和 70%信息频率上的差异不具有显著性。相关研究表明简单运动技能比复杂运动技能需要更低频率的信息反馈[149],100 米跑相对挺身式跳远、背向滑步推铅球来讲属于简单运动技能,其对视、听觉信息的需求频率要低于挺身式跳远、背向滑步推铅球,即经过 50%频率的视听觉信息的获得已经能够满足运动技能学习的需求。

第三,感觉信息整合在较低信息频率状况下对技评成绩的促进作用更加明显,但复杂运动技能比简单运动技能需要更高的感觉信息整合频率。研究表明,信息方式与信息频率存在交互作用,主要表现为在 50%信息频率下视—听觉信息整合组技评成绩显著高于传统教学组、视—听觉信息分离组,而在 70%信息频率下视—听觉信息整合组、传统教学组、视—听觉信息分离组的成绩差异不具有显著性。由于感觉信息整合具有集中注意力和时间参数的优势,在同等频率的情况下其优势作用更加明显,这是视—听觉信息整合方式比传统教学方式和视—听觉信息分离方式在 50%信息频率下对提高技评成绩更有效的原因。

在 50%信息频率下挺身式跳远传统教学组和视—听觉信息分离组成绩差异不具有显著性,但背向滑步推铅球、100 米跑传统教学组成绩亦显著高于视—听觉信息分离组成绩,该结果与复杂运动技能需要高频率的信息结果相同[149],与挺身式跳远相比,背向滑步推铅球、100 米跑属于简单运动技能,低频率的感觉整合信息就能满足运动技能学习的需要,而传统教学组中含有 40%左右的感觉信息整合的数量,此数量感觉信息整合即能够促进传统教学组技评成绩的提高,因此传统教学组技评成绩显著高于视—听觉信息分离组技评成绩;而挺身式跳远作为复杂运动技能,需要更高频率的整合信息,传统教学组内的 40%的视听信息整合不足以提高传统教学组学生的技评成绩,致使传统教学组技评成绩与视—听觉信息分离组技评成绩差异不显著。

70%频率下视—听觉信息整合组、传统教学组、视—听觉信息分离组技评成绩差异不具有显著性,这应该是信息量的增加降低了感觉信息整合的效应,即随着信息频率的增加,视—听觉信息整合、传统教学、视—听觉信息分离三种形式的信息量都增加,大信息量的优势中和或抵消了感觉信息整合的优势,导致了三种信息方式之间成绩差异不显著,这也表明感觉信息整合优势的发挥是有信息频率或者信息量的限制的,表现为越少的信息频率、

[149] 陈敬,章建成,金亚虹.任务复杂程度对反馈频率适宜值的影响研究[J].天津体育学院学报,2008,23(3):212-216.

越低的信息量感觉信息整合的优势越为明显。

4.5.6.2 达标成绩的讨论

感觉信息整合对复杂技能的达标成绩获得更为有利。研究发现,信息方式对田径运动技术教学达标成绩具有主效应,该主效应是由挺身式跳远、背向滑步推铅球达标成绩造成的,而 100 米跑达标成绩不存在三种信息方式之间的差异。数据表明,对挺身式跳远来讲,视—听觉信息整合组达标成绩显著高于传统教学组和视—听觉信息分离组,传统教学组达标成绩显著高于视—听觉信息分离组;而对背向滑步推铅球来讲视—听觉信息整合组成绩显著高于视—听觉信息分离组,其他组别之间不存在显著性差异,通过此结果可知,越复杂的运动技能其达标成绩受到视—听觉信息整合方式的影响越为显著。100 米跑的动作模式与人体自然的走、跑动作模式基本相同,背向滑步推铅球动作模式是人体自然动作模式的变形,而挺身式跳远动作模式相对人体自然动作模式来讲其变化更大,随着动作模式变化程度的加大,运动技能的复杂程度也逐渐加大,掌握运动技能的难度也逐渐加大。诚然三个运动项目达标成绩与身体素质具有密切的关系,但理论和实践告诉我们,达标成绩的获得与技术的合理性、科学性同样密不可分,并且该种关系随着运动技能复杂程度的增加而增加,因此与 100 米跑相比,挺身式跳远、背向滑步推铅球达标成绩的获得需要建立在较好技术的基础上(技评成绩较好)。所以此实验结果的可能解释是,随着运动技能复杂程度的增加,身体素质在达标成绩上的贡献逐渐减小,而技术对达标成绩的贡献则逐渐增大,因此在身体素质相同的情况下,越复杂的动作技能达标成绩受到技术的影响越大,而通过实验可知,与其他视听信息方式相比,感觉信息整合的方式更加有利于技评成绩的获得,因此出现了实验中挺身式跳远和背向滑步推铅球达标成绩在不同视听呈现方式上存在差异,而 100 米成绩在不同视听呈现方式上不存在差异的结果。

4.5.6.3 理论成绩的讨论

第一,感觉信息整合对理论成绩的获得有利。研究结果发现,信息方式主效应显著,表现为视—听觉信息整合组成绩显著大于传统教学组和视—听觉信息分离组成绩,而传统教学组和视—听觉信息分离组成绩的差异不具有显著性,分析认为该效应是由于感觉信息整合的集中注意力和时间参数优势造成的,即在感觉信息整合的方式下学生集中注意力时间更长,同时视觉信息和听觉信息同时或即时给予,能够发挥两种感觉信息之间的互补作用,对理论知识的获得具有明显促进作用,而传统教学组虽然有约 40%

的视听信息整合,但是由于感觉信息整合数量的不足导致了该组与视—听觉信息分离组的成绩差别不大。

第二,高信息频率更有利于理论成绩的获得。研究发现,理论成绩的信息频率主效应显著,表现为70%信息频率组成绩显著高于50%信息频率组成绩。与技术相比,理论知识属于陈述性知识的范畴,而恰当复习是促进陈述性知识习得的策略,复述则是促进陈述性知识保持的策略[150]。在田径运动技术教学中70%比50%的信息频率向学生传递的教学信息多,而超过的20%的教学信息可以认为是建立在50%上的复习,而复习的过程促进了学生对理论知识的掌握;同时超过的20%的信息中包含的关于错误动作的纠正、正确动作的讲解能够促进学生对已经获得知识的复述,即促进学生先前认知进行再思考,具有纠正错误、巩固正确的作用。所以在理论知识的获得上出现了高频率视听信息比低频率视听信息好的状况。

第三,感觉信息整合在低频率的情况下对理论成绩的促进作用更为明显。研究表明,信息方式和信息频率交互效应显著,表现为在50%的视听信息频率下视—听觉信息整合组和传统教学组成绩高于视—听觉信息分离组成绩,分析认为,该效应的出现是由于感觉信息整合的注意力优势和时间参数优势造成的,在同等视听信息频率下,视—听觉信息整合组和传统教学组中的所包含的视—听觉信息整合方式更能够促进知识的掌握。研究还发现,在传统教学组和视—听觉信息分离组中70%信息频率组成绩高于50%信息频率组成绩,而在感觉信息整合组中不存在此种差异,此结果说明在感觉信息整合方式下50%的教学信息频率即能满足知识习得的需要,而在传统方式和视—听觉信息分离方式下需要70%的教学信息频率才能够满足知识习得的需要,说明了感觉信息整合方式对知识获得的优势。

4.5.6.4 心理指标的讨论

4.5.6.4.1 一般自我效能感的讨论

第一,技能的习得有助于一般自我效能感的提高。研究发现,一般自我效能感的时间效应显著,随着时间的推移一般自我效能感逐渐增加,具体表现为第7次课>第3次课>第1次课、第5次课>第3次课>第1次课,而第7次课和第5次课之间差异不显著。相关研究表明,一般自我效能感与亲身

[150] 杨玉东.陈述性知识与程序性知识的教学策略[J].天津师范大学学报(基础教育版),2010,1(3):18-21.

获得成就(或个人行为的成败经验)、替代性经验[151]有密切的关系,成功能够提高一般自我效能感,而反复的失败会降低一般自我效能感,看到与自己相似的人的成功同样可以提高自身的一般自我效能。本实验中从技能习得的角度分析,被试的技能是逐渐提高的,而技能提高的过程则是被试亲身获得成就的过程,随着技能水平的不断提高,被试的个人成功体验逐渐增加,所以一般自我效能感会逐渐提高;另外,本实验中教学采用的是班级授课制的集体教学,同伴之间具有互为榜样的作用,在初始水平基本相似的前提下,基于替代性经验的原理,同伴水平的不断提高也有利于自身一般自我效能感的提高。

第二,感觉信息整合更有利于一般自我效能感的提高。研究发现,信息方式与时间交互作用显著,表现为在视—听觉信息整合的方式下,一般自我效能感在第5次课达到理想的干预效果,增长幅度大,且效果最大;在传统教学方式下,一般自我效能感在第5次课达到理想的干预效果,增长幅度中等,效果居中;在视—听觉信息分离方式下,一般自我效能感在第3次课达到理想的干预效果,但增长幅度小,效果最小。由此可见,不同视听呈现方式下一般自我效能感实验干预效应增长幅度和总效果不同,与传统方式和视—听觉信息分离方式相比,感觉信息整合方式对一般自我效能感的效应最好。

分析视—听觉信息整合优势产生的原因主要有以下方面:一是与亲身获得成就、替代性经验[151]因素有关。感觉信息整合由于注意力的优势和时间参数的优势更能够促进技评成绩和达标成绩的提高,学生更能够体验到成功,即学生的亲身获得成就的体验更多,相应地提高了学生的一般自我效能感;同时学生在观察到班级内其他学生成功时能够发挥替代性体验的作用,也能够提升学生的一般自我效能感幅度和/或延长提升时间。二是与学业成绩因素有关。相关研究表明,学业成绩与一般自我效能感有显著的相关性[152][153][154]。通过技评成绩、达标、理论成绩的研究结果可知,感觉信息整合方式在成绩获得上比传统教学方式和视—听觉信息分离方式具有明显的优势。因此,研究认为,感觉信息整合引起的学业成绩的提高是被试一般

[151] Bandura A.思想和行动的社会基础——社会认知论[M].林颖,王小明,胡谊,等译.上海:华东师范大学出版社,2001:563-565.

[152] 张雅君.大学生一般自我效能感和学科特定自我效能感与学业成绩关系的研究[D].北京:首都师范大学,2004.

[153] 王振宏.初中学生学业自我效能与学业成就关系研究[J].心理发展与教育,1999(1):40-44.

[154] 张学民,林崇德,申继亮,等.动机定向、成就归因、自我效能感与学业成就之间的关系研究综述[J].教育科学研究,2007(3):48-51.

自我效能感幅度提升和/或时间延长的重要原因。三是与积极情绪有关。相关研究表明,积极的情境更有利于一般自我效能感提高[155]。本研究发现,感觉信息整合组学生的积极幸福感、心理烦恼程度最低,感觉信息整合组被试在积极幸福感高、心理烦恼低的状态下,其一般自我效能感提升幅度大和/或提升时间长。

4.5.6.4.2 积极幸福感和心理烦恼的讨论

第一,技能的习得有助于提高积极幸福感、降低心理烦恼。研究发现,积极幸福感时间主效应显著,具体表现为第7次课>第3次课>第1次课、第5次课>第3次课>第1次课,而第7次课和第5次课之间差异不显著,表明随着时间的推移积极幸福感逐渐增高。心理烦恼时间主效应显著,表现为第7次课<第1次课<第5次课<第3次课,表明随着时间的推移心理烦恼总体呈下降的趋势。虽然与本实验相似的研究很少,但是其他相关研究仍能为本实验结果提供佐证,比如有的研究认为经常参加体育锻炼能够提高大学生的积极幸福感,降低心理烦恼[156]。本实验对田径运动技术教学中被试的积极幸福感、心理烦恼进行了历时7次课的实验干预,并基本排除了个体差异等其他影响因素,因此本实验中积极幸福感提高、心理烦恼降低是田径运动技能习得的结果。此外,有研究表明,体质健康与积极幸福感呈显著正相关、与心理疲劳呈负相关[157],因此可以类推田径专业身体素质、机能与积极幸福感、心理烦恼也存在一定的相关关系,随着实验干预的开展,被试田径专业身体素质、机能增长,必然带动积极幸福感的提高和心理烦恼的降低。再次,研究对积极幸福感维度所包含的问卷条目进行分析发现,该维度所反映的是心理学中的积极情感或者正性情感,相关研究表明体育锻炼对积极情感具有明显的促进作用[158][159],而田径运动技术学习作为体育锻炼的方式之一,对提高作为积极情感的积极幸福感必然具有作用,同时也降低

[155] Bandura A.思想和行动的社会基础——社会认知论[M].林颖,王小明,胡谊,等译.上海:华东师范大学出版社,2001:576-577.

[156] 刘桂芳.大学生体育行为与主观锻炼体验研究[J].体育科技文献通报,2013,21(9):97-98.

[157] 王佃娥,杜发强.中学生主观锻炼体验与体质健康关系研究[J].天津体育学院学报,2010,25(3):228-230.

[158] 韩会君,段清婷.大学生体育参与和主观幸福感的关系研究[J].广州体育学院学报,2012,32(6):97-100.

[159] 陈作松.身体锻炼对高中学生主观幸福感的影响及其心理机制的研究[D].上海:华东师范大学,2004.

了作为负性情感的心理烦恼。

本实验表明,积极幸福感的实验干预效应在第5次课时即已经达到理想效果,第7次课虽然也有些许提升,但两者之间的差异不具有显著性,这表明田径运动技术教学对被试积极幸福感的干预存在最大时间限制,这可能是由于技能增长程度、身体素质提升限度等训练学因素引起的。而心理烦恼折线下降的趋势与不同教学阶段有密切的关系,按照本实验的安排,第7次课是复习教学阶段,被试较好地掌握了技术,并通过复习进行强化以迎接考试,此阶段被试具有较高的成功体验概率,心态相对放松,积极情感占优势;第1次课是开始学习阶段,此阶段学习与技术有关的基本动作,多为简单的、基础性的练习,任务相对简单,被试的负性情感相对较低;第3次课和第5次课是技术学习的主要阶段,在此阶段被试需要对基本知识、基本技术进行全面的认识,进行技术的修改、纠正、完善,需要较高的生理和心理上的付出,必然影响心理烦恼的程度,而第3次课由于前期知识的不足、技术的不熟练等因素导致了比第5次课心理烦恼程度高。但从心理烦恼发展的趋势分析,经过7次课的实验干预,心理烦恼的总趋势是下降的,与体育锻炼具有降低心理烦恼作用的研究结果相同。

第二,感觉信息整合更有利于积极幸福感提高、心理烦恼降低。研究发现,积极幸福感维度上存在信息方式和时间的交互作用,主要表现为在视—听觉信息整合和传统教学方式下7次课>3次课>1次课,5次课>3次课>1次课,是持续性的增长方式;视—听觉信息分离方式下7次课>3次课>1次课、5次课>1次课,是停顿式的增长方式;三种信息方式的积极幸福感增长幅度中视—听觉信息整合方式最大、其次是传统教学方式、最后是视—听觉信息分离方式。心理烦恼维度也存在信息方式与时间的交互作用,表现为3组的心理烦恼均是7次课<1次课<5次课<3次课,总体呈下降趋势,但是视—听觉信息整合方式下降幅度最大,其次是传统教学方式,最后是视—听觉信息分离方式。由此可见感觉信息整合对提高积极幸福感、降低心理烦恼具有显著的效果,并认为感觉信息整合的注意力优势[142]和时间优势[144]引起的学业成绩的提高是引起该种差异的主要原因,因为学业成绩的提高是建立在专业素质、专业技能、专业知识的基础上,与时间因素的主效应的论证相同,必将促进积极幸福感的提高、心理烦恼的降低;另外学业成绩的提高能够提高被试的成功体验,促进被试的积极情感体验,对积极幸福感的提高和心理烦恼的降低同样有利。

4.5.7 小结

(1)感觉信息整合对技评成绩具有显著的提高作用,且在较低的信息频率下作用越明显;但在复杂技术教学中,应适当增加信息频率。

(2)感觉信息整合对达标成绩具有显著的提高作用,且越复杂的技术其提高作用越明显;对理论成绩具有显著的提高作用,且在较低的信息频率下作用越明显。

(3)感觉信息整合对一般自我效能感、积极幸福感具有显著的提高作用,对心理烦恼具有显著的降低作用。

(4)高信息频率对技评成绩、理论成绩具有显著提高作用,但对达标成绩的提高作用不明显;信息频率对一般自我效能感、积极幸福感和心理烦恼的影响不显著。

(5)田径运动技术教学对一般自我效能感、积极幸福感具有显著的提高作用,对心理烦恼具有显著的降低作用。

4.6 感知觉信息整合对田径运动技术教学的影响(实验2)

4.6.1 实验前测结果

为确保不同实验组别的同质性,经查阅文献资料、专家访谈,并结合教学经验,抽取30米跑、立定跳远、后抛铅球、前抛铅球和身高、体重作为前测指标进行测量。以不同组别为自变量,以测试指标结果为因变量,分别对挺身式跳远和背向滑步推铅球前测结果采用SPSS16.0进行单因素方差分析,结果发现挺身式跳远、背向滑步推铅球各组被试素质指标方差齐性[$F=(0.961-1.075)$,$F=(1.039-1.627)$,$P>0.05$],且实验前各组上述指标的差异不具有统计学意义[$F_{(2,47)}=(0.251-0.516)$,$F_{(2,47)}=(0.162-1.384)$,$P>0.05$](见表32),可以认为本实验中各组学生初始水平基本一致。

表32 实验前各组同质性测试结果($M \pm SD$)($N=16$)

		挺身式跳远	背向滑步推铅球
1	30米跑(秒)	4.47±0.12	4.47±0.15
2		4.44±0.15	4.47±0.13
3		4.43±0.13	4.44±0.12
		$F=0.414$	$F=0.322$

续表

		挺身式跳远	背向滑步推铅球
1	立定跳远(米)	2. 77±0. 14	2. 76±0. 10
2		2. 77±0. 12	2. 77±0. 14
3		2. 81±0. 13	2. 76±0. 15
		F=0. 516	F=0. 162
1	身高(厘米)	175. 69±3. 14	175. 70±3. 66
2		175. 63±3. 40	176. 44±2. 97
3		175. 25±3. 80	175. 94±2. 52
		F=0. 075	F=0. 213
1	前抛铅球(米)	10. 81±0. 53	10. 68±0. 59
2		10. 82±0. 60	10. 85±0. 42
3		10. 69±0. 47	10. 77±0. 58
		F=0. 264	F=0. 378
1	后抛铅球(米)	11. 56±0. 33	11. 47±0. 19
2		11. 63±0. 34	11. 52±0. 37
3		11. 55±0. 42	11. 67±0. 43
		F=0. 251	F=1. 384
1	体重(千克)	70. 31±3. 30	69. 88±2. 83
2		70. 19±3. 08	69. 75±3. 30
3		70. 13±3. 12	69. 69±3. 30
		F=0. 015	F=0. 015

注:1=感知觉信息整合组,2=视觉信息组,3=距离知觉信息组。

4. 6. 2 挺身式跳远实验结果

4. 6. 2. 1 实验后技评成绩

由于实验后技评成绩是通过专家评定的方式获得,因此需要对专家评分的信度进行评定,结果发现两位专家对挺身式跳远、背向滑步推铅球、100米跑的技评分数之间的皮尔逊相关系数为 1,均达到统计学意义(P<0. 01);两位专家对每位学生挺身式跳远技评分数的变异系数很小[CV=

(0.011-0.014)],表明两位专家之间的技评成绩存在高度一致,可以认为实验后的技评成绩是客观的。

研究进行单样本 K-S 值检验发现各实验组的技评成绩均呈正态分布[$Z=(0.905-1.182)$, $P>0.05$]。研究以信息方式为自变量,以技评成绩为因变量,进行单因素方差分析,结果发现方差齐性($F=0.362$, $P>0.05$),适合进行方差分析。

单因素方差分析表明,挺身式跳远技评成绩的信息方式主效应显著($F_{(2,47)}=4.179$, $P<0.05$, 偏 $\eta^2=0.157$)(见表 34)。多重分析(*LSD* 法)发现,视觉—距离知觉信息整合组技评成绩(88.69±4.79)显著高于视觉信息组(84.13±4.83)、距离知觉信息组技评成绩(84.63±5.07)($P<0.05$),而视觉信息组和距离知觉信息组技评成绩之间的差异不具有统计学意义($P>0.05$)(见表 33、表 34)。

表 33 挺身式跳远技评成绩的描述性统计结果(*M*±*SD*)(*N*=16)(单位:分)

信息方式	*M*±*SD*
感—知觉信息整合组	88.69±4.79
视觉信息组	84.13±4.83
距离知觉信息组	84.63±5.07
总计	85.81±5.22

表 34 挺身式跳远技评成绩的单因素方差分析结果

	平方和	自由度	均方	*F* 值	偏 η^2	多重分析
组间变异	200.375	2	100.188	4.179*		1>2*,1>3*
组内变异	1078.938	45	23.976		0.157	
总变异	1279.313	47				

注:1=视觉—距离知觉信息整合组,2=视觉信息组,3=距离知觉信息组,* 代表 $P<0.05$。

4.6.2.2 实验后达标成绩

研究进行单样本 K-S 值检验发现各实验组的达标成绩均呈正态分布[$Z=(0.672-0.712)$, $P>0.05$],研究以实验后达标成绩为因变量,以信息方式为自变量,进行单因素方差分析,结果发现方差齐性($F=0.507$, $P>0.05$),表明各实验组达标成绩可以进行方差分析。

单因素方差分析结果表明，挺身式跳远达标成绩差异的信息方式主效应显著（$F_{(2,47)}=6.841$，$P<0.01$，偏 $\eta^2=0.233$）（见表36），多重分析（*LSD* 法）发现视觉—距离知觉信息整合组（6.34±0.26）达标成绩显著高于视觉信息组（5.98±0.31）、距离知觉信息组技评成绩（6.04±0.32）（$P<0.01$），而视觉信息组和距离知觉信息组达标成绩之间的差异不具有统计学意义（$P>0.05$）（见表35、表36）。

表35　挺身式跳远达标成绩的描述性统计结果（*M*±*SD*）（*N*=16）（单位：米）

信息方式	*M*±*SD*
感—知觉信息整合组	6.34±0.26
视觉信息组	5.98±0.31
距离知觉信息组	6.04±0.32
总计	6.12±0.33

表36　挺身式跳远达标成绩的单因素方差分析结果

	平方和	自由度	均方	*F* 值	偏 η^2	多重分析
组间变异	1.190	2	0.595	6.841**		1>2**，1>3**
组内变异	3.915	45	0.087		0.233	
总变异	5.106	47				

注：1=视觉—距离知觉信息整合组，2=视觉信息组，3=距离知觉信息组，**代表 $P<0.01$，*代表 $P<0.05$。

4.6.2.3　实验后踏板技能表现

4.6.2.3.1　踏板准确性

研究进行单样本K-S值检验发现各实验组的踏板准确性均呈正态分布［$Z=(0.660-1.228)$，$P>0.05$］，以信息方式为自变量，以前后、左右踏板准确性为因变量，分别进行单因素方差分析，发现前后、左右踏板准确性的各实验组之间方差齐性（$F=0.853$，$F=1.678$，$P>0.05$），表明各实验组数据适合进行方差分析。

单因素方差分析结果显示，前后踏板准确性的信息方式主效应显著（$F_{(2,47)}=3.409$，$P<0.05$，偏 $\eta^2=0.132$）（见表38）。具体表现为视觉—距离知觉信息整合组（13.33±6.56）准确性显著高于视觉信息组（20.33±

7.68)、距离知觉信息组(17.88±8.69)($P<0.05$),视觉信息组和距离知觉信息组的差异不具有统计学意义($P>0.05$)(见表37、表38)。

左右踏板准确性的信息方式主效应不显著($F_{(2,47)}=1.834$,$P>0.05$,偏$\eta^2=0.075$)(见表38),但通过描述性统计结果发现,视觉—距离知觉信息整合组踏板左右准确性最高(5.52±3.03),其次是距离知觉信息组(7.40±4.35),视觉信息组最低(8.13±4.38)(见表37、表38)。

表37 实验后挺身式跳远踏板准确性的描述性统计结果($M±SD$)($N=16$)(单位:厘米)

信息方式	前后踏板准确性	左右踏板准确性
感—知觉信息整合组	13.33±6.56	5.52±3.03
视觉信息组	20.33±7.68	8.13±4.38
距离知觉信息组	17.88±8.69	7.40±4.35
总计	17.18±8.08	7.01±4.04

表38 挺身式跳远踏板准确性的单因素方差分析结果

		平方和	自由度	均方	F值	偏η^2	多重分析
	组间变异	403.574	2	201.787	3.409*		1>2*,1>3*
前后AE	组内变异	2663.306	45	59.185		0.132	
	总变异	3066.880	47				
	组间变异	57.755	2	28.877	1.834		
左右AE	组内变异	708.681	45	15.748		0.075	
	总变异	766.435	47				

注:1=视觉—距离知觉信息整合组,2=视觉信息组,3=距离知觉信息组,*代表$P<0.05$。

4.6.2.3.2 踏板误差

研究进行单样本K-S值检验发现各实验组的踏板误差均呈正态分布[$Z=(0.589-1.228)$,$P>0.05$],以信息方式为自变量,以前后、左右踏板误差为因变量,分别进行单因素方差分析,结果发现前后、左右踏板误差的各实验组之间方差齐性($F=0.648$,$F=0.683$,$P>0.05$),表明各实验组数据适合进行方差分析。

单因素方差分析结果显示,前后踏板误差的信息方式主效应显著($F_{(2,47)}=3.373$,$P<0.05$,偏 $\eta^2=0.130$)(见表 40),表现为视觉—距离知觉信息整合组误差(12.92±7.20)显著的小于视觉信息组的误差(20.33±7.68)($P<0.05$),视觉—距离知觉信息整合组与距离知觉信息组(17.46±9.40)之间、距离知觉信息组与视觉信息组之间的差异不具有统计学意义($P>0.05$)(见表 39、表 40)。

左右踏板误差的信息方式主效应不显著($F_{(2,47)}=0.012$,$P>0.05$,偏 $\eta^2=0.001$)(见表 40),但描述性统计结果显示,视觉—距离知觉信息整合组的误差最小(5.10±3.52),其次是距离知觉信息组(5.21±4.47),视觉信息组最大(5.31±3.18)(见表 39、表 40)。

表 39　挺身式跳远踏板误差的描述性统计结果(*M*±*SD*)(*N*=16)(单位:厘米)

信息方式	前后踏板误差	左右踏板误差
感—知觉信息整合组	12.92±7.20	5.10±3.52
视觉信息组	20.33±7.68	5.31±3.18
距离知觉信息组	17.46±9.40	5.21±4.47
总计	16.90±8.55	5.21±3.68

表 40　挺身式跳远踏板误差的单因素方差分析结果

		平方和	自由度	均方	*F* 值	偏 η^2	多重分析
前后 ACE	组间变异	447.463	2	223.731	3.373*		1<2*
	组内变异	2984.972	45	66.333		0.130	
	总变异	3432.435	47				
左右 ACE	组间变异	0.347	2	0.174	0.012		
	组内变异	636.458	45	14.144		0.001	
	总变异	636.806	47				

注:1=视觉—距离知觉信息整合组,2=视觉信息组,* 代表 $P<0.05$。

4.6.2.3.3　踏板一致性

研究进行单样本 K-S 值检验发现各实验组的踏板一致性均呈正态分布[$Z=(0.547-1.445)$,$P>0.05$],以信息方式为自变量,以前后、左右踏板一致性为因变量,分别进行单因素方差分析,结果发现前后、左右踏板一致性的各实验组之间方差齐性($F=1.022$,$F=2.504$,$P>0.05$),各组数据适合进行方差分析。

单因素方差分析结果显示,前后踏板一致性的信息方式主效应不显著($F_{(2,47)}=0{,}018$,$P>0.05$,偏 $\eta^2=0.001$)(见表42)。但描述性统计结果显示,视觉—距离知觉信息整合组踏板一致性最高(2.34±2.20),其次是距离知觉信息组(2.36±2.90),视觉信息组踏板一致性最低(2.47±1.42)(见表41、表42)。

左右踏板一致性的信息方式主效应显著($F_{(2,47)}=5.382$,$P<0.01$,偏 $\eta^2=0.193$)(见表42)。表现为感知觉整合组(5.23±2.52)一致性要显著高于视觉信息组(10.02±4.43)、距离知觉信息组(8.82±5.41)($P<0.01$,$P<0.05$),而视觉信息组和距离知觉信息组间的差异不显著($P>0.05$)(见表41、表42)。

表41 挺身式跳远踏板一致性的描述性统计结果(M±SD)($N=16$)(单位:厘米)

信息方式	前后踏板一致性	左右踏板一致性
感—知觉信息整合组	2.34±2.20	5.23±2.52
视觉信息组	2.47±1.42	10.02±4.43
距离知觉信息组	2.36±2.90	8.82±5.41
总计	2.39±2.21	8.02±4.67

表42 挺身式跳远踏板一致性的单因素方差分析结果

		平方和	自由度	均方	F 值	偏 η^2	多重分析
前后 VE	组间变异	0.181	2	0.090	0.018	0.001	
	组内变异	228.787	45	5.084			
	总变异	228.967	47				
左右 VE	组间变异	198.222	2	99.111	5.382**	0.193	1>2**,1>3*
	组内变异	828.618	45	18.414			
	总变异	1026.840	47				

注:1=视觉—距离知觉信息整合组,2=视觉信息组,3=距离知觉信息组,**代表 $P<0.01$,*代表 $P<0.05$。

4.6.2.4 实验后知觉预测技能表现

4.6.2.4.1 预测准确性

研究进行单样本 K-S 值检验发现各实验组的距离预测准确性均呈正态分布[Z=(0.554-1.102),P>0.05],以信息方式为自变量,以前后、左右预测准确性为因变量,分别进行单因素方差分析,结果发现前后、左右预测准确性的各实验组之间方差齐性(F=2.689,F=2.863,P>0.05),表明各实验组数据适合进行方差分析。

单因素方差分析发现被试前后距离预测准确性的信息方式主效应显著($F_{(2,47)}=7.987$,$P<0.01$,偏 $\eta^2=0.262$)(见表 44),表现为视觉—距离知觉信息整合组(10.08±1.98)预测准确性显著高于视觉信息组(15.13±4.02)、距离知觉信息组(13.21±4.34)($P<0.01$,$P<0.05$),视觉信息组和距离知觉信息组预测准确性的差异不具有统计学意义($P>0.05$)(见表 43、表 44)。

被试左右距离预测准确性的信息方式主效应显著($F_{(2,47)}=6.248$,$P<0.01$,偏 $\eta^2=0.217$)(见表 44)。表现为视觉—距离知觉信息整合组(4.06±2.28)显著高于视觉信息组(7.08±1.88)($P<0.01$),但视觉—距离知觉信息整合组与距离知觉信息组(5.63±2.97)、距离知觉信息组与视觉信息组的预测准确性差异不具有统计学意义($P>0.05$)(见表 43、表 44)。

表 43 挺身式跳远踏板预测准确性的描述性统计结果(M±SD)(N=16)(单位:厘米)

信息方式	前后预测准确性	左右预测准确性
感—知觉信息整合组	10.08±1.98	4.06±2.28
视觉信息组	15.13±4.02	7.08±1.88
距离知觉信息组	13.21±4.34	5.63±2.97
总计	12.81±4.10	5.59±2.67

表 44 挺身式跳远踏板预测准确性的单因素方差分析结果

		平方和	自由度	均方	F 值	偏 η^2	多重分析
前后 AE	组间变异	207.241	2	103.620	7.987**		1>2**,1>3*
	组内变异	583.833	45	12.974		0.262	
	总变异	791.074	47				

续表

		平方和	自由度	均方	F 值	偏 η^2	多重分析
	组间变异	73.032	2	36.516	6.248**		1>2**
左右 AE	组内变异	263.021	45	5.845		0.217	
	总变异	336.053	47				

注:1=视觉—距离知觉信息整合组,2=视觉信息组,3=距离知觉信息组,**代表 $P<0.01$,*代表 $P<0.05$。

4.6.2.4.2 预测误差

研究进行单样本 K-S 值检验发现,各实验组的距离预测误差均呈正态分布[$Z=(0.476-0.915)$,$P>0.05$],以信息方式为自变量,以前后、左右距离预测误差为因变量,分别进行单因素方差分析,结果发现前后、左右预测误差的各实验组之间方差齐性($F=1.858$,$F=1.025$,$P>0.05$),表明各实验组数据适合进行方差分析。

单因素方差分析发现,前后距离预测误差的信息方式主效应显著($F_{(2,47)}=4.505$,$P<0.05$,偏 $\eta^2=0.167$)(见表 46)。表现为视觉—距离知觉信息整合组(8.08±3.56)显著小于视觉信息组(13.04±5.03)($P<0.01$),但视觉—距离知觉信息整合组与距离知觉信息组(11.21±5.38)、视觉信息组与距离知觉信息组的预测误差之间的差异不显著($P>0.05$)(见表 45、表 46)。

左右距离预测误差的信息方式主效应不显著($F_{(2,47)}=2.310$,$P>0.05$,偏 $\eta^2=0.093$)(见表 46),但描述性统计结果表明,视觉—距离知觉信息整合组绝对误差最小(2.19±2.08),其次是距离知觉信息组(2.71±2.57)。视觉信息组绝对误差最大(3.96±2.50)(见表 45、表 46)。

表 45 挺身式跳远踏板预测误差的描述性统计结果($M±SD$)($N=16$)(单位:厘米)

信息方式	前后预测误差	左右预测误差
感—知觉信息整合组	8.08±3.56	2.19±2.08
视觉信息组	13.04±5.03	3.96±2.50
距离知觉信息组	11.21±5.38	2.71±2.57
总计	10.78±5.07	2.95±2.46

表 46　挺身式跳远踏板预测误差的单因素方差分析结果

		平方和	自由度	均方	F 值	偏 η^2	多重分析
前后 ACE	组间变异	201.130	2	100.565	4.505*		1<2**
	组内变异	1004.500	45	22.322		0.167	
	总变异	1205.630	47				
左右 ACE	组间变异	26.505	2	13.252	2.310		
	组内变异	258.160	45	5.737		0.093	
	总变异	284.664	47				

注：1＝视觉—距离知觉信息整合组，2＝视觉信息组，3＝距离知觉信息组，＊＊代表 $P<0.01$，＊代表 $P<0.05$。

4.6.2.4.3　预测一致性

研究进行单样本 K-S 值检验发现各实验组的距离预测一致性均呈正态分布[$Z=(0.520-1.445)$，$P>0.05$]，以信息方式为自变量，以前后、左右预测一致性为因变量，分别进行单因素方差分析，结果发现前后、左右预测一致性的各实验组之间方差齐性（$F=1.323$，$F=1.608$，$P>0.05$），表明各实验组数据适合进行方差分析。

单因素方差分析结果表明，前后、左右距离预测一致性的信息方式主效应不显著（$F_{(2,47)}=0.148$，$P>0.05$，偏 $\eta^2=0.007$；$F_{2,47}=1.984$，$P>0.05$，偏 $\eta^2=0.081$）（见表 48），但描述性统计结果显示，前后、左右距离预测的一致性均是视觉—距离知觉信息整合组最高（4.97±6.44，4.87±2.83），其次是距离知觉信息组（5.25±4.86，6.25±3.88），视觉信息组最低（6.15±7.62，7.20±3.19）（见表 47、表 48）。

表 47　挺身式跳远踏板预测一致性的描述性统计结果（$M\pm SD$）（$N=16$）（单位：厘米）

信息方式	前后预测一致性	左右预测一致性
感—知觉信息整合组	4.97±6.44	4.87±2.83
视觉信息组	6.15±7.62	7.20±3.19
距离知觉信息组	5.25±4.86	6.25±3.88
总计	5.46±6.29	6.11±3.40

表 48 挺身式跳远踏板预测一致性的单因素方差分析结果

		平方和	自由度	均方	F 值	偏 η^2	多重分析
前后 VE	组间变异	12. 180	2	6. 090	0. 148		
	组内变异	1847. 901	45	41. 064		0. 007	
	总变异	1860. 081	47				
左右 VE	组间变异	43. 946	2	21. 973	1. 984		
	组内变异	498. 350	45	11. 074		0. 081	
	总变异	542. 295	47				

综上所述,感知觉信息整合对挺身式跳远技评和达标成绩具有提高作用,距离知觉信息比视觉信息提高挺身式跳远的技评和达标成绩的作用更大。感知觉信息整合比单独呈现视觉信息或距离知觉信息更能够提高前后上板准确性、前后上板距离预测准确性、左右上板一致性;比单独呈现视觉信息更能够降低前后上板误差、前后上板距离预测误差,提高左右上板距离预测准确性;而对前后上板一致性、左右上板准确性、左右上板误差、前后和左右上板距离预测一致性、左右上板距离预测误差的影响不明显。

4. 6. 3 背向滑步推铅球实验结果

4. 6. 3. 1 实验后技评成绩

对两位专家对被试技评的评分进行相关分析,发现两位专家所给的技评成绩呈显著相关($r=1$, $P<0.05$);同时对两位专家评分的变异系数进行检验,结果发现变异系数很小[$CV=(0.015-0.019)$],可以认为实验后获得的技评成绩是客观的。研究进行单样本 K-S 值检验发现各实验组的技评成绩均呈正态分布[$Z=(0.538-0.921)$, $P>0.05$],对不同实验组进行方差齐性检验发现方差齐性($F=0.530$, $P>0.05$),表明实验数据可以进行方差分析。

研究以技评成绩为因变量,以信息方式为自变量,进行单因素方差分析,结果发现技评成绩的信息方式主效应显著($F_{(2,47)}=8.510$, $P<0.05$,偏 $\eta^2=0.274$)(见表 50)。多重分析(*LSD* 法)发现,视觉—距离知觉信息整合组(90. 19±3. 80)技评成绩显著大于视觉信息组(84. 44±3. 92)、距离知觉信息组(85. 69±4. 67)($P<0.01$),而视觉信息组和距离知觉信息组技评成绩的差异不具有统计学意义($P>0.05$)(见表 49、表 50)。

表 49　背向滑步推铅球技评成绩的描述性统计结果（$M \pm SD$）（$N=16$）（单位：分）

信息方式	背向滑步推铅球
感—知觉信息整合组	90.19±3.80
视觉信息组	84.44±3.92
距离知觉信息组	85.69±4.67
总计	86.77±4.76

表 50　背向滑步推铅球技评成绩的单因素方差分析结果

	平方和	自由度	均方	F 值	偏 η^2	多重分析
组间变异	292.667	2	146.333	8.510**		1>2**，1>3**
组内变异	773.813	45	17.196		0.274	
总变异	1066.479	47				

注：1＝视觉—距离知觉信息整合组，2＝视觉信息组，3＝距离知觉信息组，**代表 $P<0.01$。

4.6.3.2　实验后达标成绩

研究进行单样本 K-S 值检验发现各实验组的达标成绩进行均呈正态分布［$Z=(0.703-0.901)$，$P>0.05$］，对不同实验组进行方差齐性检验发现方差齐性（$F=0.712$，$P>0.05$），表明实验数据可以进行方差分析。

研究以背向滑步推铅球达标成绩为因变量，以信息方式为自变量进行单因素方差分析，结果显示，达标成绩之间的信息方式主效应显著（$F_{(2,47)}=3.680$，$P<0.05$，偏 $\eta^2=0.141$）（见表 52）。多重分析（*LSD* 法）发现，表现为视觉—距离知觉信息整合组（11.08±0.72）的达标成绩显著高于视觉信息组（10.42±0.86）、距离知觉信息组（10.46±0.72）（$P<0.05$），而视觉信息组和距离知觉信息组达标成绩的差异不具有统计学意义（$P>0.05$）（见表 51、表 52）。

表 51　背向滑步推铅球达标成绩的描述性统计结果（$M \pm SD$）（$N=16$）（单位：米）

信息方式	背向滑步推铅球
感—知觉信息整合组	11.08±0.72
视觉信息组	10.42±0.86
距离知觉信息组	10.46±0.72
总计	10.65±0.81

表 52 背向滑步推铅球达标成绩的单因素方差分析结果

	平方和	自由度	均方	F 值	偏 η^2	多重分析
组间变异	4. 346	2	2. 173			
组内变异	26. 573	45	0. 591	3. 680*	0. 141	1>2*,1>3*
总变异	30. 919	47				

注：1＝视觉—距离知觉信息整合组，2＝视觉信息组，3＝距离知觉信息组，*代表 $P<0.05$。

4. 6. 3. 3 实验后滑步技能表现

4. 6. 3. 3. 1 距离指标

研究发现各实验组的滑步距离、滑步后两脚间距离、总距离均呈正态分布[$Z=(0.809-1.136)$，$P>0.05$]；滑步距离、滑步后两脚间距离、总距离之间存在显著相关[$r=(0.378-0.667)$，$P<0.01$]，应该采用多元方差分析方法进行分析，以避免检验效率低和降低犯一类错误的概率[128][140]。因此研究以滑步距离、滑步后两脚间距离、总距离为因变量，以信息方式自变量，进行单因素多变量方差分析，结果发现各组方差齐性（*Box's M*＝19. 986，$F=1.614$，$P>0.05$）和各变量方差齐性[$F=(0.301-1.043)$，$P>0.05$]。

多变量方差检验发现，距离指标的信息方式主效应显著（*Wilk's*＝0. 886，$F=2.883$，$P<0.05$），该差异由滑步距离（$F_{(2,144)}=7.065$，$P<0.01$，偏 $\eta^2=0.091$）和总距离（$F_{(2,144)}=5.086$，$P<0.01$，偏 $\eta^2=0.067$）造成（见表 54）。多重分析（*LSD* 法）发现，滑步距离和总距离指标差异表现为：视觉—距离知觉信息整合组（7. 05±1. 62，17. 64±1. 09）和距离知觉信息组（6. 73±1. 18，17. 50±1. 07）显著大于视觉信息组（5. 93±1. 67，16. 89±1. 48）（$P<0.01$），而视觉—距离知觉信息整合组和距离知觉信息组之间的差异不具有统计学意义（$P>0.05$）（见表 53、表 54）。落地后两脚距离指标的信息方式主效应不显著（$F_{(2,144)}=0.709$，$P>0.05$，偏 $\eta^2=0.010$）（见表 54）。

表 53 距离指标的描述性统计结果（$M±SD$）（$N=16$）（单位：10 厘米）

信息方式	滑步距离	落地后两脚距离	总距离
感—知觉信息整合组	7. 05±1. 62	10. 59±1. 54	17. 64±1. 09
视觉信息组	5. 93±1. 67	10. 96±1. 59	16. 89±1. 48
距离知觉信息组	6. 73±1. 18	10. 78±1. 45	17. 50±1. 07
总计	6. 57±1. 57	10. 78±1. 52	17. 35±1. 26

表 54　距离指标的单因素多变量分析结果

变异来源	因变量	Ⅲ型平方和	自由度	均方	F 值	偏 η^2	多重分析
修正模型	滑步距离	31.990(b)	2	15.995	7.065	0.091	
	落地后两脚距离	3.299(c)	2	1.649	0.709	0.010	
	总距离	15.285(d)	2	7.643	5.086	0.067	
截距	滑步距离	6211.804	1	6211.804	2743.742	0.951	
	落地后两脚距离	16726.831	1	16726.831	7192.820	0.981	
	总距离	43325.278	1	43325.278	28832.577	0.995	
组别	滑步距离	31.990	2	15.995	7.065**	0.091	1>2**,3>2**
	落地后两脚距离	3.299	2	1.649	0.709	0.010	
	总距离	15.285	2	7.643	5.086**	0.067	1>2**,3>2*
误差项	滑步距离	319.223	141	2.264			
	落地后两脚距离	327.894	141	2.325			
	总距离	211.874	141	1.503			

续表

变异来源	因变量	Ⅲ型平方和	自由度	均方	*F* 值	偏 η^2	多重分析
	滑步距离	6563.017	144				
总方差	落地后两脚距离	17058.024	144				
	总距离	43552.436	144				
	滑步距离	351.213	143				
修正方差	落地后两脚距离	331.193	143				
	总距离	227.159	143				

注：b：$R^2=0.091$（修正后 $R^2=0.078$），c：$R^2=0.010$（修正后 $R^2=-0.004$），d：$R^2=0.067$（修正后 $R^2=0.054$）；1=视觉—距离知觉信息整合组，2=视觉信息组，3=距离知觉信息组；＊＊代表 $P<0.01$，＊代表 $P<0.05$。

4.6.3.3.2 右脚落地指标

研究对不同实验组 3 项指标进行检验发现符合正态分布[$Z=(0.526-0.901)$,$P>0.05$],且方差齐性[$F=(0.574-1.268)$,$P>0.05$],所有数据符合方差分析的条件。

以右脚落地准确性、落地误差、落地一致性为因变量,以信息方式为自变量,分别进行单因素方差分析发现,右脚落地准确性、落地误差、落地一致性的信息方式主效应显著($F_{(2,47)}=6.249$,$P<0.01$,偏 $\eta^2=0.217$;$F_{(2,47)}=3.489$,$P<0.05$,偏 $\eta^2=0.230$;$F_{(2,47)}=6.731$,$P<0.01$,偏 $\eta^2=0.134$)(见表 56)。多重分析(*LSD* 法)发现,右脚落地准确性指标:视觉—距离知觉信息整合组(2.64±0.75)、距离知觉信息组(2.95±0.64)显著高于视觉信息组(3.51±0.72)($P<0.01$,$P<0.05$),而视觉—距离知觉信息整合组和距离知觉信息组的差异不具有统计学意义($P>0.05$);右脚落地误差指标:视觉—距离知觉信息整合组(2.57±0.76)、距离知觉信息组(2.69±0.83)显著的小于视觉信息组(3.28±0.84)($P<0.05$),而视觉—距离知觉信息整合组和距离知觉信息组的差异不具有统计学意义($P>0.05$);右脚落地一致性指标:视觉—距离知觉信息整合组(0.84±0.43)显著高于视觉信息组(1.53±0.57)和距离知觉信息组(1.25±0.62)($P<0.01$,$P<0.05$),而视觉信息组和距离知觉信息组的差异不具有统计学意义($P>0.05$)(见表 55、表 56)。

表 55 右脚落地指标的描述性统计结果($M±SD$)($N=16$)(单位:10 厘米)

信息方式	右脚落地准确性	右脚落地误差	右脚落地一致性
感—知觉信息整合组	2.64±0.75	2.57±0.76	0.84±0.43
视觉信息组	3.51±0.72	3.28±0.84	1.53±0.57
距离知觉信息组	2.95±0.64	2.69±0.83	1.25±0.62
总计	3.03±0.78	2.85±0.85	1.21±0.60

表 56 右脚落地指标的单因素方差分析结果

指标	变异	平方和	自由度	均方	F 值	偏 η^2	多重分析
落地准确性	组间变异	6.185	2	3.092	6.249**	0.217	1>2**,3>2*
	组内变异	22.269	45	0.495			
	总变异	28.454	47				

续表

指标	变异	平方和	自由度	均方	F 值	偏 η^2	多重分析
落地误差	组间变异	4.536	2	2.268	3.489*	0.134	1<2*,3<2*
	组内变异	29.251	45	0.650			
	总变异	33.786	47				
落地一致性	组间变异	3.949	2	1.974	6.731**	0.230	1>2**,1>3*
	组内变异	13.200	45	0.293			
	总变异	17.149	47				

注:1=视觉—距离知觉信息整合组,2=视觉信息组,3=距离知觉信息组,＊＊代表 $P<0.01$,＊代表 $P<0.05$。

4.6.3.3.3 左脚落地指标

在专家访谈的基础上,结合教学经验,左右落地指标采用左脚落地合理性(落地后左脚脚尖到右脚脚后跟之间的 X 轴方向距离)、落地一致性(变异误差,即落地点的离散程度)两项指标。研究对左脚落地指标进行检验发现呈正态分布[$Z=(0.467-0.917)$,$P>0.05$],且方差齐性[$F=(0.366-1.027)$,$P>0.05$],所有数据符合方差分析的条件。

以左脚落地合理性和左脚落地一致性为因变量,以信息方式为自变量,分别进行单因素方差分析,结果发现左脚落地合理性的信息方式主效应不显著($F_{(2,47)}=0.075$,$P>0.05$,偏 $\eta^2=0.003$)(见表 58)。而落地一致性指标上的信息方式主效应显著($F_{(2,47)}=3.473$,$P<0.05$,偏 $\eta^2=0.134$)(见表 58),表现为视觉—距离知觉信息整合组(1.14±0.45)的一致性显著高于视觉信息组(1.73±0.58)($P<0.05$),而视觉—距离知觉信息整合组和距离知觉信息组(1.52±0.84)、视觉信息组和距离知觉信息组的差异不具有统计学意义($P>0.05$)(见表 57、表 58)。

表 57 左脚落地指标的描述性统计结果($M±SD$)($N=16$)(单位:10 厘米)

信息方式	左脚落地合理性	左脚落地一致性
感—知觉信息整合组	−0.02±0.80	1.14±0.45
视觉信息组	0.06±1.29	1.73±0.58
距离知觉信息组	−0.08±1.07	1.52±0.84
总计	−0.01±1.05	1.46±0.67

表 58　左脚落地指标的单因素方差分析结果

		平方和	自由度	均方	F 值	偏 η^2	多重分析
落地合理性	组间变异	0.171	2	0.086	0.075		
	组内变异	51.597	45	1.147		0.003	
	总变异	51.768	47				
落地一致性	组间变异	2.881	2	1.441	3.473*		1>2*
	组内变异	18.664	45	0.415		0.134	
	总变异	21.545	47				

注：1＝视觉—距离知觉信息整合组，2＝视觉信息组，3＝距离知觉信息组，* 代表 $P<0.05$。

4.6.3.4　实验后预测技能表现

根据专家访谈结果并结合教学经验，选取滑步距离作为预测技能表现的测试指标，并对被试预测的准确性、预测误差、预测一致性进行统计分析。研究进行单样本 K-S 值检验发现各实验组的预测准确性、预测误差、预测一致性均呈正态分布[$Z=(0.946-1.536)$，$P>0.05$]，且方差齐性[$F=(2.781-2.982)$，$P>0.05$]，所有数据符合方差分析的条件。

以预测准确性、预测误差、预测一致性为因变量，以信息方式为自变量，分别进行单因素方差分析，结果表明滑步距离预测准确性的信息方式主效应显著（$F_{(2,47)}=32.068$，$P<0.01$，偏 $\eta^2=0.588$）（见表 60），多重分析（*LSD* 法）发现，视觉—距离知觉信息整合组（2.18±0.26）显著高于距离知觉信息组（2.87±0.43）和视觉信息组（3.33±0.50）（$P<0.01$）、距离知觉信息组显著高于视觉信息组（$P<0.01$）（见表 59、表 60）。

距离预测误差的信息方式主效应显著（$F_{(2,47)}=12.284$，$P<0.01$，偏$\eta^2=0.353$）（见表 60），多重分析（*LSD* 法）发现，视觉—距离知觉信息整合组（2.18±0.26）和距离知觉信息组（2.53±0.91）误差显著的小于视觉信息组（3.29±0.61）（$P<0.01$），而视觉—距离知觉信息整合组和距离知觉信息组误差差异不具有统计学意义（$P>0.05$）（见表 59、表 60）。距离预测一致性的信息方式主效应不显著（$F_{(2,47)}=1.246$，$P>0.05$，偏 $\eta^2=0.052$）（见表 60）。

表 59 滑步距离预测指标的描述性统计结果（$M\pm SD$）（$N=16$）（单位：10 厘米）

信息方式	预测准确性	预测误差	预测一致性
感—知觉信息整合组	2. 18±0. 26	2. 18±0. 26	0. 38±0. 45
视觉信息组	3. 33±0. 50	3. 29±0. 61	0. 33±0. 63
距离知觉信息组	2. 87±0. 43	2. 53±0. 91	0. 75±1. 20
总计	2. 79±0. 63	2. 67±0. 79	0. 48±0. 83

表 60 滑步距离预测指标的单因素方差分析结果

		平方和	自由度	均方	F 值	偏 η^2	多重分析
预测准确性	组间变异	10. 823	2	5. 411	32. 068**		1>3>2**
	组内变异	7. 594	45	0. 169		0. 588	
	总变异	18. 417	47				
预测误差	组间变异	10. 378	2	5. 189	12. 284**		1<2**,3<2**
	组内变异	19. 010	45	0. 422		0. 353	
	总变异	29. 389	47				
预测一致性	组间变异	1. 702	2	0. 851	1. 246		
	组内变异	30. 741	45	0. 683		0. 052	
	总变异	32. 444	47				

注：1＝视觉—距离知觉信息整合组，2＝视觉信息组，3＝距离知觉信息组，**代表 $P<0.01$。

综上所述，感知觉信息整合对背向滑步推铅球技评和达标成绩具有提高作用，距离知觉信息比视觉信息提高背向滑步推铅球的技评和达标成绩的作用更大。感知觉信息整合和单纯呈现距离知觉信息比单纯呈现视觉信息更能够提高滑步距离、总距离、右脚落地准确性，降低右脚落地误差、滑步距离预测误差，但感知觉信息整合的作用比单纯呈现距离知觉信息作用大；比单独呈现视觉信息更能够显著的提高左脚和右脚落地一致性、滑步距离预测准确性；比单独呈现距离知觉信息更能够提高右脚落地一致性、滑步距离预测准确性；而对落地后两脚距离、左脚落地合理性、滑步距离预测一致性的影响不明显。

4.6.4 实验后理论成绩

研究进行单样本 K-S 值检验发现各实验组的理论成绩均呈正态分布[Z=(0.850-0.995),P>0.05],且方差齐性(F=0.064,P>0.05),所有数据符合方差分析的条件。研究以理论成绩为因变量,以信息方式为自变量,进行单因素方差分析,结果发现理论成绩上的信息方式主效应不显著($F_{(2,47)}$ = 0.945,P>0.05,偏 η^2 = 0.040),但视觉—距离知觉信息整合组理论成绩最高(85.31±3.52),其次是视觉信息组(84.06±3.55),距离知觉信息组成绩最低(83.69±3.44)(见表 61、表 62)。

表 61 理论成绩的描述性统计结果(M±SD)(N=16)(单位:分)

信息方式	M±SD
感—知觉信息整合组	85.31±3.52
视觉信息组	84.06±3.55
距离知觉信息组	83.69±3.44
总计	84.35±3.50

表 62 理论成绩的单因素方差分析结果

	平方和	自由度	均方	F 值	偏 η^2	多重分析
组间变异	23.167	2	11.583	0.945		
组内变异	551.813	45	12.263		0.040	
总变异	574.979	47				

4.6.5 讨论

为验证感知觉信息整合对田径运动技术教学的影响,弥补田径运动技能领域感知觉信息整合研究的不足,并为其他动作技能学习领域提供参考,研究选定视觉—距离知觉的感知觉信息整合方式(简称感知觉信息整合),抽取挺身式跳远、背向滑步推铅球两个项目,采取单因素组间设计,以信息方式为自变量,以挺身式跳远和背向滑步推铅球技评、达标、理论成绩,挺身式跳远起跳踏板和预测绝对误差、绝对常数误差、变异误差(前后、左右);背向滑步推铅球滑步距离、落地后两脚距离、总距离,滑步距离预测绝对误差、绝对常数误差、变异误差,右脚落地绝对误差、绝对常数误差、变异误差,左脚落地合理性、左脚落地变异误差为因变量,进行描述性统计、非参数检验(单样本 K-S 值检验)、单因素单变量方差分析、单因素多变量方差分析,探讨感知觉信息整合对田径运动技术教学的影响。为确保不同实验组的同质性,研究在专家访谈、查阅参考文献基础上,结合教学经验对所有被试者的相关身体素质、身体形态进行了测量与分析,结果显示不同实验组具有同质性。研究显示,实验结果验证了研究假设,具体讨论如下。

4.6.5.1 动作准确性、误差和一致性的讨论

挺身式跳远和背向滑步推铅球作为序列性动作技能[160],不同的技术环节构成了完整的技术动作,而起跳和滑步无疑是重要的技术环节,对挺身式跳远来讲,踏板的准确性是技评成绩的重要指标,且对腾空技术的完成和达标成绩的获得具有重要的影响;对背向滑步推铅球来讲,滑步技术是技评成绩的重要指标,对转换、最后用力等技术动作的完成和达标成绩的获得尤为重要。

通过研究可知,感知觉信息整合对提高动作准确性、减少动作误差、提高动作一致性具有重要的促进作用。具体表现为:感知觉信息整合提高挺身式跳远前后上板准确性、降低前后上板误差、提高左右上板一致性;感知觉信息整合增加背向滑步推铅球滑步距离、总距离,提高右脚落地准确性、减少右脚落地误差、提高右脚和左脚落地一致性。知觉本身就是多感觉信息整合的过程[161],而距离知觉线索的获得依赖于本体感觉信息、双眼视差、视网膜距离大小等因素[162],所以本研究中感知觉信息整合是多感觉信息整合的变化形式,是建立在视觉信息、本体感觉信息、听觉信息基础上的信息整合,其必定具有感觉信息整合的全面性[161]、互补性[163]、可靠性[164]的特点,

---

[160] 张英波.运动技能学理论与实践[M].北京:高等教育出版社,2012:6-8.

[161] Nienke V A, Micah M M, Gregor T, etl. Multisensory Integration: Flexible Use of General Operations[J].Neuron,2014(9):1240-1253.

[162] 王鹏,赵怀永,赵光,等.虚拟环境下距离知觉的加工与整合[J].现代生物医学进展,2009,9(10):1939-1941.

[163] Parise C.V, Spence C, & Ernst M.O. When correlation implies causation in multisensory integration[J].Current biology,2012(22):46-49.

[164] Fetsch C.R, DeAngelis G C, & Angelaki D E. Bridging the gap between theories of sensory cue integration and the physiology of multisensory neurons[J].Nat Rev Neurosci,2013(14):429-442.

并有利于动作控制能力的提高[165][166][167][168]。本研究中感知觉信息整合能够通过视觉、本体感觉、听觉信息提供的相关信息、互补信息提高目标估计的准确性，达到提高动作控制能力的目的，进而提高了动作准确性、减少动作误差、增加动作一致性，基于此本研究的结果得到解释，并与前人的研究结果相同[167][169]。

研究采取视觉信息、距离知觉信息的感知觉信息整合的形式，此整合形式既具备信息整合的特点，又具备知觉学习的特点。知觉学习表现为从外界环境中提取信息的能力的提高，是被试的练习与生理成熟相互作用的结果[170][171][172]。知觉学习涉及可以观察到的知觉行为的改变，它不仅表现在提取外界信息能力的提高，而且表现为较长时间上行为决策机制的改变和提高[173]。研究中对挺身式跳远起跳技术、背向滑步推铅球滑步技术进行距离知觉的干预，属于知觉学习的一种，必然引起与起跳和滑步技术相关的行为改变，本研究中行为的改变主要是挺身式跳远前后上板准确性、前后上板误差、左右上板一致性，背向滑步推铅球滑步距离、总距离、右脚落地准确性，右脚落地误差、右脚落地的一致性、左右脚落地一致性行为指标的改变。研究发现，尽管差异不具有统计学意义，但从数据来讲，距离知觉信息组比视觉信息组被试的动作准确性高、误差小、一致性高，更加佐证了知觉学习

[165] Calvert G A, Spence C, & Stein B E. The Handbook of Multisensory Processes[M]. Cambridge, MA: The MIT Press, 2004.

[166] Christine S, Knut D, Jochen M. Multisensory integration in action control[J]. Frontiers in Psychology(Cognition), 2014(5): 1-2.

[167] Sutter C, Sülzenbrück S, Rieger M, etl. Limitations of distal effect anticipation when using tools. New Ideas Psychol, 2013(31): 247-257.

[168] Stephen H T, Robert L S. Multisensory Integration for Motor Control and Adaptation [J]. Journal of Motor Behavior, 2012, 44(6): 389-340.

[169] Sarlegna F, Sainburg R. The roles of vision and proprioception in the planning of reaching movements. Advances in Experimental Medicine and Biology[J], 2009(629): 317-335.

[170] Gibson E J. Improvement in Perceptual Judgments as a Function of Controlled Practice and Training[J]. Psychological Bulletin, 1953(50): 401-431.

[171] Gibson E J. Principles of Perceptual Learning and Development[M]. New York: Appleton Century Crofts, 1969: 110-256.

[172] Gibson E J. An Odyssey in Learning and Perception[M]. Cambridge MA: MIT Press, 1991: 156-179.

[173] 胡平，陈文锋，焦书兰. 国外知觉学习研究的若干进展[J]. 心理学动态，2001，9(4): 302-310.

的作用,进一步证明了感知觉信息整合的必要性和效果。

基于运动项目的特异性,必须对感知觉信息整合的实效性进行分析以证明其作用。从运动成绩获得的角度出发,挺身式跳远前后上板准确性、误差、一致性比左右上板准确性、误差、一致性非常重要;而滑步距离和总距离、右脚落地合理性、左脚落地合理性是背向滑步推铅球技术的完成和达标成绩获得的重要影响因素。研究发现,视觉—距离知觉信息整合能够提高挺身式跳远前后上板准确性、减少前后上板误差;能够增大背向滑步推铅球滑步距离、总距离、右脚落地合理性。由此可见,感知觉信息整合能够体现出运动专项需求,具有很高的实效性。但感知觉信息整合对挺身式跳远前后上板一致性、对背向滑步推铅球左脚落地合理性影响不显著,其原因需要进一步探索,可能是感知觉信息整合干预时间过短、干预频率过快等原因造成的。

4.6.5.2 知觉动作技能的讨论

知觉动作技能是动作技能的重要研究领域,从19世纪兴起至今一直得到心理学、训练学、教育学等领域的高度重视。知觉预测是知觉动作技能的重要内容[143],而口语报告法是知觉预测研究的常用方法[174][175]。已有研究表明知觉动作技能可以训练[176][177][178][179],并且是专家高水平动作技能形成的重要机制。

本研究发现,感知觉信息整合能够提高被试的知觉预测能力。具体表现为视觉—距离知觉信息整合能够显著提高挺身式跳远前后、左右上板距离预测的准确性,并显著降低前后距离预测的误差;视觉—距离知觉信息整合能够显著提高背向滑步推铅球滑步距离预测的准确性、降低预测误差。知觉动作技能的经验论表明,高水平知觉预测优势的形成是建立在专项知

---

[174] 程勇民.知识表征、运动水平及其年龄对羽毛球竞赛情景中直觉性运动决策的影响[D].北京:北京体育大学,2005.

[175] 赵洪朋.优秀散打运动员知觉预测过程认知特征与神经机制研究[D].上海:上海体育学院,2010.

[176] Singer R. N., etal. Training Mental Quickness in Beginning/Intermediate Tennis Players[J].Sport Psychologist,1994,8(3):305-318.

[177] Abernethy B,Thomas J,Thomas T.Strategies for improving understanding of motor expertise[J].In cognitive Issues in Motor Expertise,1993:317-356.

[178] 王树明,章建成,尹小俭.羽毛球运动员专项知觉运动技能训练的绩效研究[J].北京体育大学学报,2009,32(9):46-49.

[179] 黄宏远.网球运动员专项知觉技能训练有效性试验研究[J].天津体育学院学报,2013,28(1):52-55.

识经验基础上的[175][180]。本研究中视觉—距离知觉信息整合组被试在踏板和滑步练习过程中采用口头报告法对距离知觉进行汇报,教师施以听觉反馈,此过程是知觉预测训练的过程,在不断的练习中被试获得了距离知觉的专项经验,并以视觉和听觉反馈信息不断校准[181][182],从而完成知识的重构[183],促进了知觉预测能力的提高,而视觉信息组被试没有距离知觉预测的知识经验,其知觉预测能力比感知觉信息整合组低是必然的。

研究同时发现,距离知觉信息组被试比视觉信息组被试的知觉预测能力高,在实验中距离知觉信息组被试也要进行口头呼报知觉距离并得到教师反馈,所以距离知觉信息组的被试也经过了知觉预测能力的训练,其知觉预测能力的提高表明了知觉预测训练的有效性。值得注意的是,距离知觉信息组比视觉—距离知觉信息组被试的知觉预测能力低,更加证明了感知觉信息整合的有效性,研究认为这主要是由实验设计引起的,知觉预测训练属于知觉学习的内容,相关研究表明,选择性注意和意识是影响知觉学习效果的重要因素[143][184],而视觉是选择性注意形成的重要途径,也是促进被试者有意识地进行动作执行的有效手段,因此感知觉信息整合组中被试者接受的视觉刺激激发了选择性注意,使被试者的注意焦点集中,排除无关刺激的干扰,同时激发了主动执行动作的意识,促进了知觉预测能力的提高;而距离知觉信息组没有辅助的视觉刺激的干预,不能够充分地发挥选择性注意和意识的作用,所以距离知觉信息组被试者的知觉预测能力比视觉—距离知觉信息整合组被试者低是可以理解的。

4.6.5.3 技评、达标和理论成绩的讨论

通过研究可知,感知觉信息整合对挺身式跳远、背向滑步推铅球技评和

---

[180] Freneh K E,& Mepherson.Adaptations in response selection processes used during-sport competition with Increasing age and expertise[J].International Journal of Sport Psychology,1999,30:173-193.

[181] Rieser JJ.Calibration of human locomotion and models of perceptual-motor organization [J].Journal of Experimental Psychology:Human Perception and Performance,1995,21(3):480-497.

[182] Bertelson P.Starting from the ventriloquist:the perception of multimodal events[J].In Advances in Psychological Science,1998:419-439.

[183] John B Best.认知心理学[M].黄希庭,主译.北京:中国轻工业出版社,2000:138-140.

[184] 宋艳,曲折,管益杰.视知觉学习的认知与神经机制研究[J].心理科学进展,2006,14(3):334-339.

达标成绩具有提高作用。研究结果显示，视觉—距离知觉信息整合能够显著提高挺身式跳远前后上板准确性、降低前后上板误差，这对跳远成绩达标至关重要。跳远是以长度为计量单位的运动项目，其丈量点以起跳板后沿为基准，因此根据本实验设计，上板准确性越高表明被试在不违例的情况下距离起跳板后沿越近，减少了起跳点与丈量基准点之间的无效距离，增加了有效距离，提高了达标成绩；而上板准确性的提高和上板误差的减少表明被试形成了相对稳定、合理的助跑方式，在稳定、合理的助跑方式下被试可以不断增加助跑速度，对达标成绩的提高非常有利[185][186][187]；此外，相关研究表明，上板准确性与被试的自信水平、果敢素质、紧张程度有密切的关系，并进而影响成绩的获得[188][189]。上板准确性是衡量技评成绩的重要指标，并且上板的准确与否对腾空动作和落地动作的完成具有重要的影响[186]，所以上板准确性的提高促进了技评成绩的提升。因此感知觉信息整合对挺身式跳远技评、达标成绩的促进作用是明显的。

研究发现，视觉—距离知觉信息整合能够促进背向滑步推铅球滑步距离、总距离加大。相关研究表明滑步距离[190]对运动成绩的获得具有重要促进作用；更有研究表明，滑步阶段和转换阶段的铅球运动速度对运动成绩影响显著[191][192][193]，而速度是距离和时间的比值，因此在时间相对固定的情况

---

[185] 章碧玉，吴小五，陈美仪，等.对提高我国跳远成绩有效途径的探讨[J].体育科学，1997，17(3)：37-40.

[186] 冯树勇.中国高水平跳远运动员训练内容体系的研究[D].北京：北京体育大学，2001：34-36.

[187] 张胜年，秦四建，张红.跳远运动员助跑不同阶段的速度变异与上板偏差的关联分析[J].上海体育学院学报，2014，38(4)：74-76.

[188] 王洪.影响跳远助跑准确性的心理与技术分析[J].南京体育学院学报，2013，17(3)：113-116.

[189] 梁军，常金栋.跳远运动员踏板准确性与紧张心理关系的研究[J].体育科技文献通报，2007，15(3)：7-8.

[190] 李美霞，卢竞荣，严波涛.女子背向滑步推铅球技术分析和评定指标研究[J].中国体育科技，2000，36(12)：14-16.

[191] 李敬，马相华，郝勇霞，等.我国现役优秀男子铅球运动员滑步技术的运动学研究[J].体育与科学，2008，29(4)：79-82.

[192] 董海军，苏明理，吴钟权，等.我国优秀女子铅球选手滑步技术特征的运动学研究[J].西安体育学院学报，2010，27(1)：93-96.

[193] 甄文华，胡海平，曲淑华.第 26 届世界大学生选拔赛男子铅球运动员投掷技术运动学分析[J].北京体育大学学报，2012，35(11)：115-120.

下,滑步距离和总距离的增大对速度的增加是显著的[194],进而提高了运动成绩。此外,研究表明,视觉—距离知觉信息整合组右脚落地准确性高、落地误差小、落地的一致性高,左脚落地一致性高,这表明经过感知觉信息整合的训练后,被试习得了稳定、合理的滑步技术、双支撑技术。由于背向滑步推铅球由握持球、滑步、转换、最后用力、维持身体平衡五个技术环节构成[195],并且每个环节相互依存、互相作用,所以稳定、合理的滑步技术既表明握持球技术的合理性,又为最后用力阶段的完成奠定了基础,有利于技评和达标成绩的获得。

研究发现,感知觉信息整合对理论成绩的提高作用不显著。研究中视觉—距离知觉信息整合的干预是在技术课堂教学中实施的,主要通过视觉、距离知觉信息对被试踏板阶段和滑步阶段进行干预,其目的是通过被试踏板指标、滑步指标、技评指标、达标指标、预测技能指标的改变以验证感知觉信息整合的作用。而理论成绩的获得是在被试对挺身式跳远、背向滑步推铅球基本技术相关问题应答的基础上获得的,而感知觉信息整合干预中没有将基本技术有关的信息作为干预变量,因此本实验中感知觉信息整合对理论成绩的获得没有显著的影响是合理的。

4.6.6 小结

(1)感知觉信息整合能够提高挺身式跳远起跳准确性;能够加大背向滑步推铅球滑步距离、总距离,并提高右脚落地合理性和左脚落地一致性,表明感知觉信息整合对提高动作准确性、减少动作误差、提高动作一致性具有显著的促进作用。

(2)感知觉信息整合对预测技能的提高具有重要的促进作用,可以采用感知觉信息整合的形式进行知觉动作技能的训练。

(3)感知觉信息整合对挺身式跳远、背向滑步推铅球技评、达标成绩的获得具有显著的促进作用,但对理论成绩的获得影响不显著。

(4)动作准确性、动作误差、动作一致性、距离预测技能可能是挺身式跳远、背向滑步推铅球动作技能形成的内在机制。

---

[194] 徐涛.对我国优秀铅球运动员的专项素质结构及主要技术特征的研究[D].北京:北京体育大学,2005.

[195] 全国体育院校教材委员会审定.田径运动高级教程[M].北京:人民体育出版社,2002:544-548.

5 结论与建议

5.1 结论

(1)田径运动技术教学信息整合是指在田径运动技术教学过程中,为充分发挥信息的整体性以实现技术教学目标,综合利用来自教师、学生、场地器材的多种感、知觉信息的过程。其中感觉信息主要包括视觉、听觉、本体感觉、前庭感觉、触压觉信息,知觉信息主要包括距离知觉、时间知觉、方位知觉、形状知觉、大小知觉信息。

(2)田径运动技术教学信息整合具有互补信息整合、相互信息整合、协同信息整合三个种类,具有综合性、互补性、任务相关性和复杂性的特点,具有提高运动技术认识的全面性、提高运动技术动作执行的准确性、提高运动技术信息传达的可靠性、提高教学时间的经济性的作用,具有感觉信息整合、感知觉信息整合、知觉信息整合三个层次,运用时要遵循目标实现原则、循序渐进原则、适宜性原则、因材施教原则。

(3)感觉信息整合对田径运动技术教学的技评成绩具有提高作用,且在较低信息频率下作用越明显,但在复杂技术教学中,应适当增加信息整合的频率;对达标成绩具有提高作用,且越复杂的技术其提高作用越明显;对理论成绩具有提高作用,且在较低信息频率下作用越明显。

(4)田径运动技术教学中感觉信息整合的运用对一般自我效能感、积极幸福感具有明显的提高作用,对心理烦恼具有明显的降低作用,这提示一般自我效能感、积极幸福感和心理烦恼可能是感觉信息整合的心理机制。

(5)感知觉信息整合能够提高挺身式跳远起跳准确性;加大背向滑步推铅球滑步距离、总距离,并提高右脚落地合理性和左脚落地一致性。表明感知觉信息整合对提高田径运动技术动作准确性、减少动作误差、提高动作一致性具有促进作用。

(6)感知觉信息整合对挺身式跳远、背向滑步推铅球技评、达标成绩的获得具有促进作用,但对理论成绩的获得影响不明显;感知觉信息整合对距离知觉预测技能的提高具有重要的促进作用。

5.2 建议

(1)要注重田径运动技术教学信息整合运用的基本准备。田径运动技术教学信息整合运用实践之前要正确认识和熟练掌握田径运动技术教学信息整合的种类、作用等基础知识和工作原理、运行流程等基本规律,为正确选择和运用信息整合奠定基础。此外,要深入分析田径运动项目的技术特点、学生特点、教学条件等影响教学效果的因素,根据影响教学效果的因素合理地选择信息整合的种类、层次和信息频率的大小。

(2)要注重田径运动技术教学信息整合运用的规定性。信息整合的运用实践应遵循技能习得的基本规律,在技能习得认知阶段要注重感觉信息整合的运用,在技能习得联系阶段要注重感知觉信息整合的运用,而在技能习得自动阶段要注重知觉信息整合的运用。此外,田径运动技术教学信息整合要符合人体信息接受能力,信息整合中信息组块的数量要遵循 7±2 原则。

(3)要注重田径运动技术教学信息整合运用的灵活性。田径运动技术教学是动态过程,一堂技术教学和系列技术教学均是动态变化的,因此不同技能习得阶段在遵循运用规定性基础上,要根据教学条件、教学对象、教学进度等因素灵活的选择和调整信息整合的种类、层次,比如在技能习得认知阶段增加感知觉信息整合的运用,在技能习得联系阶段增加感觉信息整合和知觉信息整合的运用,在技能习得自动阶段增加感知觉信息整合的运用等。

(4)要注重田径运动技术教学信息整合运用的针对性。越复杂的运动技术教学采用信息整合的必要性越大,但简单运动技术教学采用较低的信息整合频率即可,而复杂技术的教学应采用较高的信息整合频率;提高运动技术或运动成绩时可选择不同层次的信息整合,但提高理论成绩时不宜采用感知觉整合和知觉整合。

6　未来研究展望

(1)未来研究需要对不同田径项目运动技术教学中不同种类信息的权重、不同层级信息整合的权重进行分析。

(2)未来研究需要实验验证信息整合对其他田径运动项目和其他教学目标的影响。

(3)未来研究需要对各种感觉信息整合、感知觉信息整合、知觉信息整合进行实验研究,并验证不同频率下信息整合的作用。

(4)未来研究需要对信息整合的神经、心理、生理等机制进行研究。

(5)未来研究需要对不同性别、不同技能水平的对象进行实验研究,以验证信息整合对不同人群的作用。

致　谢

本文是在导师张英波教授亲切关怀和悉心指导下完成的。张老师谦逊的处世态度、敏锐的学术思维、刻苦的钻研精神、博大的胸怀令我终身受益，值此论文完成之际，谨向恩师张英波教授致以最诚挚的感谢。

感谢北京体育大学沈信生教授、郭元奇教授、詹建国教授、曲淑华教授、杨文学教授、谢慧松教授、章碧玉教授、王林教授、李铁录教授在论文的开题、撰写、修改过程中给予的热心指导和帮助。

感谢北京体育大学米靖教授为本文的选题、撰写、修改给予的指导和建议。感谢曲阜师范大学侯本华老师、淮北师范大学蒋启飞老师、泰山学院房宜军老师和张家彬老师对论文的实验、调查提供的帮助和支持。

感谢研究中所有实验对象的支持和配合，感谢北京体育大学2012级博士班的全体同学对我的帮助和鼓励。

感谢北京体育大学研究生院、竞技体育学院和田径教研室对我的关心、帮助和培养。

感谢我的家人在我求学路上的理解、支持和鼓励，他们默默的付出是我不断前进的动力。

参考文献

[1]魏宏森,曾国屏.系统论:系统科学哲学[M].北京:清华大学出版社,1995:201.

[2]Bandura A.思想和行动的社会基础——社会认知论[M].林颖,王小明,胡谊,等译.上海:华东师范大学出版社,2001:63-65.

[3]Magill R A.运动技能学习与控制[M].张忠秋,等译.北京:中国轻工业出版社,2005:242.

[4]Mackay D G.The problem of rehearsal or mental practice[J].J Motor Behavior,1981,13:274-285.

[5]Martens R,Burwitz L,Zuckerman J.Modeling effect on motor performance[J].Res Q Exe Sport,1976,47:277-291.

[6]John B Best.认知心理学[M].黄希庭,主译.北京:中国轻工业出版社,2000:77-78.

[7]冯建立,张宏杰.运动技能操作的知觉理论辨析——基于间接知觉和直接知觉理论[J].成都体育学院学报,2013,39(2):15-19.

[8]张早校.过程控制装置及系统设计[M].北京:北京大学出版社,2010:13-14.

[9]张英波.运动技能学理论与实践[M].北京:高等教育出版社,2012:63-66.

[10]王晓波.不同观察学习和身体练习比例对追踪任务技能学习的影响[D].上海:上海体育学院,2009.

[11] William H, Edwards. Motor Learning and Control-From Theory to Practice[M].Yolanda Cossio,2011:385-386.

[12]常绍舜.系统科学方法概论[M].北京:中国政法大学出版社,2004:116-117.

[13]维纳.控制论[M].郝季仁,译.北京:科学出版社,1963:133.

[14]李亦农,李梅.信息论基础[M].北京:北京邮电出版社,2008:2.

[15]叶中行.信息论基础[M].北京:高等教育出版社,2007:1.

[16]许国志.系统科学[M].上海:上海科技出版社,2000:342-343.

[17]林海.信息与教学信息[J].引进与咨询,2000(1):16-17.

[18]王杰贵,罗景青,尹成友.多传感器基于证据理论的机载雷达用途识别[J].系统工程与电子技术,2002,24(6):49-52.

[19]管天云.多传感器信息融合研究[D].杭州:浙江大学,1998.

[20]范新南,苏丽媛,郭建甲.多传感器信息融合综述[J].河海大学常州分校学报,2005,19(1):1-4.

[21]张道顺,白庆华.城市信息化信息整合概念研究[J].情报杂志,2004(5):7-9.

[22]马静华.基于运动信息获取及智能处理的运动员训练指导系统研究[D].合肥:中国科学技术大学,2006.

[23]王文武,任改珍.田径技术教学中的示范及其运用[J].山西体育科技,1996(1):30-32.

[24]谢玉琴.动作示范在田径教学中的作用及其运用[J].昌吉学院学报,2007(3):65-67.

[25]林勇.对田径运动技术教学中错误动作示范法的实验研究[J].重庆教育学院学报,2007,20(3):114-115.

[26]范洪彬,陈锐,李焰等.影响田径技术教学讲解时机与示范位置的若干因素[J].宜宾学院学报,2011,11(6):119-122.

[27]阎洁.视觉对跳高运动员助跑稳定性的作用探析[J].山西师大体育学院学报,2005,20(2):0104-0106.

[28]张海.跳高训练中视错觉形成原因及对成绩的影响[J].教学与管理,2007(21):104-105.

[29]周强,虞锡芳,高峰.视觉判断在跳远运动中的作用[J].北京体育大学学报,1998(4):93.

[30]黄永京,蔡继云.诊治青少年跳远运动员因视觉差造成起跳犯规的方法[J].华北煤炭医学院学报,2003,5(2):230.

[31]张著.录像教学在跳远教学中的运用[J].辽宁教育行政学院学报,2007,24(8):123-124.

[32]张铁军.录像分析法对背越式跳高技术教学效果的实验研究[J].吉林体育学院学报,2010,26(4):122-123.

[33]彭立群.论田径教学中语言艺术的特点[J].新疆师范大学学报(自然科学版),1998,17(1):78-80.

[34]张荣清.浅论田径技术课教学的语言运用艺术[J].武汉体育学院学报,1994(1):91.

[35]刘建.论田径教学中的讲解[J].成都体育学院学报,1988(2):42-45.

[36]何学敏.示范讲解在跨栏教学中的作用[J].高师理科学刊,2000,20(4):87-88.

[37]李海龙.高校体育专业跳远专修运动员踏板准确性的实验研究[D].北京:首都体育学院,2008.

[38]李跃林,杨小坚.浅析动作准确性对标枪成绩的影响[J].辽宁体育科技,2004,26(1):46.

[39]彭全德.中长跑运动员提高自我意象和本体感觉的对策[C].第十届全国心理学学术大会论文摘要集,2005:752-753.

[40]Berg,William P,Wade,etl.Visual regulation of gait in Bipedal Locomotion: Revisiting Lee, Lishman, and Thomson (1982) [J]. Journal of Experimental Psychology: Human Perception and Performance, 1994, 20(4): 854-863.

[41]Hay J G.Approach Strategies in the Long Jump[J].International Journal of Sport Biomechanics,1988(4):114-129.

[42]Scott MA,Li F X,Davids K.Expertise and the Regulation of Gait in the approach phase of the Long Jump[J].Journal of Sports Sciences,1997,15(6):597-605.

[43]Theodorou A,Skordilis E.Evaluating the approach run of class F11 Visual Impaired Athletes in Triple and Long Jumps[J].Perceptual and Motor Skills,2012,114(2):595-609.

[44]Lenoir M,Mazyn L.The Role of Visual input during rotation:The Case of Discus Throwing[J].Biology of Sport,2005,22(1):53-66.

[45]张新运.浅议田径教学的形象讲解与示范[J].邯郸大学学报,2000(1):36-37.

[46]孙铁民.论背越式跳高教学中传统教学方法与表象训练法的综合运用[J].吉林体育学院学报,2005,21(3):84-85.

[47]Frassinetti F,Bolognini N,Ladavas E.Enhancement of Visual Perception by Crossmodal Visuo-Auditory Interaction [J]. Experimental Brain Research,2002,147(3):332-343.

[48] Frens M A, Van Opstal A J, Vander Willigen R F. Spatial and Temporal Factors Determine Auditory-Visual Interactions in Human Saccade Eye Movements[J].Perecption & Psychophysics,1995,57(6):80-81.

[49]刘强.多感觉整合脑机制研究[D].重庆:西南大学,2010.

[50]Whiting,H.T.The effect of exercise on the visual and auditory acuity of Table-Tennis Players[J].Journal of Motor Behavior,1972,4(3):163-169.

[51] Crabtree DA, Crabtree MP. Transfer of Sensory-Integration Training [J]. Perceptual and Motor Skills, 1987, 64(2): 643-649.

[52] Sun H J, Campos J L, Chan G S. Multisensory Integration in the estimation of Relative Path Length. Experimental Brain Research, 2004, 154(2): 246-254.

[53] Kearns M J, Warren W H, Duchon A P, etl. Path Integration from optic flow and body senses in a homing task[J]. Perception, 2002(31): 349-374.

[54] Durgin F H; Gigone K; Scott R. Perception of visual speed while moving[J]. Journal of Experimental Psychology: Human Perception and Performance, 2005, 31(2): 339-353.

[55] 周佩灵.动态距离知觉中的多感觉整合[D].重庆:西南大学,2011.

[56] Kritikos A, Brasch C. Visual and tactile integration in action comprehension and execution[J]. Brain Research, 2008(1242): 73-86.

[57] Gray R. How do batters use visual, auditory and tactile information about the success of a baseball swing[J]. Motor control and learning, 2009, 80(3): 491-501.

[58] Mccullagh P. Modeling: Learning, developmental and social considerations[J]. Journal of Sport Psychology, 1986(8): 319-331.

[59] Bird G, Heyes C. Effector-dependent learning by observationof a finger movement sequence[J]. J Exp Psychol Hum Percept Perform, 2005(31): 262-275.

[60] Heyes CM, Foster CL. Motor learning by observation: evidence from a serial reaction time task[J]. Q J Exp Psychol A 2002(55): 593-607.

[61] Hodges NJ, Chua R, Franks IM. The role of video in facilitating perception and action of a novel coordination movement. J Motor Behav, 2003(35): 247-260.

[62] Pollock B J, Lee, T D. Effects of the model's skill level on observational motor learning[J]. Research Quarterly for Exercise and Sport, 1992(63): 25-29.

[63] Mccullagh P, Meyer KN. Learning versus correct models: Influence of model type on the learning of a free-weight squat lift[J]. Research Quarterly for Exercise and Dance, 1997, 68(1): 56-61.

[64] Weir P L, Leavitt J L. The effects of model's skill level and model's knowledge of results on the acquisition of an aiming task[J]. Human Movement Science, 1990, 9(3-5): 369-383.

[65] Mccullagh P, Caird J K. Correct and learning models and the use of model knowledge of results in the acquisition and retention of a motor skill[J]. Journal of Human Movement Studies, 1990, (18): 107-116.

[66] Black CB, Wright DL. Can observational practice facilitates error recognition and movement production? [J]. Res Q Exercise Spor, 2000(71): 331-339.

[67] Buchanan JJ, Dean NJ. Specificity in practice benefits learning in novice models and variability in demonstration benefits observational practice [J]. Psychol Res, 2010(74): 313-326.

[68] Rohbanfard H, Proteau L. Learning through observation: a combination of expert and novice models favors learning[J]. Exp Brain Res, 2011(215): 183-197.

[69] Andrieux M, Proteau L. Observation learning of a motor task: who and when? [J]. Exp Brain Res, 2013, 215(8): 221-234.

[70]程晖,高小爱.我国优秀男子跳远运动员专项素质指标体系的研究[J].解放军体育学院学报,2005,4(1):69-72.

[71]张亚平,程晖,王麒麟.我国优秀男子跳远运动员专项素质指标体系及评价方法研究[J].天津体育学院学报,2006,21(2):171-173.

[72]宋德海.北京市体校少年男子跳远运动员专项力量指标体系研究[D].北京:首都体育学院,2010.

[73]周睿.我国青少年女子铅球运动员专项身体素质指标体系及评价标准的研究[D].北京:首都体育学院,2007.

[74]宋德海.少年男子铅球运动员专项力量评价指标的研究[J].运动,2012(48):30-32.

[75]袁运平.我国高水平男子百米跑运动员体能训练理论体系的研究[D].北京:北京体育大学,2002.

[76]张保顺.上海市二线男子短跑运动员选材与育才影响因素的研究[D].上海:上海师范大学,2009.

[77] Zahn J R, Abel L A, & Dell'Osso L F. Audio-ocular response characteristics[J]. Sensory Processes, 1978(2): 32-37.

[78] Perrott D R, Saberi K, Brown K, etl. Auditory psychomotor coordination and visual search performance[J]. Perception & Psychophysics, 1990(48): 214-226.

[79] Roberto A, Francesco M, David B. Meaningful auditory information enhances perception of visual biological motion[J]. Journal of Vision, 2009, 9(4):

25,1-7.

[80]章建成,施之皓,李安民,等.现场与试验室情境下乒乓球运动员对发球旋转判断的比较研究[J].天津体育学院学报,2012,27(4):277-281.

[81]王才康,胡中锋,刘勇.一般自我效能感量表的信度和效度研究[J].应用心理学,2001,7(1):37-40.

[82]申继亮,唐丹.一般自我效能感量表(GSES)在老年人中的使用[J].中国临床心理学杂志,2004,12(4):342-344.

[83]张力为,毛志雄.体育科学常用心理量表评定手册[M].北京:北京体育大学出版社,2004:115-117.

[84]Magill R A.运动技能学习与控制[M].张忠秋,等译.北京:中国轻工业出版社,2005:25-27.

[85] Judith A S. Absolute Error Revisited: An Accuracy Indicator in Disguise[J].Journal of Motor Behavior,1986,18(2):225-238.

[86]Schutz W,Roy E A.Absolute error:The devil in disguise[J].Journal of Motor Behavior,1973,(5):141-153.

[87]Schutz R W.The measuremen1 of change in physical education:Proceedings of the Colorado Measurement Symposium[M]. Boulder, co, 1977: 82-100.

[88]Hancock G R,Butler M S,Fischman M G.On the problem of two-dimensional error scores:Measures and analyses of accuracy,bias,and consistency[J].Journal of Motor Behavior,1995,27(3):241-250.

[89]刘江.逻辑学推理和论证[M].广州:华南理工大学出版社,2010:16-17.

[90]李娜.逻辑学导论[M]:武汉:武汉大学出版社,2010:20.

[91]李玉杰.心理学[M].北京:中国书籍出版社,2013:49-50.

[92]张英波.运动技能学理论与实践[M].北京:高等教育出版社,2012:76.

[93]赵洪波.田径运动技能系统特征及其学习过程中迁移指导策略研究[D].北京:北京体育大学,2013.

[94]张英波.运动技能学理论与实践[M].北京:高等教育出版社,2012:39-40.

[95]孙玉温.听觉比较生理学[M].合肥:中国科技大学出版社,1994:1.

[96]柏树令.系统解剖学汇[M].北京:人民卫生出版社,2006:278.

[97]王瑞元,苏全生.运动生理学[M].北京:人民体育出版社,2010:242-243.

[98] 王瑞元,苏全生.运动生理学[M].北京:人民体育出版社,2010:247.

[99]李玉杰.心理学[M].北京:中国书籍出版社,2013:56-59.

[100]冀先礼.心理学[M].北京:中国书籍出版社,2013:45.

[101]全国十二所重点大学联合编写.心理学基础[M].北京:教育科学出版社,2008:120-123.

[102]吴灵丹.时距估计在距离知觉中的作用[D].重庆:西南大学,2006.

[103]Sadalla E K,Staplin L J.An information model for distance cognition[J].Environment and Behavior,1980(12):182-193.

[104]Sadalla E K,Staplin L J.The perception of traversed distance[J].Environment and Behavior,1980(12):167-182.

[105]Jansen-Osmann P,& Berendt B.Investigating distance knowledge using virtual environment[J].Environment and Behavior,2004(34):178-193.

[106]黄希庭,徐光国.对变化/分割模型的验证[J].心理学报,1999,31(2):135-141.

[107]黄希庭,李伯约,张志杰.时间认知分段综合模型的探讨[J].西南师范大学学报(人文社会科学版),2003,29(2):5-9.

[108]Fraisse P.Psychology of Time[M].New York:Harper & Row,1963:65-280.

[109]彭聃龄主编.普通心理学[M].北京:北京师范大学出版社,2001:152.

[110]文超.田径运动高级教程(修订版)[M].北京:人民体育出版社,2003:388.

[111]李娜.逻辑学导论[M]:武汉:武汉大学出版社,2010:28.

[112]张翼.基于多源信息融合的传感器故障诊断方法研究[D].北京:华北电力大学,2008.

[113]陈忠德.多传感器智能系统信息融合理论及应用[D].杭州:浙江大学,1995.

[114]方林.新编现代汉语词典[K].长沙:湖南人民出版社,2009:1549.

[115]许国志.系统科学[M].上海:上海科技出版社,2000:297.

[116]田麦久.运动训练学[M].北京:人民体育出版社,2000:235-236.

[117]魏宏森,曾国屏.系统论:系统科学哲学[M].北京:清华大学出版社,1995:213-215.

[118]Barry E S,Terrence R S.Multisensory integration:current issues from

the perspective of the single neuron[J].Nature Reviews,2008,9:255-266.

[119]Talsma D,Senkowski D,Soto Faraco S,etl.The multifaceted interplay between attention and multisensory integration[J].Trends in Cognitive Sciences,2010,14(9),400-410.

[120]龚正伟.体育教学论[M].北京:北京体育大学出版社,2004:258.

[121]樊临虎.体育教学论[M].北京:人民体育出版社,2002:58-60.

[122]李老民主编.田径运动教程[M].北京:高等教育出版社,2008:155.

[123]汪刘生.教学论[M].合肥:中国科技大学出版社,2011:89.

[124]张英波.运动技能学理论与实践[M].北京:高等教育出版社,2012:15.

[125]John B Best.认知心理学[M].黄希庭,主译.北京:中国轻工业出版社,2000:77-78.

[126]汪刘生.教学论[M].合肥:中国科技大学出版社,2011:94.

[127]张力为.体育科学研究方法[M].北京:高等教育出版社,2002:105-106.

[128]张文彤,董伟.SPSS 统计分析高级教程[M].北京:高等教育出版社,2004:50-51.

[129]林震岩.多变量分析 SPSS 的操作与应用[M].北京:北京大学出版社,2011:403-404.

[130] Bandura A. Social foundations of thought and action: A social cognitive theory[M].Englewood Cliffs,NJ:Prentice-Hall,1986.

[131]Sheffield F N.Theoretical consideration in the learning of complex sequential task from demonstration and practice. In A. A. Lumsdaine (Ed.), Student Response in Programmed Instruction[J]. Washington, DC: National Academy of Sciences,National Research Council,1961:13-32.

[132]Buccino G,Binkofski F,Fink G R,etl.Action observation activates premotor and parietal areas in a somatotopic manner: an fMRI study[J]. European Journal of Neuroscience,2001,13(2),400-404.

[133]Dushanova J,Donoghue J.Neurons in primary motor cortex engaged during action observation[J].European Journal of Neuroscience,2010,31(2):386-398.

[134]Adams J A.Use of the model's knowledge of results to increase the observer's performance[J].Journal of Human Movement Studies,1986,12(2),89-98.

[135]Magill R A.运动技能学习与控制[M].张忠秋,等译.北京:中国轻工业出版社,2005:76-78.

[136]Andrieux M,Proteau L.Observation learning of a motor task:who and when? [J].Exp Brain Res,2013,215(8):221-234.

[137]吴福元.大学生智力发展与智力结构[J].教育研究,1983,(4):41-45.

[138]侯宇楠.高中生学业成绩性别差异研究——以河南省S县高考成绩为例[D].上海:上海师范大学,2012:58-59.

[139]李山川.大学教育心理学[M].合肥:中国科技大学出版社,1991:167.

[140]林震岩.多变量分析SPSS的操作与应用[M].北京:北京大学出版社,2011:403-404.

[141]张文彤,董伟.SPSS统计分析高级教程[M].北京:高等教育出版社,2004:62-65.

[142]Erik V B,Christian N L.Olivers,etl.Audiovisual events capture attention:Evidence from temporal order judgments[J].Journal of Vision,2008,8(5):2,1-10.

[143]王洪彪.羽毛球练习者知觉动作技能认知加工特征研究——选择性注意与工作记忆视角[D].上海:上海体育学院,2009.

[144]Cristy H,Rob G,Charles S.Role of audiovisual synchrony in driving head orienting responses[J].Exp Brain Res,2013(227):467-476.

[145]Catarina M,Jorge A S,Joan L M.The benefit of multisensory integration with biological motion signals[J].Exp Brain Res,2011(213):185-192.

[146]刘晓茹,夏忠梁.不同相对频率的视觉表现反馈对运动技能学习效果影响的实验研究[J].武汉体育学院学报,2007,41(9):45-48.

[147]陈敬,章建成.反馈频率对追踪任务技能学习影响的实验研究[J].武汉体育学院学报,2008,42(4):50-53.

[148]Adams J A.A closed-loop theory of motor learning[J].Journal of Motor Behavior,1971(3):111-150.

[149]陈敬,章建成,金亚虹.任务复杂程度对反馈频率适宜值的影响研究[J].天津体育学院学报,2008,23(3):212-216.

[150]杨玉东.陈述性知识与程序性知识的教学策略[J].天津师范大学学报(基础教育版),2010,1(3):18-21.

[151]Bandura A.思想和行动的社会基础——社会认知论[M].林颖,王小明,胡谊,等译.上海:华东师范大学出版社,2001:563-565.

[152]张雅君.大学生一般自我效能感和学科特定自我效能感与学业成绩关系的研究[D].北京:首都师范大学,2004.

[153]王振宏.初中学生学业自我效能与学业成就关系研究[J].心理发展与教育,1999(1):40-44.

[154]张学民,林崇德,申继亮,等.动机定向、成就归因、自我效能感与学业成就之间的关系研究综述[J].教育科学研究,2007(3):48-51.

[155]Bandura A.思想和行动的社会基础——社会认知论[M].林颖,王小明,胡谊,等译.上海:华东师范大学出版社,2001:576-577.

[156]刘桂芳.大学生体育行为与主观锻炼体验研究[J].体育科技文献通报,2013,21(9):97-98.

[157]王佃娥,杜发强.中学生主观锻炼体验与体质健康关系研究[J].天津体育学院学报,2010,25(3):228-230.

[158]韩会君,段清婷.大学生体育参与和主观幸福感的关系研究[J].广州体育学院学报,2012,32(6):97-100.

[159]陈作松.身体锻炼对高中学生主观幸福感的影响及其心理机制的研究[D].上海:华东师范大学,2004.

[160]张英波.运动技能学理论与实践[M].北京:高等教育出版社,2012:6-8.

[161]Nienke V A, Micah M M, Gregor T, etl. Multisensory Integration: Flexible Use of General Operations[J].Neuron,2014(9):1240-1253.

[162]王鹏,赵怀永,赵光,等.虚拟环境下距离知觉的加工与整合[J].现代生物医学进展,2009,9(10):1939-1941.

[163]Parise C.V,Spence C,& Ernst M.O.When correlation implies causation in multisensory integration[J].Current biology,2012(22):46-49.

[164]Fetsch C.R,DeAngelis G C,& Angelaki D E.Bridging the gap between theories of sensory cue integration and the physiology of multisensory neurons[J].Nat Rev Neurosci,2013(14):429-442.

[165]Calvert G A,Spence C,& Stein B E.The Handbook of Multisensory Processes[M].Cambridge,MA:The MIT Press,2004.

[166]Christine S, Knut D, Jochen M. Multisensory integration in action control[J].Frontiers in Psychology(Cognition),2014(5):1-2.

[167]Sutter C,Sülzenbrück S,Rieger M,etl.Limitations of distal effect anticipation when using tools.New Ideas Psychol,2013(31):247-257.

[168]Stephen H T,Robert L S.Multisensory Integration for Motor Control and Adaptation[J].Journal of Motor Behavior,2012,44(6):389-340.

[169] Sarlegna F, Sainburg R.The roles of vision and proprioception in the planning of reaching movements. Advances in Experimental Medicine and Biology[J],2009(629):317-335.

[170] Gibson E J.Improvement in Perceptual Judgments as a Function of Controlled Practice and Training[J]. Psychological Bulletin, 1953 (50): 401-431.

[171] Gibson E J.Principles of Perceptual Learning and Development[M]. New York:Appleton Century Crofts,1969:110-256

[172] Gibson E J.An Odyssey in Learning and Perception[M].Cambridge MA:MIT Press,1991:156-179.

[173] 胡平,陈文锋,焦书兰.国外知觉学习研究的若干进展[J].心理学动态,2001,9(4):302-310.

[174] 程勇民.知识表征、运动水平及其年龄对羽毛球竞赛情景中直觉性运动决策的影响[D].北京:北京体育大学,2005.

[175] 赵洪朋.优秀散打运动员知觉预测过程认知特征与神经机制研究[D].上海:上海体育学院,2010.

[176] Singer R.N., etal.Training Mental Quickness in Beginning/Intermediate Tennis Players[J].Sport Psychologist,1994,8(3):305-318.

[177] Abernethy B, Thomas J, Thomas T. Strategies for improving understanding of motor expertise[J].In cognitive Issues in Motor Expertise,1993:317-356.

[178] 王树明,章建成,尹小俭.羽毛球运动员专项知觉运动技能训练的绩效研究[J].北京体育大学学报,2009,32(9):46-49.

[179] 黄宏远.网球运动员专项知觉技能训练有效性试验研究[J].天津体育学院学报,2013,28(1):52-55.

[180] Freneh K E, & Mepherson. Adaptations in response selection processes used duringsport competition with Increasing age and expertise[J].International Journal of Sport Psychology,1999,30:173-193

[181] Rieser JJ.Calibration of human locomotion and models of perceptual-motor organization [J].Journal of Experimental Psychology:Human Perception and Performance,1995,21(3):480-497.

[182] Bertelson P. Starting from the ventriloquist: the perception of multimodal events[J].In Advances in Psychological Science,1998:419-439.

[183] John B Best.认知心理学[M].黄希庭,主译.北京:中国轻工业出版社,2000:138-140.

[184]宋艳,曲折,管益杰.视知觉学习的认知与神经机制研究[J].心理科学进展,2006,14(3):334-339.

[185]章碧玉,吴小五,陈美仪,等.对提高我国跳远成绩有效途径的探讨[J].体育科学,1997,17(3):37-40.

[186]冯树勇.中国高水平跳远运动员训练内容体系的研究[D].北京:北京体育大学,2001:34-36.

[187]张胜年,秦四建,张红.跳远运动员助跑不同阶段的速度变异与上板偏差的关联分析[J].上海体育学院学报,2014,38(4):74-76.

[188]王洪.影响跳远助跑准确性的心理与技术分析[J].南京体育学院学报,2013,17(3):113-116.

[189]梁军,常金栋.跳远运动员踏板准确性与紧张心理关系的研究[J].体育科技文献通报,2007,15(3):7-8.

[190]李美霞,卢竞荣,严波涛.女子背向滑步推铅球技术分析和评定指标研究[J].中国体育科技,2000,36(12):14-16.

[191]李敬,马相华,郝勇霞,等.我国现役优秀男子铅球运动员滑步技术的运动学研究[J].体育与科学,2008,29(4):79-82.

[192]董海军,苏明理,吴钟权,等.我国优秀女子铅球选手滑步技术特征的运动学研究[J].西安体育学院学报,2010,27(1):93-96.

[193]甄文华,胡海平,曲淑华.第 26 届世界大学生选拔赛男子铅球运动员投掷技术运动学分析[J].北京体育大学学报,2012,35(11):115-120.

[194]徐涛.对我国优秀铅球运动员的专项素质结构及主要技术特征的研究[D].北京:北京体育大学,2005.

[195]全国体育院校教材委员会审定.田径运动高级教程[M].北京:人民体育出版社,2002:544-548.

附　录

附录 A　专家咨询和调查问卷

A1　研究框架咨询问卷

尊敬的专家：

您好！

冒昧打扰实因博士论文《田径运动技术教学信息整合运用研究》一文期盼您的建议和指导。由于该领域的研究数量较少，难于对该文的研究思路、内容框架等正确把握，特恳请您在百忙之中给予指导，衷心感谢您的帮助。

您的指导意见的反馈方法：

一、选择法：即"非常赞成""比较赞成""说不好""不太赞成"和"不赞成"五种选择。请您选择一种并在符合您意见的括号内打"√"。

二、开放式：即请将您的宝贵意见或建议填写在"您的意见和建议"一栏中。

再次感谢您的指导和帮助！

研究框架咨询内容	意见和建议
信息的外延非常广泛，田径运动技术教学中信息的来源、种类、传播方式众多，单个研究很难穷尽信息的所有领域，基于此，研究综合采用文献资料法、调查法、实验法、统计法、逻辑法等方法，以田径运动技术教学中教师、学生、场地器材来源的信息为研究切入点，以人体的感受器引起的感觉信息和知觉信息为研究视角，探讨田径运动技术教学中的信息整合运用。技术教学以外的信息，技术教学中教师、学生、场地器材来源以外的信息，不在本研究之列 本文共分两个部分：第一部分为理论研究，厘清田径技术教学中	非常赞成（　） 比较赞成（　） 说不好　（　） 不太赞成（　） 不赞成　（　）

续表

<table>
<tr><th>研究框架咨询内容</th><th>意见和建议</th></tr>
<tr><td>来自教师、学生、场地器材的主要感、知觉信息，并在此基础上，对田径运动技术教学中信息整合进行理论研究。第二部分为实践研究，选取挺身式跳远、背向滑步推铅球、100 米跑三个运动项目，通过实验探讨了示范类型（视觉信息）、感觉信息整合（视—听觉信息整合为例）、感知觉信息整合（视—距离知觉信息整合为例）对田径运动技术教学的影响。研究框架如下
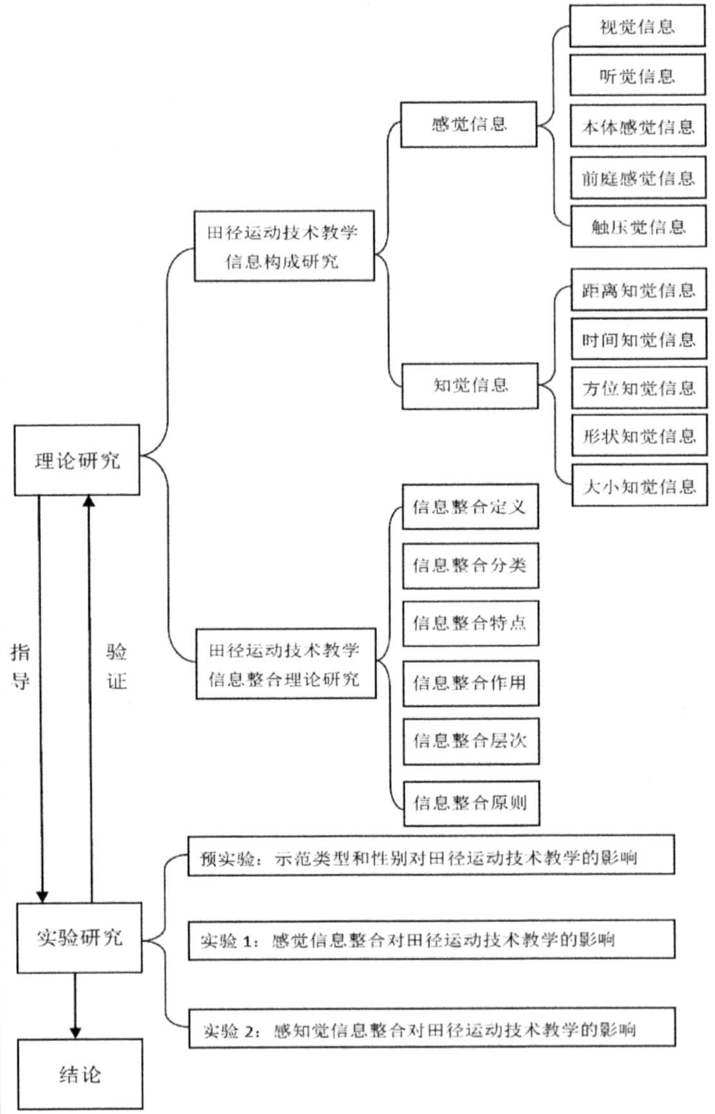
</td><td>您的意见和建议</td></tr>
</table>

A2　田径运动技术教学信息整合运用教师问卷

尊敬的老师您好：

本调查是为了更好地了解田径技术教学过程的基本状况，答案无对错之分。本调查只作为研究之用且将对您的回答进行保密。请您用简短的句子或词语（可以多个词语）回答下列问题。请您如实回答，谢谢您的帮助。

（1）田径运动技术教学过程中您通过哪些途径促使学生掌握运动技术？

（2）您在田径运动技术教学过程中讲解的内容有哪些？

（3）您在田径运动技术教学过程中示范的内容有哪些？

（4）您在田径运动技术教学过程设置场地器材的内容有哪些？

视觉类的场地器材设置：____________________

听觉类的场地器材设置：____________________

其他类的场地器材设置：____________________

（5）您认为学生学习田径技术需要哪些感（知）觉能力？

A.视觉　　B.听觉

C.本体感觉（a.运动觉、b.位置觉、c.震动觉、d.精细触觉）

D.平衡觉　　E.触觉　　F.形状知觉

G.大小知觉　　H.方位知觉　　I.时间知觉

J.速度知觉　　K.距离知觉　　其他__________

专家咨询：您是否赞成该问卷反映教师教学中信息的运用状况？

非常赞成（　）比较赞成（　）说不好（　）不太赞成（　）不赞成（　）

再次感谢您的合作和帮助！

A3　田径运动技术教学中信息运用学生问卷

亲爱的同学您好：

本调查是为了更好地了解田径技术课堂学习过程的基本状况，答案无对错之分。本调查只作为研究之用且将对您的回答进行保密。请您用简短的句子或词语（可以多个词语）回答下列问题。请您如实回答，谢谢您的帮助。

（1）您在田径技术课堂学习过程中学习技术、知识的途径是？

A.教师的示范　　B.教师的讲解

C.场地器材的辅助　　　　　　　　D.自己的感(知)觉

其他______________________________

(2)您在田径技术课学习过程中运用的感(知)觉有哪些?

A.视觉　　　　　B.听觉

C.本体感觉(a.运动觉、b.位置觉、c.震动觉、d.精细触觉)

D.平衡觉　　　　E.触觉　　　　F.形状知觉

G.大小知觉　　　H.方位知觉　　I.时间知觉

J.速度知觉　　　K.距离知觉　　其他__________

专家咨询:您是否赞成该问卷能够反映学生学习中信息的运用状况?

非常赞成(　)比较赞成(　)说不好(　)不太赞成(　)不赞成(　)

再次感谢您的帮助!

A4　一般自我效能量表

指导语:以下10个句子是关于你平时对自己的一般看法,请你根据实际情况(实际感受),在右面合适的□内打"√"。答案没有对错之分,对每一个句子无须多考虑。

		完全不正确	有点正确	多数正确	完全正确
1	如果我尽力去做的话,我总是能够解决问题的				
2	即使别人反对我,我仍有办法取得我所要的				
3	对我来说,坚持理想和达成目标是轻而易举的				
4	我自信能有效地应付任何突如其来的事情				
5	以我的才智,我定能应付意料之外的情况				
6	如果我付出必要的努力,我一定能解决大多数的难题				
7	我能冷静地面对困难,因为我信赖自己处理问题的能力				
8	面对一个难题时,我通常能找到几个解决方法				
9	有麻烦的时候,我通常能想到一些应付的方法				
10	无论什么事在我身上发生,我都能应付自如				

A5　积极幸福感和心理烦恼问卷

该问卷内容是您在锻炼后对于下列每种情绪体验到的程度，请根据自己的真实感受在每个句子后面的数字中选择 1 个答案并打"√"。1 表示非常不符合；2 表示不符合；3 表示比较不符合；4 表示折中；5 表示比较符合；6 表示符合 ；7 表示非常符合。

1	我感到伟大	1　2　3　4　5　6　7
2	我感到糟糕	1　2　3　4　5　6　7
3	我感到积极向上	1　2　3　4　5　6　7
4	我感到不愉快	1　2　3　4　5　6　7
5	我感到强壮	1　2　3　4　5　6　7
6	我感到沮丧	1　2　3　4　5　6　7
7	我感到非常棒	1　2　3　4　5　6　7
8	我感到痛苦	1　2　3　4　5　6　7

积极幸福感和心理烦恼问卷摘自主观锻炼体验量表，其中积极幸福感分量表包括 1、3、5、7，4 个条目的得分相加，分数越高，积极的幸福感体验越强烈；心理烦恼分量表包括 2、4、6、8，4 个条目的得分相加，分数越高，烦恼程度越严重。

附录 B　田径运动项目评分标准和理论试卷

B1　背向滑步推铅球技术评分标准

姓名：　　　　　　　　　　　　　　　　　　　　　　　　　　学号：

技术环节	比重（分）	技术要求	得分		
			一次	两次	三次
握持球	10	握、持球技术正确 持球臂和手部肌肉放松 躯干保持正直			
滑步（含转换）	30	站立位置和两脚位置合理，重心在前脚掌 右膝弯曲角度合理，头部和左脚向右腿靠拢明显 “移、摆”动作明显，“摆、蹬”积极、顺序正确且配合协调，左腿蹬摆后与躯干基本呈一条直线，右膝积极内扣，重心起伏不大，铅球位置合理			
最后用力	40	左侧支撑稳定，后腿蹬伸积极，转髋转体、右胸前挺、满弓姿势明显 出手动作积极、快速，最后用力顺序正确 左臂运行轨迹正确，出手后铅球飞行轨迹合理			
维持身体平衡	5	缓冲姿势正确、有效			
全程技术	15	动作连贯、流畅、节奏性较强			

专家咨询：您认为该技术评分标准是否合理？

非常合理(　)比较合理(　)说不好(　)不太合理(　)不合理(　)

再次感谢您的帮助！

B2 挺身式跳远技术评分标准

姓名： 学号：

技术环节	比重（分）	技术要求	得分		
			一次	两次	三次
助跑	10	助跑8步以上，助跑方式合理、稳定，后4步积极加速、步长合理、节奏明显			
起跳	40	起跳腿放脚积极，着板技术正确，积极前移身体 充分蹬伸起跳腿髋、膝、踝关节，上体和头部保持正直，摆动腿摆到水平位置，双臂前后摆动，肩、腰向上提起，迅速踏离地面，跑跳结合连贯自然			
腾空	30	摆动腿积极下放、后摆，“挺胸展髋”姿势明显且持续一定时间，两臂上举或后摆 整个过程动作节奏清晰，双臂配合协调自然			
落地	10	积极收举大腿，小腿前伸落地			
全程技术	10	动作连贯、流畅、节奏性较强			

专家咨询：您认为该技术评分标准是否合理？

非常合理（ ）比较合理（ ）说不好（ ）不太合理（ ）不合理（ ）

再次感谢您的帮助！

B3 100米跑技术评分标准

姓名： 学号：

技术环节	比重（分）	技术要求	得分		
			一次	两次	三次
起跑	20	起跑准备姿势正确，听到预备口令后，臀部抬起高于肩部、重心前移合理			

续表

技术环节	比重（分）	技术要求	得分		
			一次	两次	三次
加速跑	20	启动时两手迅速推地，两脚有力踏离起跑器，第一步步幅适当 两臂快速有力摆动，上体前倾，随着速度和步长增加上体逐渐抬起 加速距离一般为20~30米			
途中跑	35	两臂弯曲适当、以肩为轴前后大幅度摆动 大腿适度高抬，髋关节转动灵活 头部正直、上体稍前倾 动作舒展、协调、放松			
冲刺跑	10	到达终点一步距离时，上体快速前倾，用肩或胸部压终点线上空			
全程技术	15	整个过程放松、自然，各阶段衔接顺畅、特点清晰			

专家咨询：您认为该技术评分标准是否合理？

非常合理（ ）比较合理（ ）说不好（ ）不太合理（ ）不合理（ ）

再次感谢您的帮助！

B4 田径运动项目理论试卷

（1）试述100米起跑阶段的技术特征

（2）试述100米加速跑阶段的技术特征

（3）试述100米途中跑阶段的技术特征

（4）试述100米终点冲刺跑阶段的技术特征

（5）试述挺身式跳远助跑阶段的技术特征

（6）试述挺身式跳远起跳阶段的技术特征

(7)试述挺身式跳远腾空阶段的技术特征

(8)试述挺身式跳远落地阶段的技术特征

(9)试述背向滑步推铅球握、持铅球的技术动作要领

(10)试述背向滑步推铅球滑步阶段的技术特征

(11)试述背向滑步推铅球最后用力阶段的技术特征

(12)试述背向滑步推铅球缓冲阶段的技术特征

专家咨询:您认为该理论试卷是否合理?
非常合理(　)比较合理(　)说不好(　)不太合理(　)不合理(　)

再次感谢您的帮助!

附录 C　田径运动项目教案范例

C1　预实验教案范例 1(学习型示范)

<table>
<tr><td colspan="2">授课内容:</td><td colspan="4">1.复习助跑及助跑起跳结合技术;
2.学习挺身式跳远空中技术动作以及落地动作。</td></tr>
<tr><td colspan="2">课的任务:</td><td colspan="4">1.进一步掌握跑跳结合技术;
2.学习空中动作及落地技术;
3.掌握助跑、起跳、腾空和落地技术的基本知识。</td></tr>
<tr><td colspan="2">重点难点:</td><td colspan="4">跑跳结合技术、腾空技术。</td></tr>
<tr><td rowspan="2">课的部分</td><td rowspan="2">时间</td><td rowspan="2">教学内容</td><td colspan="2">次数</td><td rowspan="2">组织教法</td></tr>
<tr><td>练习</td><td>示范</td></tr>
<tr><td>开始部分</td><td>5分钟</td><td>1.班长集合整队、检查人数。
2.师生问好、检查整理服装、考勤。
3.简要回顾上次课内容。
4.简述本课的内容、任务、要求。
5.安排见习生。</td><td></td><td></td><td>组织:
* * * * * * * * * * * *
* * * * * * * * * * * *
△
要求:注意力集中,精神饱满;见习生随堂听课,并参加力所能及的活动。
注意事项:背风、背光。</td></tr>
<tr><td rowspan="2">准备部分</td><td rowspan="2">20分钟</td><td>1.一般性准备活动。
(1)田径场慢跑热身:800 米。
(2)徒手操练习:
扩胸运动、振臂运动、腹背绕环、弓步压腿、侧向压腿。</td><td>2 圈
4 * 8 拍</td><td></td><td>组织:1:两路纵队沿跑道方向行进;2:两列横队,两臂间隔。
教法:教师示范、讲解、纠正。
学法:学生按照教师口令集体练习。
要求:动作规范、节奏良好,用力均匀、避免用力过度。
注意事项:背风、背光、预防损伤。</td></tr>
<tr><td>2.专门性准备活动。
(1)高抬腿跑 15 米;</td><td>2 次</td><td></td><td>组织:两路纵队,沿跑道方向行进。</td></tr>
</table>

续表

课的部分	时间	教学内容	次数		组织教法
			练习	示范	
准备部分	20分钟	(2)后蹬跑15米; (3)跨步跳15米。			教法:教师示范、讲解、纠正。 学法:沿纵队方向依次练习。 要求:动作规范、节奏良好、逐渐加速。 注意事项:背风、背光、预防损伤。
基本部分	60分钟	一、复习上步起跳技术和腾空步技术 技术要点:上体与头部保持正直,摆动腿折叠积极前摆,髋前送,大腿与地面稍平行,小腿稍向前,起跳腿完成蹬伸后放松留在体后。 1.原地起跳模仿练习; 2.走动上三步起跳练习:30米; 3.跑动上三步起跳练习:30米。	 6次 4次 4次	 3次 2次 2次	组织:1:两列横队,两臂间隔;2、3:两路纵队,1.5米间隔。 教法:学生示范,教师结合学生示范讲解技术要点、难点;根据学生练习情况再次由学生示范,教师再次讲解、纠正,循环往复。 学法:学生集体练习(1)和依次练习(2、3)。 要求:全脚掌着地、摆动腿大腿与地面平行、起跳腿充分蹬伸、双臂摆动合理,技术规范、节奏良好。 注意事项:背风、背光、预防损伤。
		二、学习挺身式跳远空中技术动作及落地动作 技术要点:腾空步技术动作接摆动腿及异侧臂自然下放、呈展体动作。挺胸、收腹,保持展体动作姿态,手臂自然从后向前绕摆。身体下落时,要积极收腹举腿、在即将落地前前伸小腿,身体自然顺势落地,屈膝前移身体。			组织:1:两列横队,两臂间隔;2:两路纵队,1.5米间隔,沿跑道行进;3、4:一路纵队,跳远场地练习。 教法:学生示范,教师结合学生示范讲解技术要点、难点;根据学生练习情况再次由学生示范,教师再次讲解、纠正,循环往复。 学法:学生集体练习(1)或依次练习(2、3、4)。

续表

课的部分	时间	教学内容	次数		组织教法
			练习	示范	
基本部分	60分钟	 1.原地模仿挺身动作练习 2.上步起跳、下放摆动腿 10 米; 3.立定跳远收腹举腿练习; 4.4~6 步助跑起跳挺身式技术动作练习。	10 次 4 次 8 次 6 次	5 次 2 次 4 次 3 次	要求:起跳脚以全脚掌着板,着地点在身体重心投影点的前方 30~40 厘米处;身体放松,动作协调有力,动作到位。注意事项:背风、背光、预防损伤。
结束部分	5分钟	1.放松整理活动; 2.集合小结上课情况; 3.整理场地器材; 4.集合小结本次课情况; 5.师生道别,下课。			组织: * △ 要求:集合迅速有序、注意力集中。
所需器械	跳远场地、沙耙、卷尺、铁锹等。				
本课小结	基本完成教学任务,跑跳结合技术更加连贯、基本掌握腾空和落地技术,学生积极性较高。				

专家咨询:您认为该教案是否合理?

非常合理(　)比较合理(　)说不好(　)不太合理(　)不合理(　)

再次感谢您的帮助!

C2　预实验教案范例 2(熟练型示范)

授课内容:	1.复习助跑及助跑起跳结合技术; 2.学习挺身式跳远空中技术动作以及落地动作。
课的任务:	1.进一步掌握跑跳结合技术; 2.学习空中动作及落地技术; 3.掌握助跑、起跳、腾空和落地技术的基本知识。

续表

重点难点：	跑跳结合技术、腾空技术。				
课的部分	时间	教学内容	次数		组织教法
			练习	示范	
开始部分	5分钟	1.班长集合整队、检查人数。 2.师生问好、检查整理服装、考勤。 3.简要回顾上次课内容。 4.简述本课的内容、任务、要求。 5.安排见习生。			组织： * △ 要求：注意力集中，精神饱满；见习生随堂听课，参加力所能及的活动。 注意事项：背风、背光。
准备部分	20分钟	1.一般性准备活动。 (1)田径场慢跑热身：800米。 (2)徒手操练习： 扩胸运动、振臂运动、腹背绕环、弓步压腿、侧向压腿。	2圈 4*8拍		组织：1：两路纵队沿跑道方向行进。 组织：2：两列横队，两臂间隔。 教法：教师示范、讲解、纠正。 学法：学生按照教师口令集体练习。 要求：认真、动作规范、节奏良好，用力均匀、避免用力过度。 注意事项：背风、背光、预防损伤。
		2.专门性准备活动。 (1)高抬腿跑15米； (2)后蹬跑15米； (3)跨步跳15米。	2次		组织：两路纵队，沿跑道方向行进。 教法：教师示范、讲解、纠正。 学法：学生沿纵队方向依次练习。 要求：动作规范、节奏良好、逐渐加速。 注意事项：背风、背光、预防损伤。

续表

课的部分	时间	教学内容	次数		组织教法
			练习	示范	
基本部分	60分钟	一、复习上步起跳技术和腾空步技术 技术要点：上体与头部保持正直，摆动腿折叠积极前摆，髋前送，大腿与地面稍平行，小腿稍向前，起跳腿完成蹬伸后放松留在体后。			组织：1：两列横队，两臂间隔。 组织：2、3：两路纵队，1.5 米间隔。 教法：教师示范，并讲解技术要点、难点；根据学生练习情况再由教师讲解、示范和纠正。 学法：学生集体练习(1)和依次练习(2、3)。 要求：以全脚掌着地、摆动腿大腿与地面平行、起跳腿充分蹬伸、双臂摆动合理，整个技术规范、节奏良好。 注意事项：背风、背光、预防损伤。
		1.原地起跳模仿练习；	6 次	3 次	
		2.走动上三步起跳练习 30 米；	4 次	2 次	
		3.跑动上三步起跳练习 30 米。	4 次	2 次	
		二、学习挺身式跳远空中技术动作及落地动作 技术要点：腾空步技术动作接摆动腿及异侧臂自然下放、呈展体动作。挺胸、收腹，保持展体动作姿态，手臂自然从后向前绕摆。身体下落时，要积极收腹举腿、在即将落地前前伸小腿，身体自然顺势落地，屈膝前移身体。 			组织：1：两列横队，两臂间隔。 组织：2：两路纵队，1.5 米间隔，沿跑道行进。 组织：3、4：一路纵队，在跳远场地练习。 教法：教师示范，并讲解技术要点、难点；根据学生练习情况再由教师讲解、示范和纠正。 学法：学生集体练习(1)或依次练习(2、3、4)。 要求：起跳脚以全脚掌着板，着地点在身体重心投影点的前方 30～40 厘米处；身体放松，动作协调用力时，动作到位。 注意事项：背风、背光、预防损伤。
		1.原地模仿挺身动作练习；	10 次	5 次	
		2.上步起跳、下放摆动腿 10 米；	4 次	2 次	
		3.立定跳远收腹举腿练习；	8 次	4 次	
		4.4~6 步助跑起跳挺身式技术动作练习。	6 次	3 次	

续表

课的部分	时间	教学内容	次数		组织教法
			练习	示范	
结束部分	5分钟	1.放松整理活动； 2.集合小结上课情况； 3.整理场地器材； 4.集合小结本次课情况； 5.师生道别，下课。			组织： * △ 要求：集合迅速有序、注意力集中。
所需器械	跳远场地、沙耙、卷尺、铁锹等。				
本课小结	基本完成教学任务，跑跳结合技术更加连贯、较好掌握腾空和落地技术，学生积极性较高。				

专家咨询：您认为该教案是否合理？

非常合理(　)比较合理(　)说不好(　)不太合理(　)不合理(　)

再次感谢您的帮助！

C3　预实验教案范例3(混合型示范)

授课内容：	1.复习助跑及助跑起跳结合技术； 2.学习挺身式跳远空中技术动作以及落地动作。
课的任务：	1.进一步掌握跑跳结合技术； 2.学习空中动作及落地技术； 3.掌握助跑、起跳、腾空和落地技术的基本知识。
重点难点：	跑跳结合技术、腾空技术。

课的部分	时间	教学内容	次数		组织教法
			练习	示范	
开始部分	5分钟	1.班长集合整队、检查人数。 2.师生问好、检查整理服装、考勤。 3.简要回顾上次课内容。 4.简述本课的内容、任务、要求。 5.安排见习生。			组织： * △ 要求：注意力集中，精神饱满；见习生随堂听课，并参加力所能及的活动。 注意事项：背风、背光。

续表

<table>
<tr><th rowspan="2">课的部分</th><th rowspan="2">时间</th><th rowspan="2">教学内容</th><th colspan="2">次数</th><th rowspan="2">组织教法</th></tr>
<tr><th>练习</th><th>示范</th></tr>
<tr><td rowspan="2">准备部分</td><td rowspan="2">20分钟</td><td>1.一般性准备活动。
(1)田径场慢跑热身:800米。
(2)徒手操练习:
扩胸运动、振臂运动、腹背绕环、弓步压腿、侧向压腿</td><td>2圈
4*8拍
2次</td><td></td><td>组织:1:两路纵队沿跑道方向行进;2:两列横队,两臂间隔。
教法:教师示范、讲解、纠正。
学法:按照教师口令集体练习。
要求:动作规范、节奏良好,用力均匀、避免用力过度。
注意事项:背风、背光、预防损伤。</td></tr>
<tr><td>2.专门性准备活动。
(1)高抬腿跑15米;
(2)后蹬跑15米;
(3)跨步跳15米。</td><td></td><td></td><td>组织:两路纵队,沿跑道方向行进。
教法:教师示范、讲解、纠正。
学法:沿纵队方向依次练习。
要求:动作规范、节奏良好、逐渐加速。
注意事项:背风、背光、预防损伤。</td></tr>
<tr><td>基本部分</td><td>60分钟</td><td>一、复习上步起跳技术和腾空步技术
技术要点:上体与头部保持正直,摆动腿折叠积极前摆,髋前送,大腿与地面稍平行,小腿稍向前,起跳腿完成蹬伸后放松留在体后。
1.原地起跳模仿练习;
2.走动上三步起跳练习:15米;
3.跑动上三步起跳练习:15米。</td><td>6次
4次
4次</td><td>3次
2次
2次</td><td>组织:1:两列横队,两臂间隔。
组织:2、3:两路纵队,1.5米间隔。
教法:教师示范一次并讲解,然后学生练习;根据学生练习情况由学生进行示范(正确和错误示范),然后学生再练习;再次根据学生练习情况由教师进行示范(正确和错误示范),然后学生再练习,循环往复,其中教师和学生的示范各占50%。示范的同时配以教师讲解。
学法:学生集体练习(1)和依次练习(2、3)。
要求:以全脚掌着地、摆动腿大腿与地面平行、起跳腿充分</td></tr>
</table>

续表

课的部分	时间	教学内容	次数		组织教法
			练习	示范	
基本部分	60分钟	二、学习挺身式跳远空中技术动作及落地动作 技术要点：腾空步技术动作接摆动腿及异侧臂自然下放、呈展体动作。挺胸、收腹，保持展体动作姿态，手臂自然从后向前绕摆。身体下落时，要积极收腹举腿、在即将落地前前伸小腿，身体自然顺势落地，屈膝前移身体。  1.原地模仿挺身动作练习； 2.上步起跳、下放摆动腿； 3.立定跳远收腹举腿练习； 4.4~6 步助跑起跳挺身式技术动作练习。	10 次 4 次 8 次 6 次	5 次 2 次 4 次 3 次	蹬伸、双臂摆动合理，整个技术规范、节奏良好。 注意事项：背风、背光、预防损伤。 组织：1：两列横队，两臂间隔。 组织：2：两路纵队，1.5 米间隔，沿跑道行进。 组织：3、4：一路纵队，跳远场地练习。 教法：教师示范一次并讲解，然后学生练习；根据学生练习情况由学生进行示范（正确和错误示范），然后学生再练习；再次根据学生练习情况由教师进行示范（正确和错误示范），然后学生再练习，循环往复，其中教师和学生的示范各占 50%。示范的同时配以教师讲解。 学法：学生集体练习（1）或依次练习（2、3、4）。 要求：起跳脚以全脚掌着板，着地点在身体重心投影点的前方 30~40 厘米处；身体放松，动作协调用力时，动作到位。 注意事项：背风、背光、预防损伤。
结束部分	5分钟	1.放松整理活动； 2.集合小结上课情况； 3.整理场地器材； 4.集合小结本次课情况； 5.师生道别，下课。			组织： * △ 要求：集合迅速有序、注意力集中。

续表

所需器械	跳远场地、沙耙、卷尺、铁锹等。
本课小结	基本完成教学任务，跑跳结合技术更加连贯、较好掌握腾空和落地技术，学生积极性较高。

专家咨询：您认为该教案是否合理？

非常合理（　）比较合理（　）说不好（　）不太合理（　）不合理（　）

再次感谢您的帮助！

C4　实验1教案范例1（视—听觉信息整合+50%信息频率）

<table>
<tr><td colspan="2">授课内容：</td><td colspan="4">1.复习原地推铅球技术；
2.学习背向滑步技术。</td></tr>
<tr><td colspan="2">课的任务：</td><td colspan="4">1.进一步掌握原地推铅球技术；
2.初步掌握背向滑步技术；
3.掌握最后用力、滑步技术的基本知识。</td></tr>
<tr><td colspan="2">重点难点：</td><td colspan="4">左脚刚性支撑、快速收右脚、蹬转结合技术。</td></tr>
<tr><td rowspan="2">课的部分</td><td rowspan="2">时间</td><td rowspan="2">教学内容</td><td colspan="2">次数</td><td rowspan="2">组织教法</td></tr>
<tr><td>学生练习</td><td>信息干预</td></tr>
<tr><td>开始部分</td><td>5分钟</td><td>1.班长集合整队、检查人数。
2.师生问好、检查整理服装、考勤。
3.简要回顾上次课内容。
4.简述本课的内容、任务、要求。
5.安排见习生。</td><td></td><td></td><td>组织：
* * * * * * * * * * *
* * * * * * * * * * *
△
要求：注意力集中，精神饱满；见习生随堂听课，并参加力所能及的活动。
注意事项：背风、背光。</td></tr>
<tr><td>准备部分</td><td>20分钟</td><td>一、一般性准备活动
1.田径场慢跑热身：800米。
2.徒手操练习：
扩胸运动、振臂运动、腹背绕环、弓步压腿、侧向压腿。</td><td>2圈

4 * 8拍</td><td></td><td>组织：1：两路纵队沿跑道方向行进；2：两列横队，两臂间隔。
教法：教师示范、讲解、纠正。
学法：按照教师口令集体练习。</td></tr>
</table>

续表

课的部分	时间	教学内容	次数		组织教法
			学生练习	信息干预	
					要求:动作规范、节奏良好,用力均匀、避免用力过度。 注意事项:背风、背光、预防损伤。
准备部分	20分钟	二、专门性准备活动 1.侧向交叉步跑15米 2.侧滑步15米 3.俯卧撑15个	 2次 2次 1次		组织:两路纵队,沿跑道方向行进。 教法:教师示范、讲解、纠正。 学法:学生沿纵队方向依次练习。 要求:动作规范、节奏良好、逐渐加速。 注意事项:背风、背光、预防损伤。
基本部分	60分钟	一、复习原地推球技术 要求进一步掌握最后用力技术。 1.原地正面推铅球; 2.原地背向推铅球。	 6次 6次	 3次 3次	组织:两列横队,左右1.5米间隔,前后2米间隔。 教法:教师边示范边讲解一次,然后学生进行练习;教师根据练习情况向学生同时提供示范(正确、错误动作示范)和讲解(讲解、提示等),然后学生再练习,循环往复。整体的视—听觉信息整合的频率约50%。 学法:按照教师口令集体练习。 要求:认真、动作规范、节奏良好,体会最后用力。 注意事项:背风、背光、注意安全。
		二、学习背向滑步技术 1.预备姿势。			组织:两列横队,左右1.5米间隔,前后2米间隔。

续表

<table>
<tr><td rowspan="2">课的部分</td><td rowspan="2">时间</td><td rowspan="2">教学内容</td><td colspan="2">次数</td><td rowspan="2">组织教法</td></tr>
<tr><td>学生练习</td><td>信息干预</td></tr>
<tr><td>基本部分</td><td>60分钟</td><td>技术要点:背对投掷方向,站在圈内后沿处,两脚前后站立,相距50~60厘米(根据身高和下蹲的程度而定)。左臂自然下垂,左肩稍向内扣,两腿弯曲,上体前屈。
2.左腿的摆动。
技术要点:以大腿带动,摆动路线沿右脚跟方向,外展落位。
3.右腿蹬收。
技术要点:前脚掌内侧蹬地,收小腿,边收边内扣。
4.小幅度徒手滑步练习。
技术要点:动作连贯。
5.持球滑步练习。
技术要点:滑步快,身体重心起伏小,动作连贯。</td><td>6次
6次
6次
6次
10次</td><td>3次
3次
3次
3次
5次</td><td>教法:教师边示范边讲解一次,然后学生进行练习;教师根据练习情况向学生同时提供示范(正确、错误动作示范)和讲解(讲解、提示等),然后学生再练习,循环往复。整体的视—听觉信息整合的频率约50%。
学法:按照教师口令集体练习。
要求:总体要求:认真、动作规范、节奏良好。具体要求:1:两脚位置合理,身体姿势正确;2:“移—摆”顺序正确、大腿带动、外展落位;3:右腿蹬伸积极、内扣动作明显;4和5:动作连贯、重心起伏小、“摆、蹬、收、落”技术明显,落位后两脚位置合理。
注意事项:背风、背光、注意安全。</td></tr>
<tr><td>结束部分</td><td>5分钟</td><td>1.放松整理活动;
2.集合小结上课情况;
3.整理场地器材;
4.集合小结本次课情况;
5.师生道别,下课。</td><td></td><td></td><td>组织:
* * * * * * * * * * *
* * * * * * * * * * *
△
要求:集合迅速有序、注意力集中、回收器材注意安全。</td></tr>
<tr><td>所需器械</td><td colspan="5">铅球15个,田径场地。</td></tr>
<tr><td>本课小结</td><td colspan="5">基本完成教学任务,最后用力技术得到提高,基本掌握滑步技术。</td></tr>
</table>

专家咨询:您认为该教案是否合理?

非常合理(　)比较合理(　)说不好(　)不太合理(　)不合理(　)

再次感谢您的帮助!

C5　实验1教案范例2(传统教学+50%信息频率)

授课内容:	1.复习原地推铅球技术; 2.学习背向滑步技术。
课的任务:	1.进一步掌握原地推铅球技术; 2.初步掌握背向滑步技术; 3.掌握最后用力、滑步技术的基本知识。
重点难点:	左脚刚性支撑、快速收右脚、蹬转结合技术。

课的部分	时间	教学内容	次数		组织教法
			学生练习	信息干预	
开始部分	5分钟	1.班长集合整队、检查人数。 2.师生问好、检查整理服装、考勤。 3.简要回顾上次课内容。 4.简述本课的内容、任务、要求。 5.安排见习生。			组织: * △ 要求:注意力集中,精神饱满;见习生随堂听课,并参加力所能及的活动。 注意事项:背风、背光。
准备部分	20分钟	一、一般性准备活动 1.田径场慢跑热身:800米。 2.徒手操练习: 扩胸运动、振臂运动、腹背绕环、弓步压腿、侧向压腿。	2圈 4*8拍		组织:1:两路纵队沿跑道方向行进;2:两列横队,两臂间隔。 教法:教师示范、讲解、纠正。 学法:学生按照教师口令集体练习。 要求:认真、动作规范、节奏良好,用力均匀、避免用力过度。 注意事项:背风、背光、预防损伤。
		二、专门性准备活动 1.侧向交叉步跑15米; 2.侧滑步15米; 3.俯卧撑15个。	 2次 2次 1次		组织:两路纵队,沿跑道方向行进。 教法:教师示范、讲解、纠正。 学法:沿纵队方向练习。 要求:动作规范、节奏良好、逐渐加速。 注意事项:背风、背光、预防损伤。

续表

课的部分	时间	教学内容	次数		组织教法
			学生练习	信息干预	
基本部分	60分钟	一、复习原地推球技术 要求进一步掌握最后用力技术。 1.原地正面推铅球 2.原地背向推铅球	 6次 6次	 3次 3次	组织:两列横队,左右 1.5 米间隔,前后 2 米间隔。 教法:教师示范、讲解、纠正。不进行刻意干预,但对感觉信息整合和分离次数进行记录。 学法:学生按照教师口令集体练习。 要求:认真、动作规范、节奏良好,体会最后用力。 注意事项:背风、背光、注意安全。
		二、学习背向滑步技术 1.预备姿势。 技术要点:背对投掷方向,站在圈内后沿处,两脚前后站立,相距 50~60 厘米(根据身高和下蹲的程度而定)。左臂自然下垂,左肩稍向内扣,两腿弯曲,上体前屈。	 6次	 3次	组织:两列横队,左右 1.5 米间隔,前后 2 米间隔。 教法:教师示范、讲解、纠正。不进行刻意干预,但对感觉信息整合和分离次数进行记录。 学法:学生按照教师口令集体练习。 要求:总体要求:认真、动作规范、节奏良好。具体要求:1:两脚位置合理,身体姿势正确;2:“移—摆”顺序正确、大腿带动、外展落位;3:右腿蹬伸积极、内扣动作明显;4 和 5:动作连贯、重心起伏小、“摆、蹬、收、落”技术明显,落位后两脚位置合理。 注意事项:背风、背光、注意安全。
		2.左腿的摆动。 技术要点:以大腿带动,摆动路线沿右脚跟方向,外展落位。	 6次	 3次	
		3.右腿蹬收。 技术要点:前脚掌内侧蹬地,收小腿,边收边内扣。	 6次	 3次	
		4.小幅度徒手滑步练习。 技术要点:动作连贯。	 6次	 3次	
		5.持球滑步练习。 技术要点:滑步快,身体重心起伏小,动作连贯。	 10次	 5次	

续表

课的部分	时间	教学内容	次数		组织教法
			学生练习	信息干预	
结束部分	5分钟	1.放松整理活动; 2.集合小结上课情况; 3.整理场地器材; 4.集合小结本次课情况; 5.师生道别,下课。			组织: * △ 要求:集合迅速有序、注意力集中、回收器材注意安全。
所需器械	铅球 15 个,田径场地。				
本课小结	基本完成教学任务,最后用力技术得到提高,基本掌握滑步技术。				

专家咨询:您认为该教案是否合理?

非常合理(　)比较合理(　)说不好(　)不太合理(　)不合理(　)

再次感谢您的帮助!

C6　实验 1 教案范例 3(视—听觉信息分离+50%信息频率)

授课内容:	1.复习原地推铅球技术; 2.学习背向滑步技术。
课的任务:	1.进一步掌握原地推铅球技术; 2.初步掌握背向滑步技术; 3.掌握最后用力、滑步技术的基本知识。
重点难点:	左脚刚性支撑、快速收右脚、蹬转结合技术。

课的部分	时间	教学内容	次数		组织教法
			学生练习	信息干预	
开始部分	5分钟	1.班长集合整队、检查人数。 2.师生问好、检查整理服装、考勤。 3.简要回顾上次课内容。 4.简述本课的内容、任务、要求。 5.安排见习生。			组织: * △ 要求:注意力集中,精神饱满;见习生随堂听课,并参加力所能及的活动。 注意事项:背风、背光。

续表

课的部分	时间	教学内容	次数		组织教法
			学生练习	信息干预	
准备部分	20分钟	一、一般性准备活动 1.田径场慢跑热身:800米。 2.徒手操练习: 扩胸运动、振臂运动、腹背绕环、弓步压腿、侧向压腿。	2圈 4*8拍		组织:1:两路纵队沿跑道方向行进。 组织:2:两列横队,两臂间隔。 教法:教师示范、讲解、纠正。 学法:学生按照教师口令集体练习。 要求:认真、动作规范、节奏良好,用力均匀、避免用力过度。 注意事项:背风、背光、预防损伤。
		二、专门性准备活动 1.侧向交叉步跑15米; 2.侧滑步15米; 3.俯卧撑15个。	2次 2次 1次		组织:两路纵队,沿跑道方向行进。 教法:教师示范、讲解、纠正。 学法:学生沿纵队方向依次练习。 要求:动作规范、节奏良好、逐渐加速。 注意事项:背风、背光、预防损伤。
基本部分	60分钟	一、复习原地推球技术 要求进一步掌握最后用力技术。 1.原地正面推铅球; 2.原地背向推铅球.	6次 6次	3次 3次	组织:两列横队,左右1.5米间隔,前后2米间隔。 教法:教师边示范边讲解一次,然后学生进行练习,后续的课堂练习中讲解和示范分开进行并各占一半,提示学生通过讲解或示范自己理解技术动作,讲解和示范的总频率约50%。 学法:按照教师口令集体练习。 要求:认真、动作规范、节奏良好,体会最后用力。

续表

课的部分	时间	教学内容	次数		组织教法
			学生练习	信息干预	
基本部分	60分钟	二、学习背向滑步技术 1.预备姿势。 技术要点：背对投掷方向，站在圈内后沿处，两脚前后站立，相距50~60厘米（根据身高和下蹲的程度而定）。左臂自然下垂，左肩稍向内扣，两腿弯曲，上体前屈。 2.左腿的摆动。 技术要点：以大腿带动，摆动路线沿右脚跟方向，外展落位。 3.右腿蹬收。 技术要点：前脚掌内侧蹬地，收小腿，边收边内扣。 4.小幅度徒手滑步练习。 技术要点：动作连贯。 5.持球滑步练习。 技术要点：滑步快，身体重心起伏小，动作连贯。	6次 6次 6次 6次 10次	3次 3次 3次 3次 5次	注意事项：背风、背光、注意安全。 组织：两列横队，左右1.5米间隔，前后2米间隔。 教法：教师边示范边讲解一次，然后学生进行练习，后续的课堂练习中讲解和示范分开进行并各占一半，提示学生通过讲解或示范自己理解技术动作，讲解和示范的总频率约50%。 学法：按照教师口令集体练习。 要求：总体要求：认真、动作规范、节奏良好。具体要求：1：两脚位置合理，身体姿势正确；2："移—摆"顺序正确、大腿带动、外展落位；3：右腿蹬伸积极、内扣动作明显；4和5：动作连贯、重心起伏小、"摆、蹬、收、落"技术明显，落位后两脚位置合理。 注意事项：背风、背光、注意安全。
结束部分	5分钟	1.放松整理活动； 2.集合小结上课情况； 3.整理场地器材； 4.集合小结本次课情况； 5.师生道别，下课。			组织： * * * * * * * * * * * * * * * * * * * * △ 要求：集合迅速有序、注意力集中、回收器材注意安全。

续表

所需器械	铅球 15 个，田径场地。
本课小结	基本完成教学任务，最后用力技术得到提高，基本掌握滑步技术。

专家咨询：您认为该教案是否合理？

非常合理（　）比较合理（　）说不好（　）不太合理（　）不合理（　）

再次感谢您的帮助！

C7　实验 2 教案范例 1（视觉信息干预）

授课内容：	复习挺身式跳远完整技术动作。				
课的任务：	1.进一步掌握挺身式跳远完整技术； 2.提高踏板的准确性和稳定性； 3.掌握助跑、起跳、腾空和落地技术的基本知识。				
重点难点：	踏板准确性和稳定性、腾空技术规范性。				
课的部分	时间	教学内容	次数		组织教法
			学生练习	信息干预	
开始部分	5分钟	1.班长集合整队、检查人数。 2.师生问好、检查整理服装、考勤。 3.简要回顾上次课内容。 4.简述本课的内容、任务、要求。 5.安排见习生。			组织： * △ 要求：注意力集中，精神饱满；见习生随堂听课，并参加力所能及的活动。 注意事项：背风、背光。
准备部分	20分钟	一、准备部分 1.一般性准备活动 （1）田径场慢跑热身：800 米。 （2）徒手操练习： 扩胸运动、振臂运动、腹背绕环、弓步压腿、侧向压腿。	2 圈 4＊8拍		组织：1、2：两列横队，两臂间隔。 教法：教师示范、讲解、纠正。 学法：按照口令集体练习。 要求：认真、动作规范、节奏良好，用力均匀、避免用力过度。 注意事项：背风、背光、预防损伤。

续表

课的部分	时间	教学内容	次数		组织教法
			学生练习	信息干预	
准备部分	20分钟	2.专门性准备活动 (1)高抬腿跑 15 米; (2)后蹬跑 15 米; (3)跨步跳 15 米。	2 次		组织:两路纵队,沿跑道方向行进。 教法:教师示范、讲解、纠正。 学法:学生沿纵队方向依次练习。 要求:动作规范、节奏良好、逐渐加速。 注意事项:背风、背光、预防损伤。
基本部分	60分钟	复习全程助跑挺身式跳远完整技术动作。 技术要点:助跑积极、节奏平稳、助跑与起跳衔接紧密,步点准确,起跳充分,动作放松、自然。保持跳远助跑的身体动作姿态高重心、在快速助跑状态下,注意身体重心位置,充分有效完成起跳动作。加强摆动腿与臂的协调用力动作,保持空中挺身动作姿态。 1.全程助跑接起跳; 2.全程助跑接腾空步接下放摆动腿; 3.全程助跑完整技术。 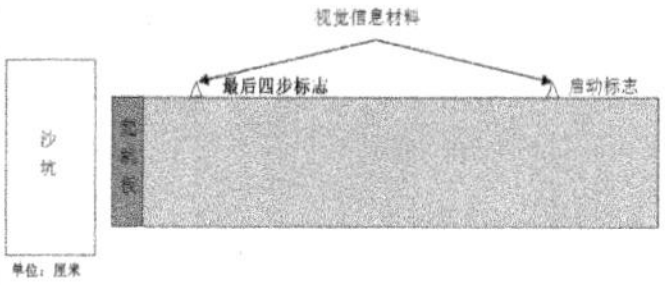 视觉信息干预材料	 2 次 2 次 6 次	 1 次 1 次 3 次	组织:一路纵队,在跳远场地练习。 教法:教师示范,并讲解技术要点、难点,并根据学生练习情况再次讲解、示范和纠正;跳远场地设置启动标志和最后四步标志为学生提供视觉信息(学生根据自身情况设置)。 学法:学生依次练习,注重场地上标志信息的应用。 要求:助跑节奏良好,全脚掌着板且上板积极、有力,空中和落地技术正确,完整技术连贯、流畅。 注意事项:背风、背光、预防损伤。

续表

课的部分	时间	教学内容	次数		组织教法
			学生练习	信息干预	
结束部分	5分钟	1.放松整理活动; 2.集合小结上课情况; 3.整理场地器材; 4.集合小结本次课情况; 5.师生道别,下课。			组织: * △ 要求:集合迅速有序、注意力集中。
所需器械	跳远场地、沙耙、卷尺、铁锹等。				
本课小结	基本完成教学任务,踏板准确性和稳定性、跑跳结合技术有一定程度的提高,学生积极性较高。				

C8　实验2教案范例2(距离知觉信息干预)

授课内容:	复习挺身式跳远完整技术动作。
课的任务:	1.进一步掌握挺身式跳远完整技术; 2.提高踏板的准确性和稳定性; 3.掌握助跑、起跳、腾空和落地技术的基本知识。
重点难点:	踏板准确性和稳定性、腾空技术规范性。

课的部分	时间	教学内容	次数		组织教法
			学生练习	信息干预	
开始部分	5分钟	1.班长集合整队、检查人数。 2.师生问好、检查整理服装、考勤。 3.简要回顾上次课内容。 4.简述本课的内容、任务、要求。 5.安排见习生。			组织: * △ 要求:注意力集中,精神饱满;见习生随堂听课,并参加力所能及的活动。 注意事项:背风、背光。

续表

课的部分	时间	教学内容	次数		组织教法
			学生练习	信息干预	
准备部分	20分钟	一、准备部分 1.一般性准备活动 (1)田径场慢跑热身:800米。 (2)徒手操练习: 扩胸运动、振臂运动、腹背绕环、弓步压腿、侧向压腿。	2圈 4*8拍		组织:1:两路纵队沿跑道方向行进。2:两列横队,两臂间隔。 教法:教师示范、讲解、纠正。 学法:学生按照教师口令集体练习。 要求:认真、动作规范、节奏良好,用力均匀、避免用力过度。 注意事项:背风、背光、预防损伤。
		2.专门性准备活动 (1)高抬腿跑15米; (2)后蹬跑15米; (3)跨步跳15米。	2次		组织:两路纵队,沿跑道方向行进。 教法:教师示范、讲解、纠正。 学法:学生沿纵队方向依次练习。 要求:动作规范、节奏良好、逐渐加速。 注意事项:背风、背光、预防损伤。
基本部分	60分钟	复习全程助跑挺身式跳远完整技术动作。 技术要点:助跑积极、节奏平稳、助跑与起跳衔接紧密,步点准确,起跳充分,动作放松、自然。保持跳远助跑的身体动作姿态高重心、在快速助跑状态下,注意身体重心位置,充分有效完成起跳动作。加强摆动腿与臂的协调用力动作,保持空中挺身动作姿态。 1.全程助跑接起跳;	2次	1次	组织:一路纵队,在跳远场地练习。 教法:教师示范,并讲解技术要点、难点,并根据学生练习情况再次讲解、示范和纠正;学生踏跳后要求学生口头报告上板和没上板的距离,比如"上板6厘米""未上板6厘米""超板6厘米""靠左5厘米""靠右5厘米"等。在踏板左侧和正前方放置录像机,将学生的踏板情况进行录

续表

课的部分	时间	教学内容	次数 学生练习	 信息干预	组织教法
基本部分	60分钟	2.全程助跑接腾空步接下放摆动腿； 3.全程助跑完整技术。 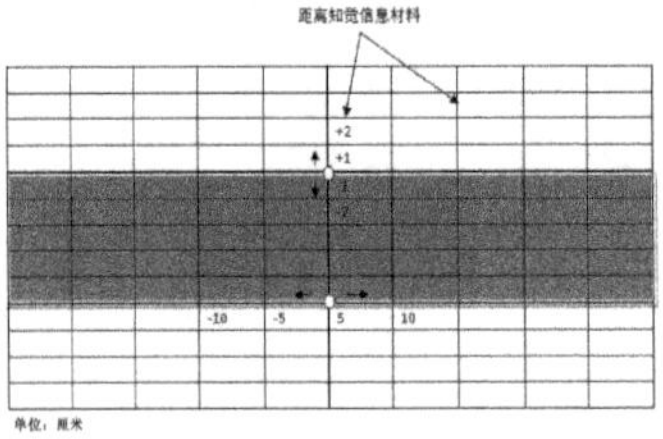 距离知觉信息干预材料	2次 6次	1次 3次	像，录像人员（聘任研究人员）根据录像中学生的踏板情况在学生口头报告上板情况后对学生进行呼报（听觉距离反馈），比如“上板4厘米”“未上板4厘米”“超板4厘米”“靠左10厘米”“靠右10厘米”等，反馈频率约为50%。 学法：学生依次练习，并口头呼报预测距离。 要求：助跑节奏良好，全脚掌着板且上板积极、有力，空中和落地技术正确，完整技术连贯、流畅。 注意事项：背风、背光、预防损伤。
结束部分	5分钟	1.放松整理活动； 2.集合小结上课情况； 3.整理场地器材； 4.集合小结本次课情况； 5.师生道别，下课。			组织： * △ 要求：集合迅速有序、注意力集中。
所需器械	跳远场地、沙耙、卷尺、铁锹等。				
本课小结	基本完成教学任务，踏板准确性和稳定性得到一定程度提高，跑跳结合技术得到明显提高，学生积极性高。				

专家咨询：您认为该教案是否合理？

非常合理（ ）比较合理（ ）说不好（ ）不太合理（ ）不合理（ ）

再次感谢您的帮助！

C9　实验2教案范例3(视觉—距离知觉信息干预)

授课内容:	复习挺身式跳远完整技术动作。
课的任务:	1.进一步掌握挺身式跳远完整技术; 2.提高踏板的准确性和稳定性; 3.掌握助跑、起跳、腾空和落地技术的基本知识。
重点难点:	踏板准确性和稳定性、腾空技术规范性。

课的部分	时间	教学内容	次数		组织教法
			学生练习	信息干预	
开始部分	5分钟	1.班长集合整队、检查人数。 2.师生问好、检查服装、考勤。 3.简要回顾上次课内容。 4.简述本课的内容、任务、要求。 5.安排见习生。			组织: * △ 要求:注意力集中,精神饱满;见习生随堂听课,并参加力所能及的活动。 注意事项:背风、背光。
准备部分	20分钟	一、准备部分 1.一般性准备活动 (1)田径场慢跑热身:800米。 (2)徒手操练习: 扩胸运动、振臂运动、腹背绕环、弓步压腿、侧向压腿。 2.专门性准备活动 (1)高抬腿跑15米; (2)后蹬跑15米; (3)跨步跳15米。	2圈 4*8拍 2次		组织:1:两路纵队沿跑道方向行进;2:两列横队,两臂间隔。 教法:教师示范、讲解、纠正。 学法:学生按照教师口令集体练习。 要求:认真、动作规范、节奏良好,用力均匀、避免用力过度。 注意事项:背风、背光、预防损伤。 组织:两路纵队,沿跑道方向行进。 教法:教师示范、讲解、纠正。 学法:学生沿纵队方向依次练习。 要求:动作规范、节奏良好、逐渐加速。 注意事项:背风、背光、预防损伤。

续表

课的部分	时间	教学内容	次数		组织教法
			学生练习	信息干预	
基本部分	60分钟	复习全程助跑挺身式跳远完整技术动作。 技术要点：助跑积极、节奏平稳、助跑与起跳衔接紧密，步点准确，起跳充分，动作放松、自然。保持跳远助跑的身体动作姿态高重心、在快速助跑状态下，注意身体重心位置，充分有效完成起跳动作。加强摆动腿与臂的协调用力动作，保持空中挺身动作姿态。 1.全程助跑接起跳； 2.全程助跑接腾空步接下放摆动腿； 3.全程助跑完整技术。 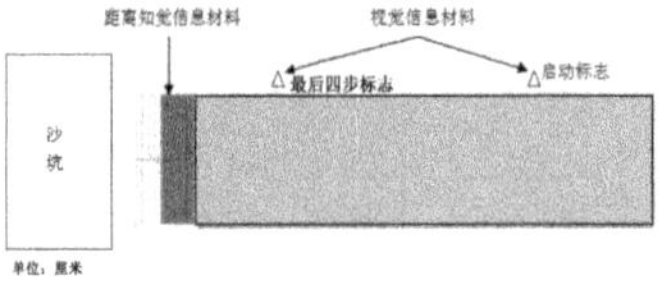 感知觉信息干预材料	2次 2次 6次	1次 1次 3次	组织：一路纵队，在跳远场地练习。 教法：教师示范，并讲解技术要点、难点，并根据学生练习情况再次讲解、示范和纠正；学生按照场地标志进行练习（根据自身情况设置）；踏跳后要求学生口头报告上板和没上板的距离，比如“上板6厘米”“未上板6厘米”“超板6厘米”“靠左5厘米”“靠右5厘米”等。在踏板左侧和正前方放置录像机，将学生的踏板情况进行录像，录像人员（聘任研究人员）根据录像中学生的踏板情况在学生口头报告上板情况后对学生进行呼报（听觉距离反馈），比如“上板4厘米”“未上板4厘米”“超板4厘米”“靠左10厘米”“靠右10厘米”等，反馈频率约为50%。 学法：学生依次练习，注重场地上标志信息的应用，并口头呼报预测距离。 要求：助跑节奏良好，全脚掌着板且上板积极、有力，空中和落地技术正确，完整技术连贯、流畅。 注意事项：背风、背光、预防损伤。

续表

<table>
<tr><td rowspan="2">课的部分</td><td rowspan="2">时间</td><td rowspan="2">教学内容</td><td colspan="2">次数</td><td rowspan="2">组织教法</td></tr>
<tr><td>学生练习</td><td>信息干预</td></tr>
<tr><td>结束部分</td><td>5分钟</td><td>1.放松整理活动；
2.集合小结上课情况；
3.整理场地器材；
4.集合小结本次课情况；
5.师生道别，下课。</td><td></td><td></td><td>组织：
* * * * * * * * * * *
* * * * * * * * * * *
△
要求：集合迅速有序、注意力集中。</td></tr>
<tr><td colspan="2">所需器械</td><td colspan="4">跳远场地、沙耙、卷尺、铁锹等。</td></tr>
<tr><td colspan="2">本课小结</td><td colspan="4">基本完成教学任务，踏板准确性和稳定性得到提高，跑跳结合、腾空技术(尤其是摆动腿技术)得到明显提高，学生积极性高。</td></tr>
</table>

专家咨询：您认为该教案是否合理？

非常合理(　)比较合理(　)说不好(　)不太合理(　)不合理(　)

再次感谢您的帮助！

附录 D　实验结果图

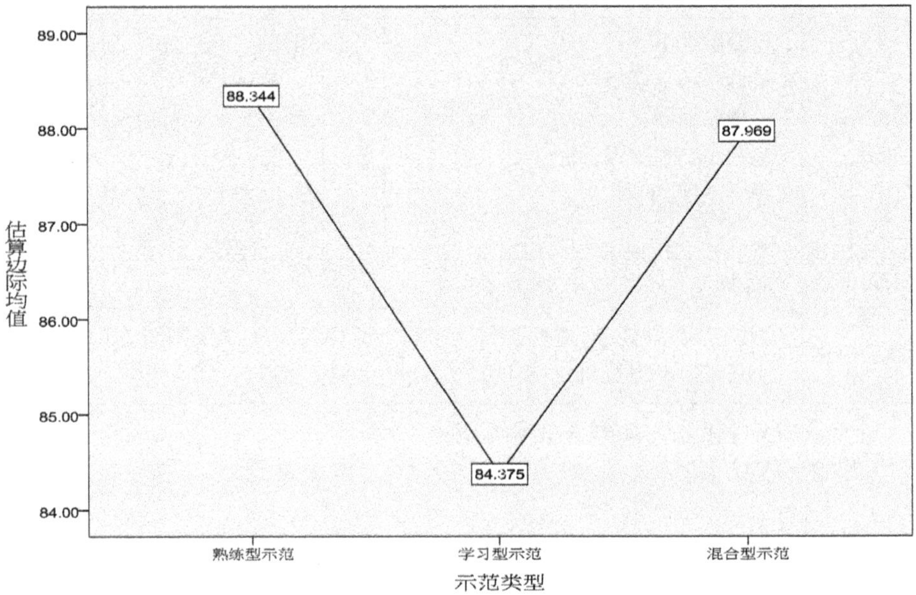

图 D1　不同示范类型的挺身式跳远技评成绩估算边际均值

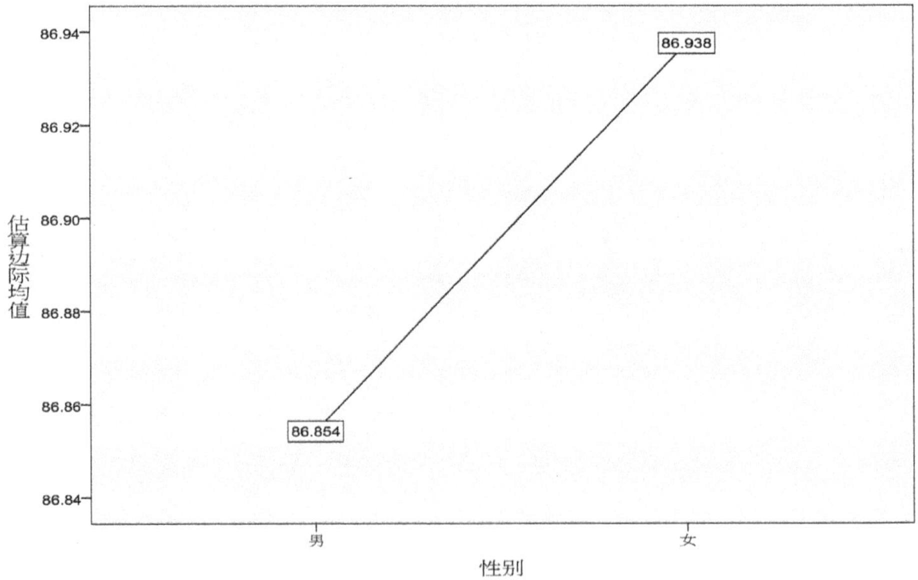

图 D2　不同性别的挺身式跳远技评成绩估算边际均值

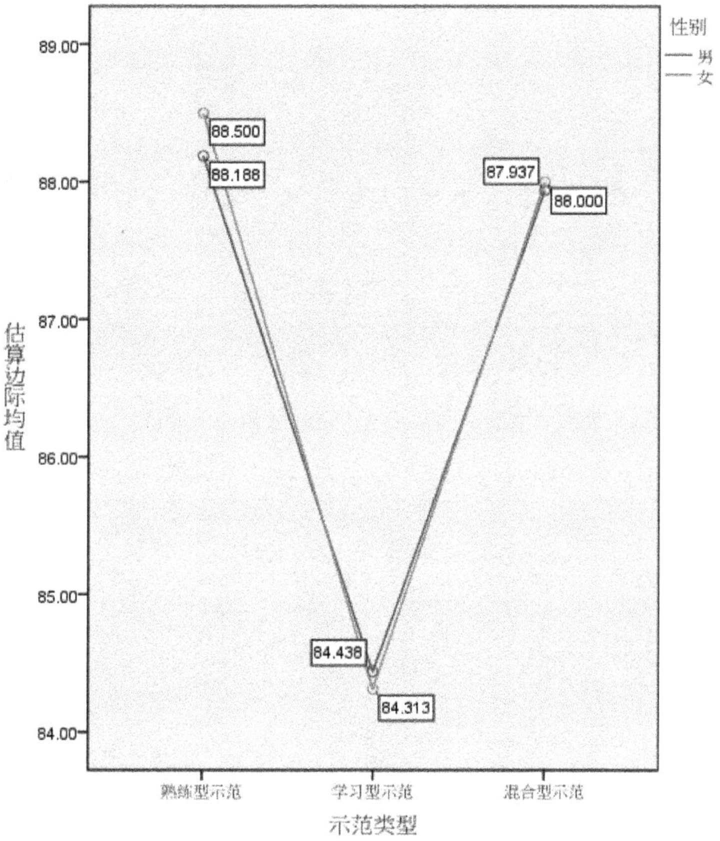

图 D3 不同示范类型和性别的挺身式跳远技评成绩估算边际均值

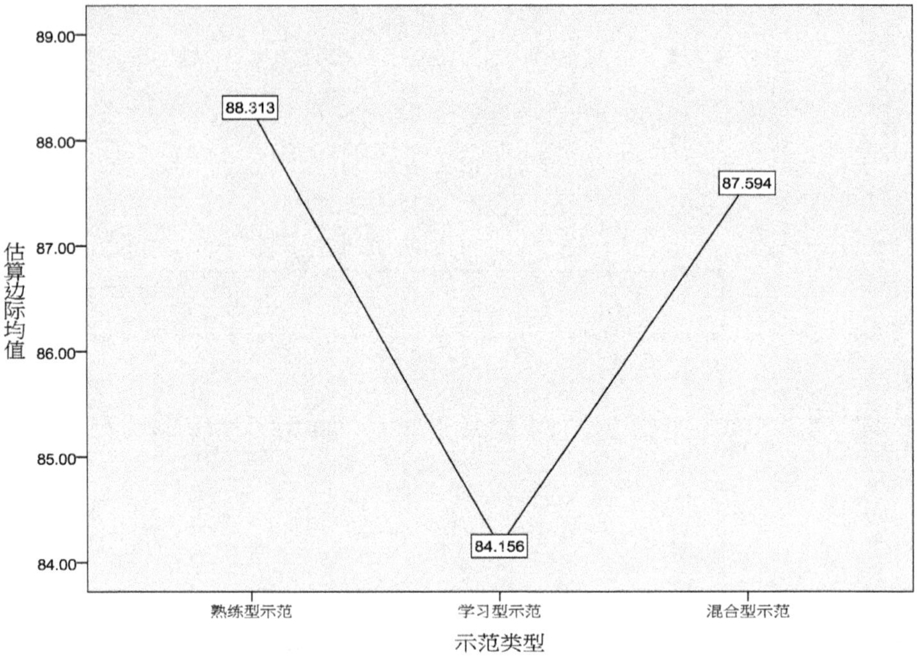

图 D4　不同示范类型的背向滑步推铅球技评成绩估算边际均值

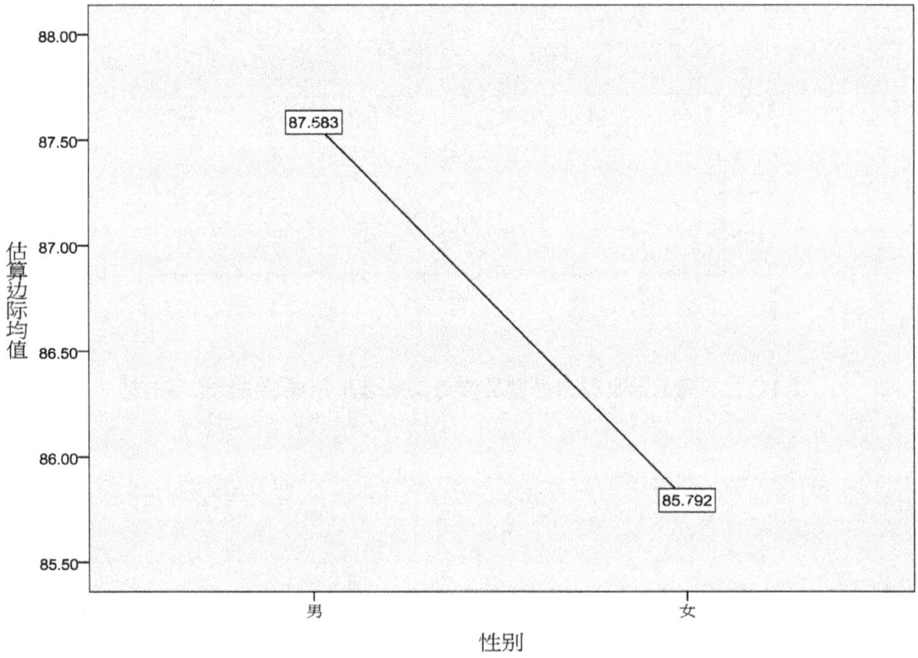

图 D5　不同性别的背向滑步推铅球技评成绩估算边际均值

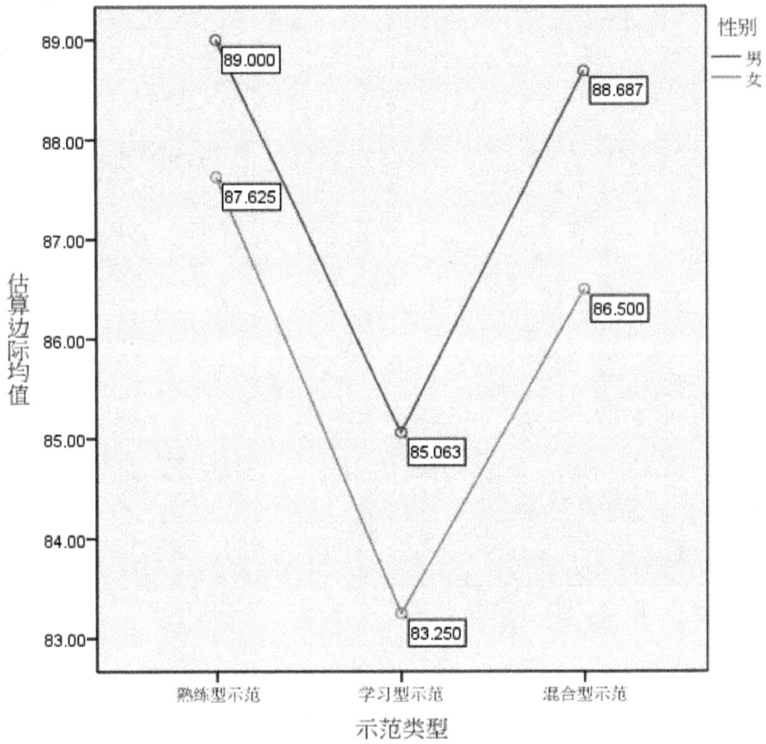

图 D6 不同示范类型和性别的背向滑步推铅球技评成绩估算边际均值

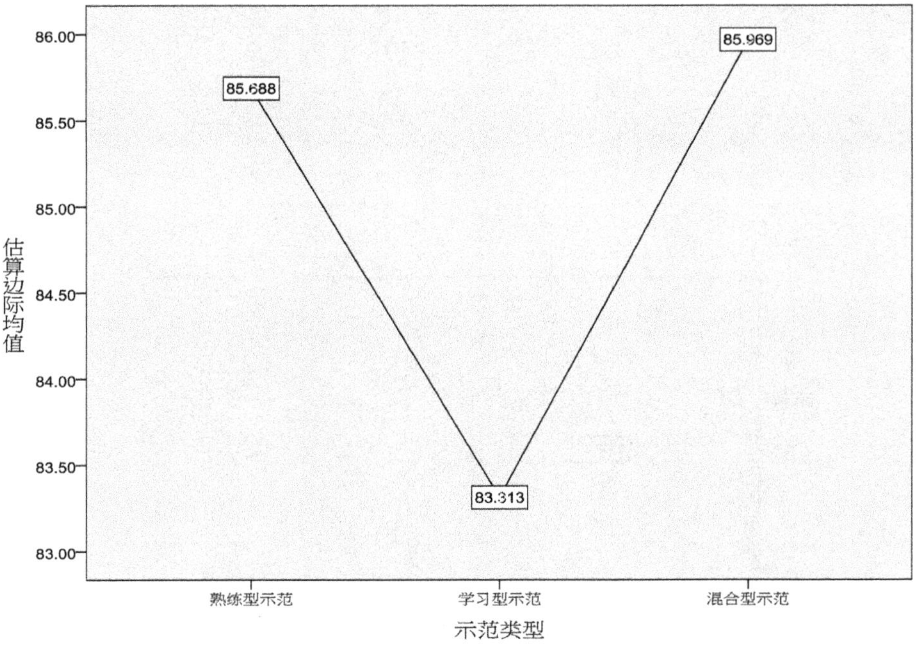

图 D7 不同示范类型的 100 米跑技评成绩估算边际均值

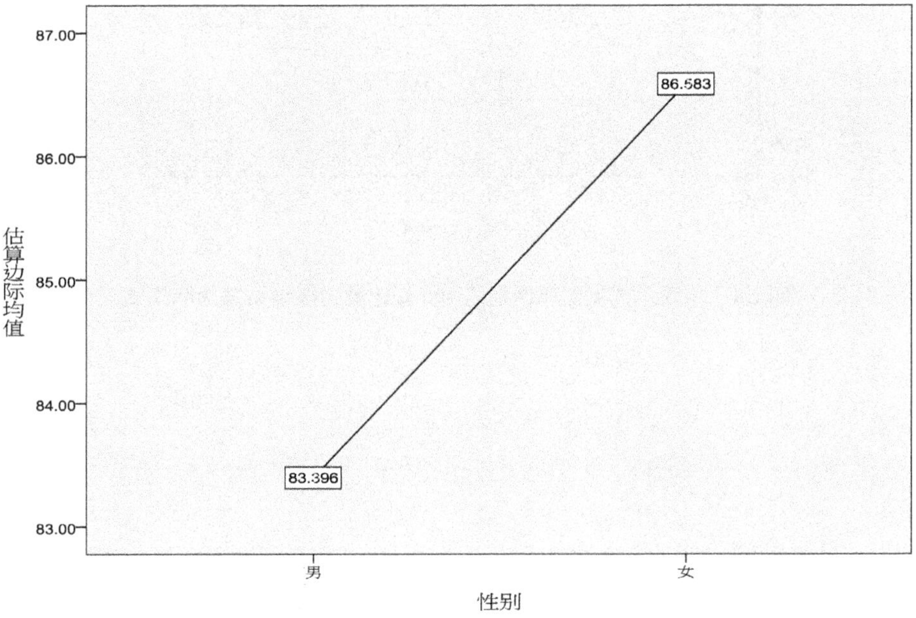

图 D8 不同性别的 100 米跑技评成绩估算边际均值

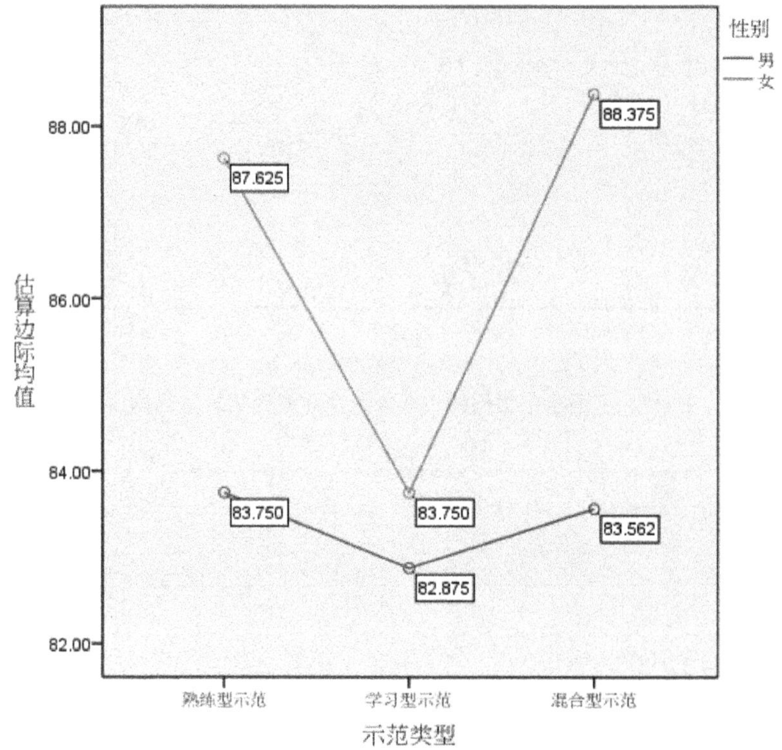

图 D9　不同示范类型和性别的 100 米跑技评成绩估算边际均值

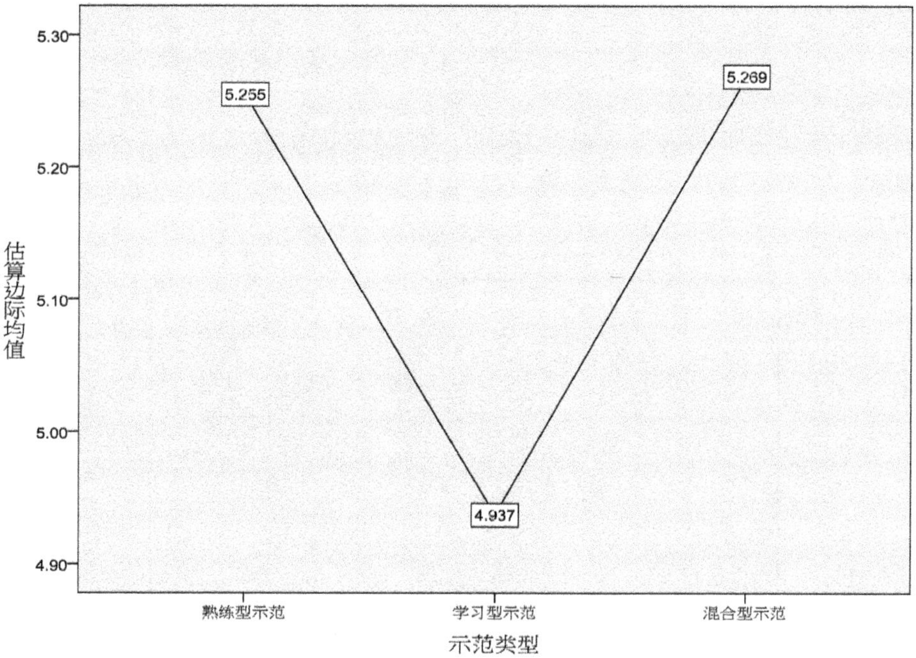

图 D10　不同示范类型的挺身式跳远达标成绩估算边际均值

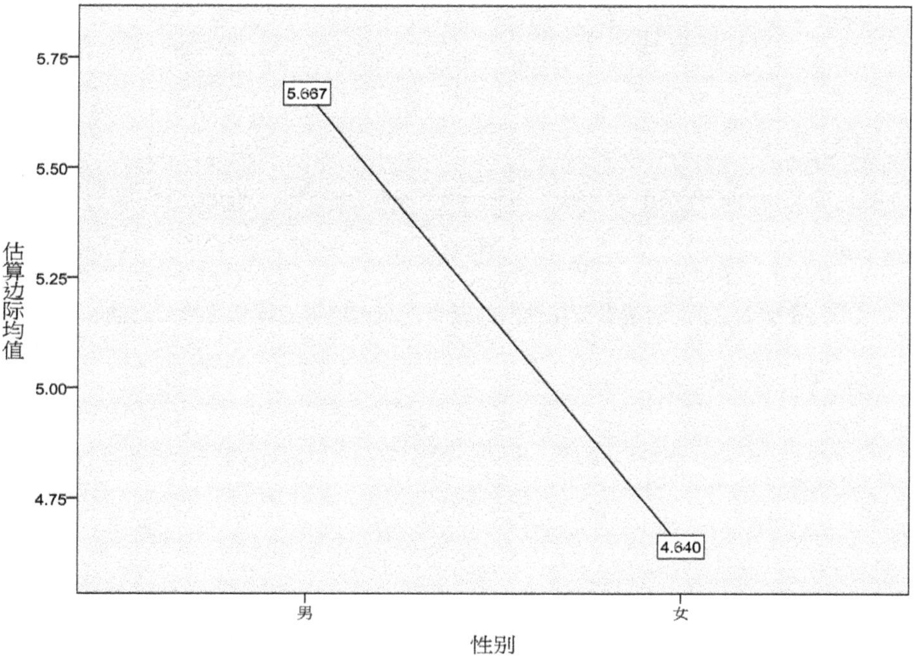

图 D11　不同性别的挺身式跳远达标成绩估算边际均值

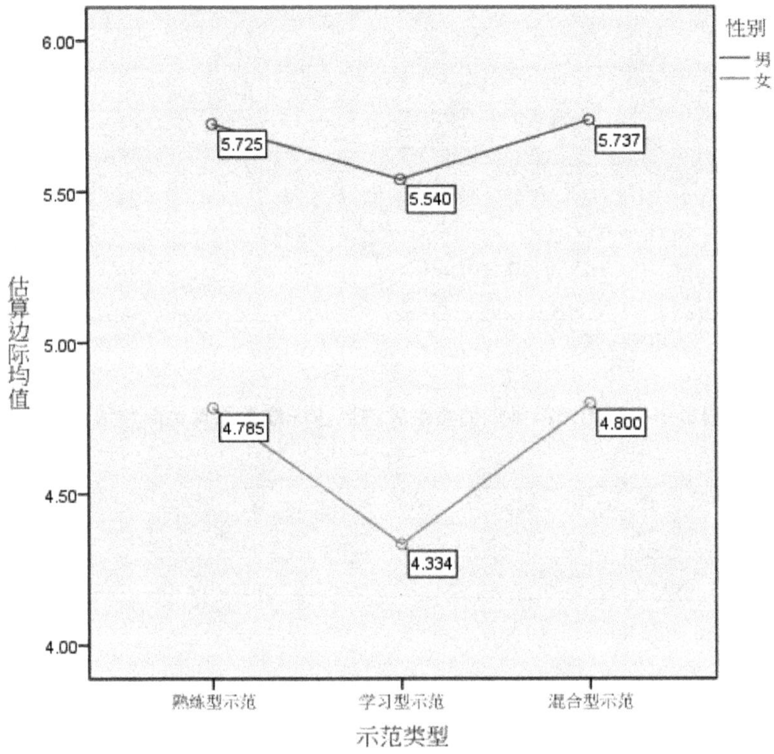

图 D12　不同示范类型和性别的挺身式跳远达标成绩估算边际均值

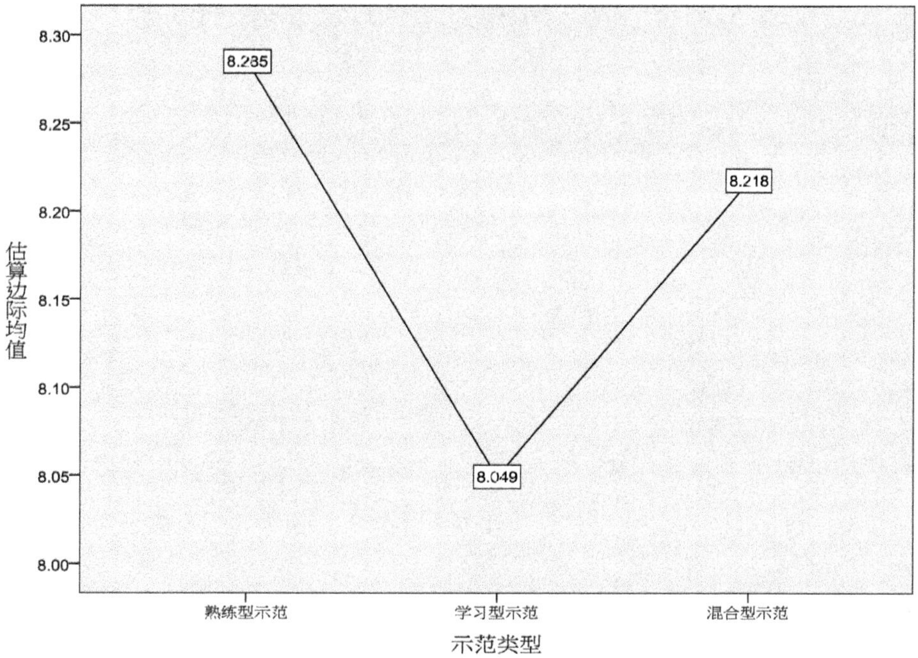

图 D13　不同示范类型的背向滑步推铅球达标成绩估算边际均值

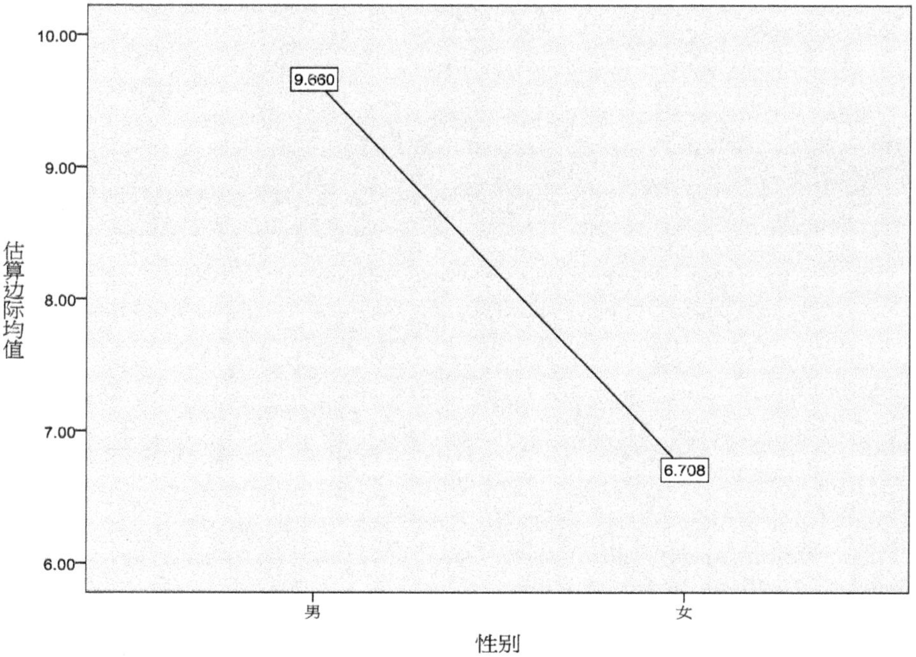

图 D14　不同性别的背向滑步推铅球达标成绩估算边际均值

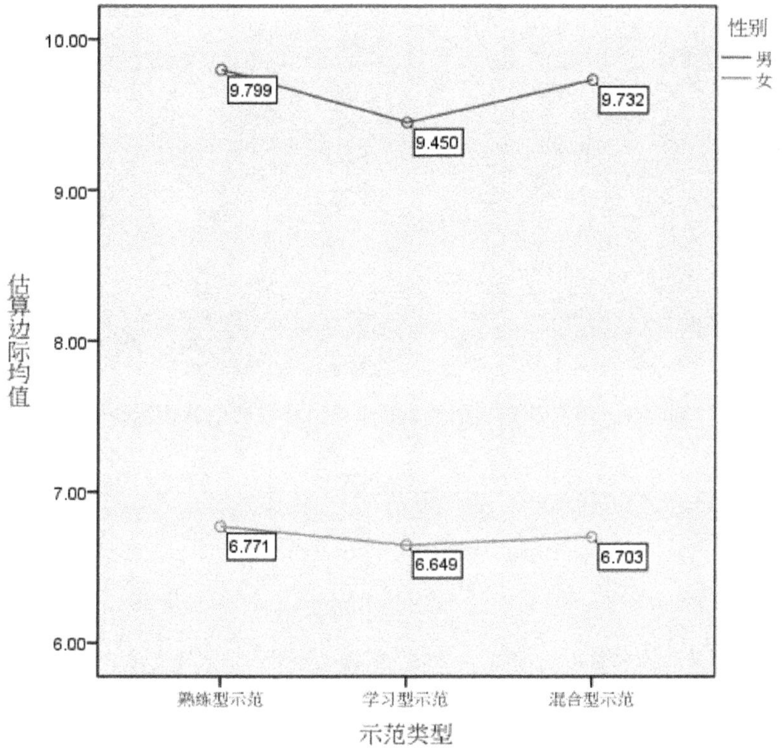

图 D15　不同示范类型和性别的背向滑步推铅球达标成绩估算边际均值

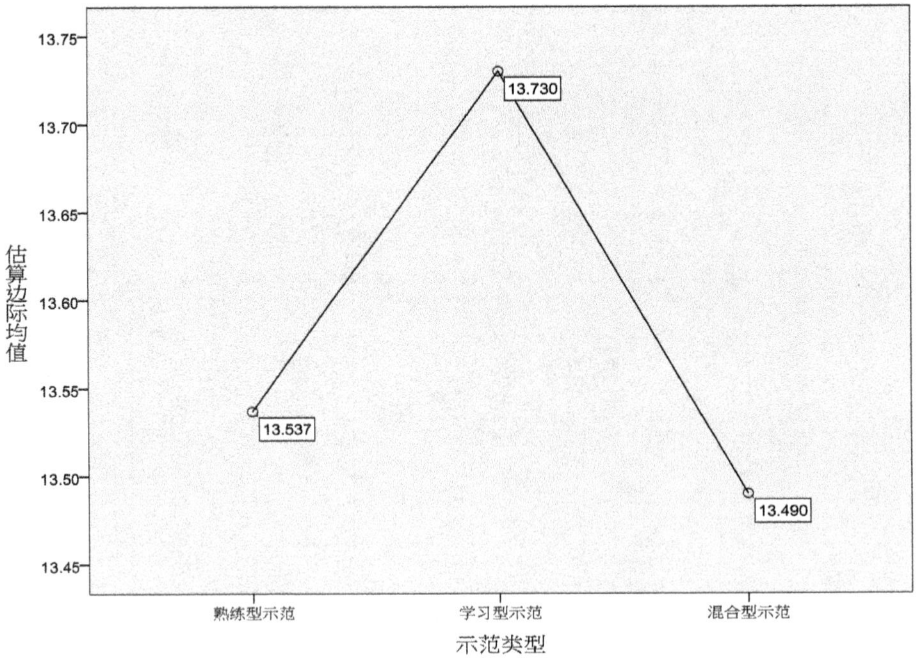

图 D16　不同示范类型的 100 米跑达标成绩估算边际均值

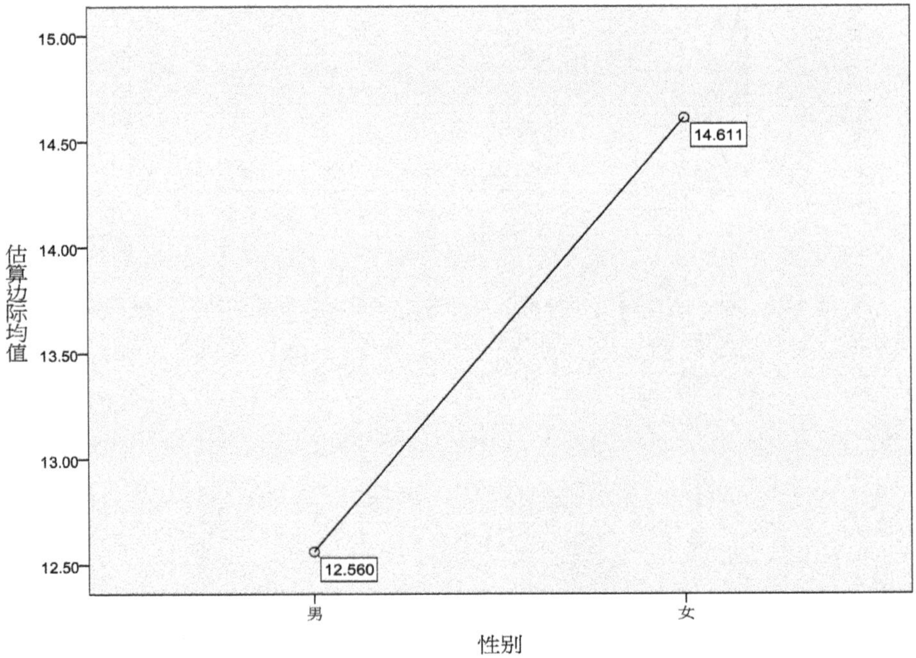

图 D17　不同性别的 100 米跑达标成绩估算边际均值

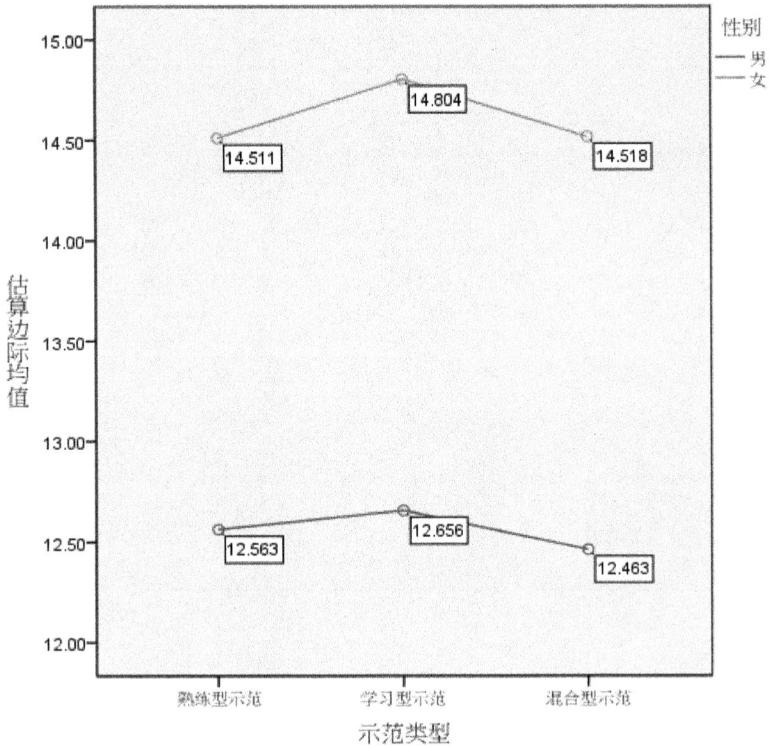

图 D18　不同示范类型和性别的 100 米跑达标成绩估算边际均值

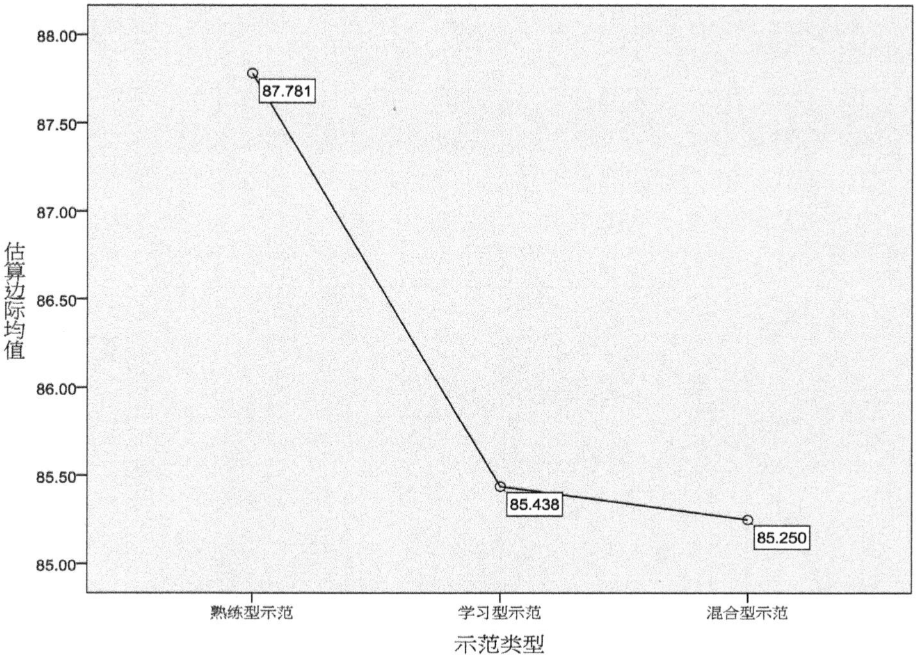

图 D19　不同示范类型的理论成绩估算边际均值

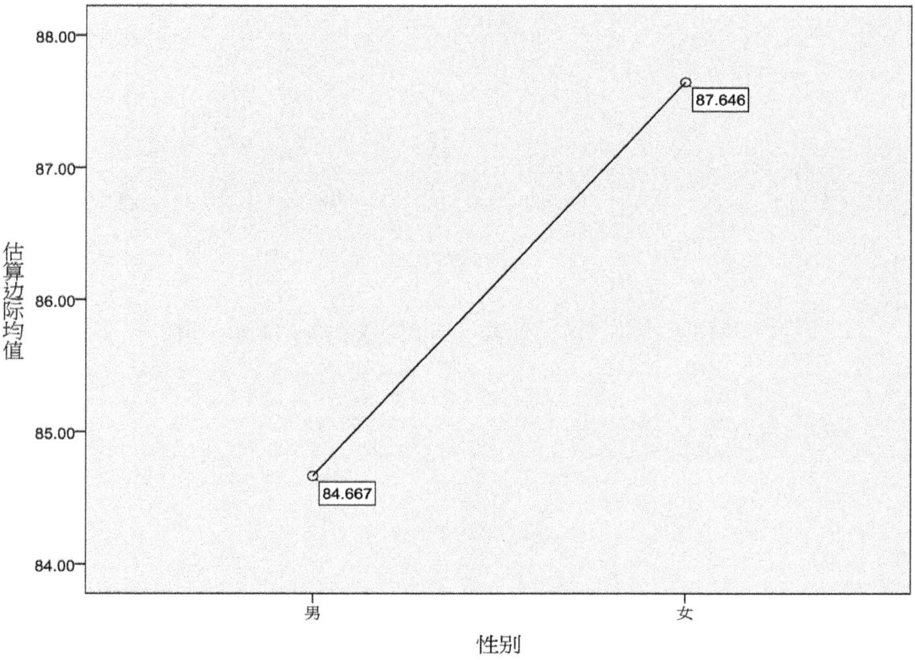

图 D20　不同性别的理论成绩估算边际均值

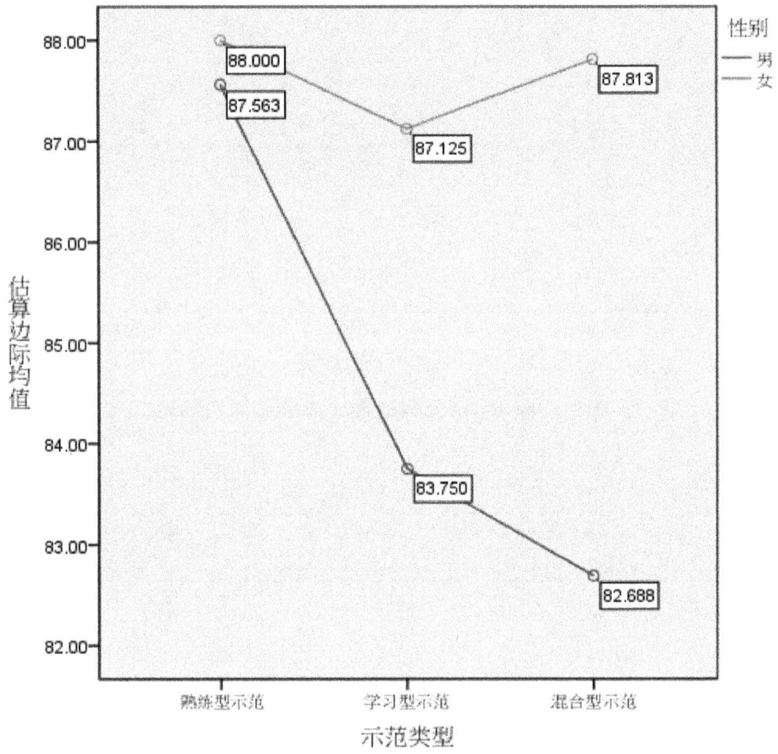

图 D21　不同示范类型和性别的理论成绩估算边际均值

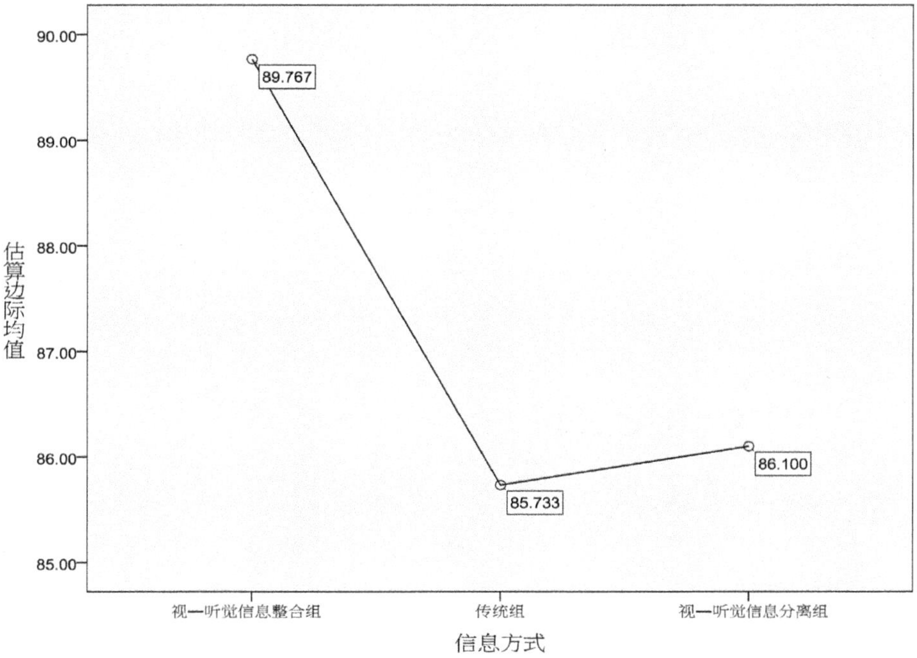

图 D22　不同信息方式的挺身式跳远技评成绩估算边际均值

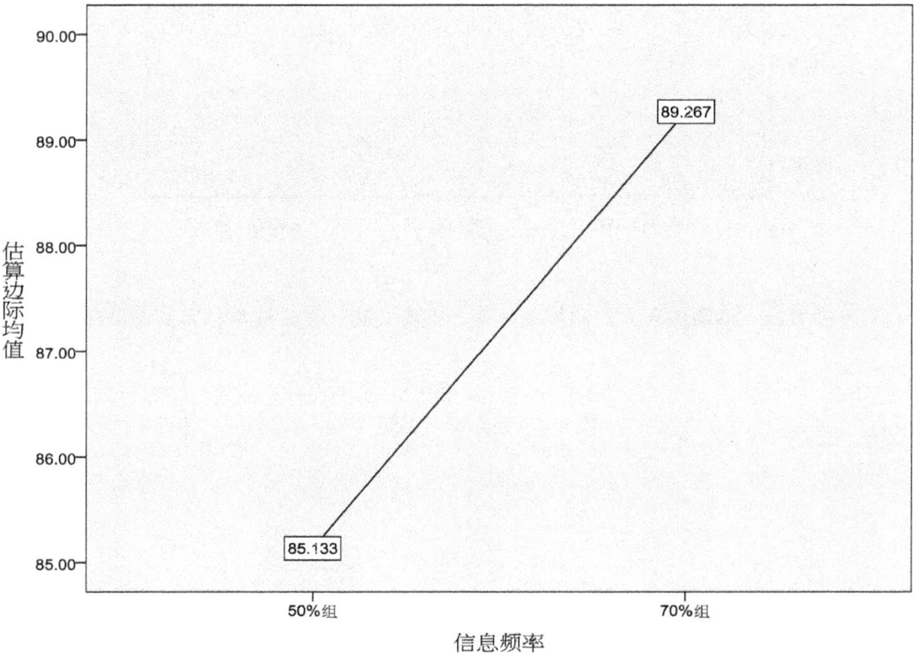

图 D23　不同信息频率的挺身式跳远技评成绩估算边际均值

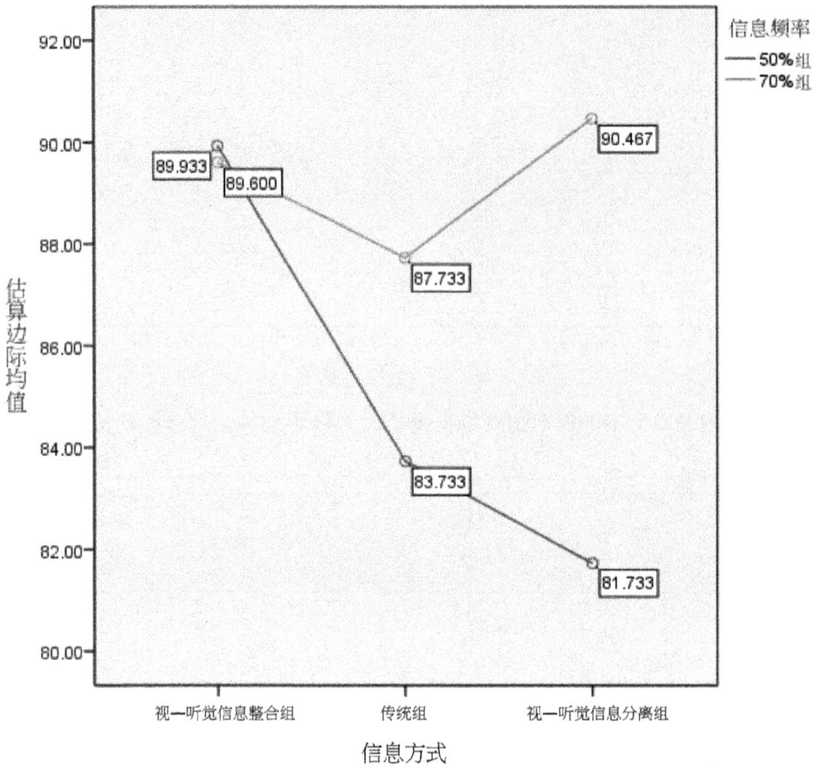

图 D24　不同信息方式和信息频率的挺身式跳远技评成绩估算边际均值

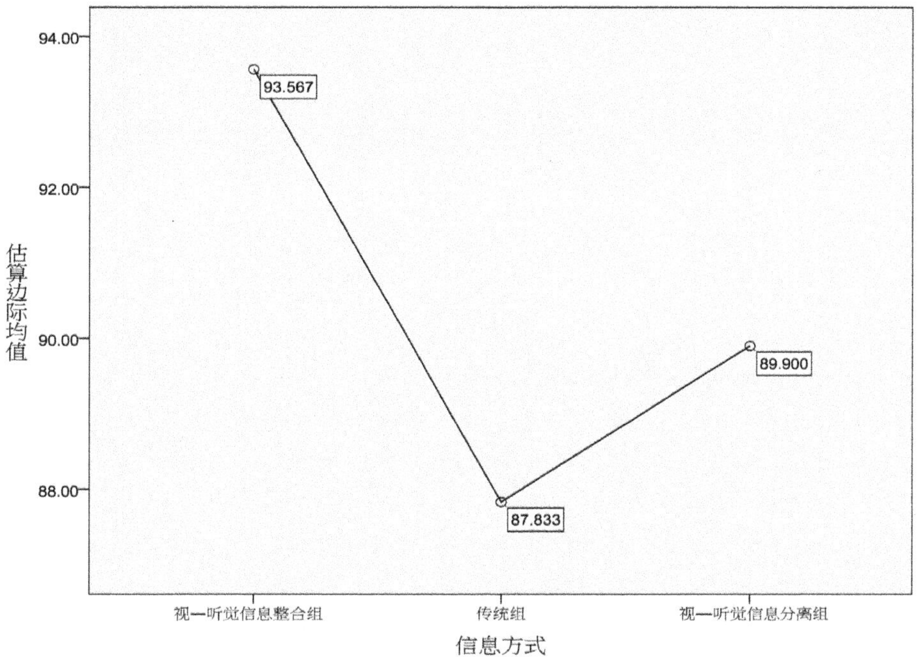

图 D25　不同信息方式的背向滑步推铅球技评成绩估算边际均值

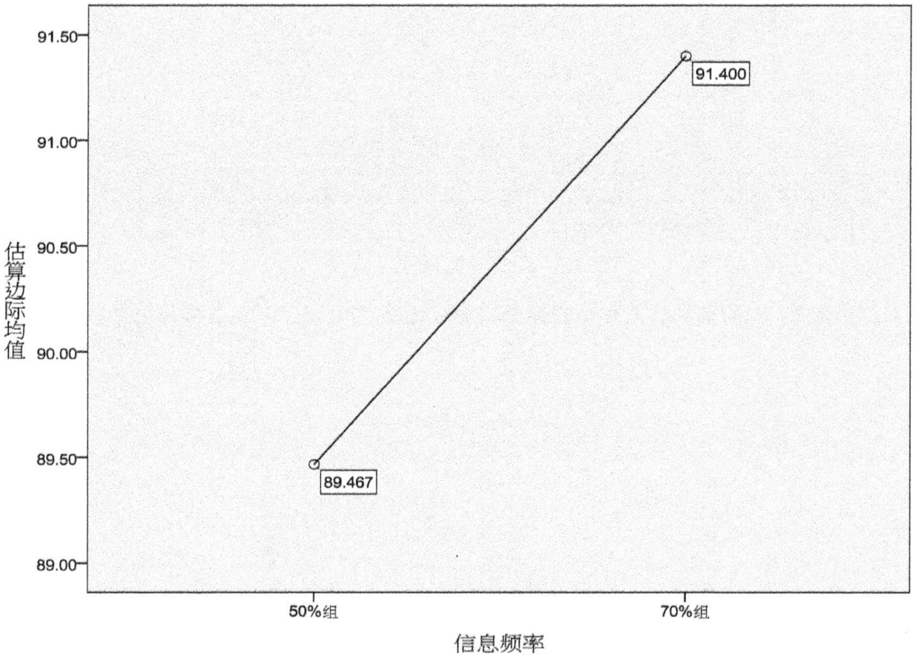

图 D26　不同信息频率的背向滑步推铅球技评成绩估算边际均值

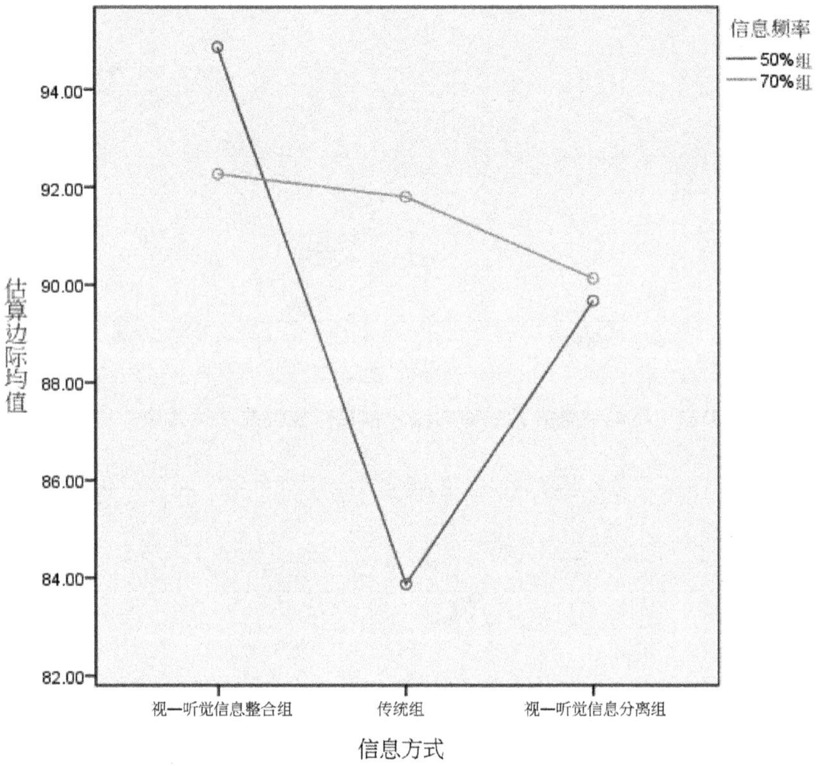

图 D27　不同信息方式和信息频率的背向滑步推铅球技评成绩估算边际均值

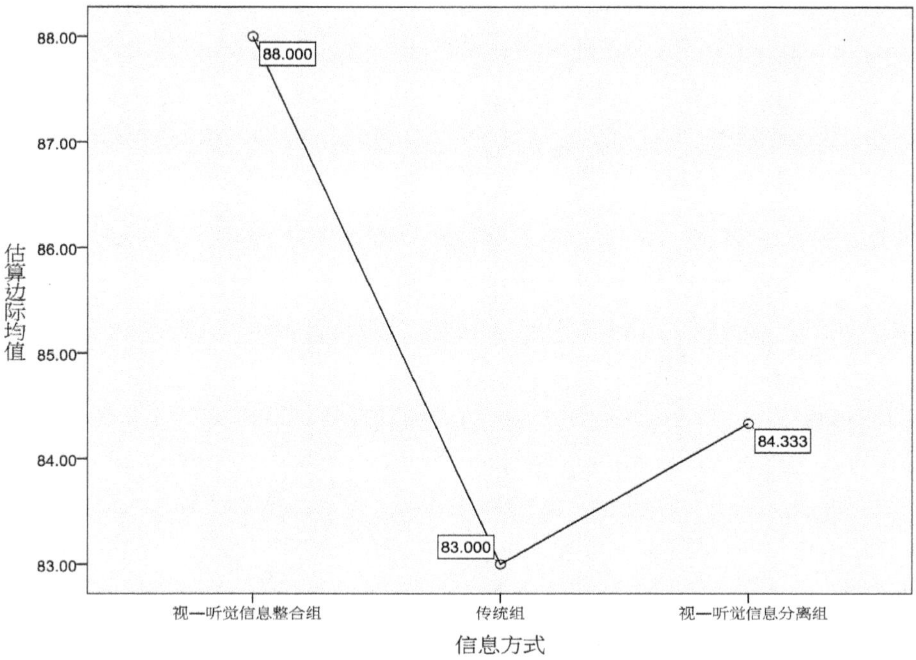

图 D28 不同信息方式的 100 米跑技评成绩估算边际均值

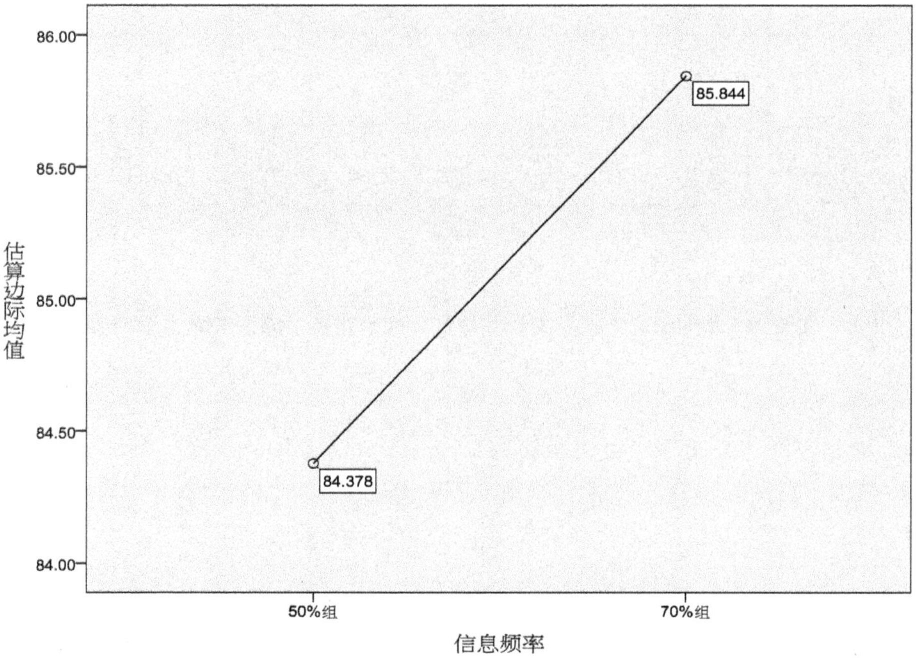

图 D29 不同信息频率的 100 米跑技评成绩估算边际均值

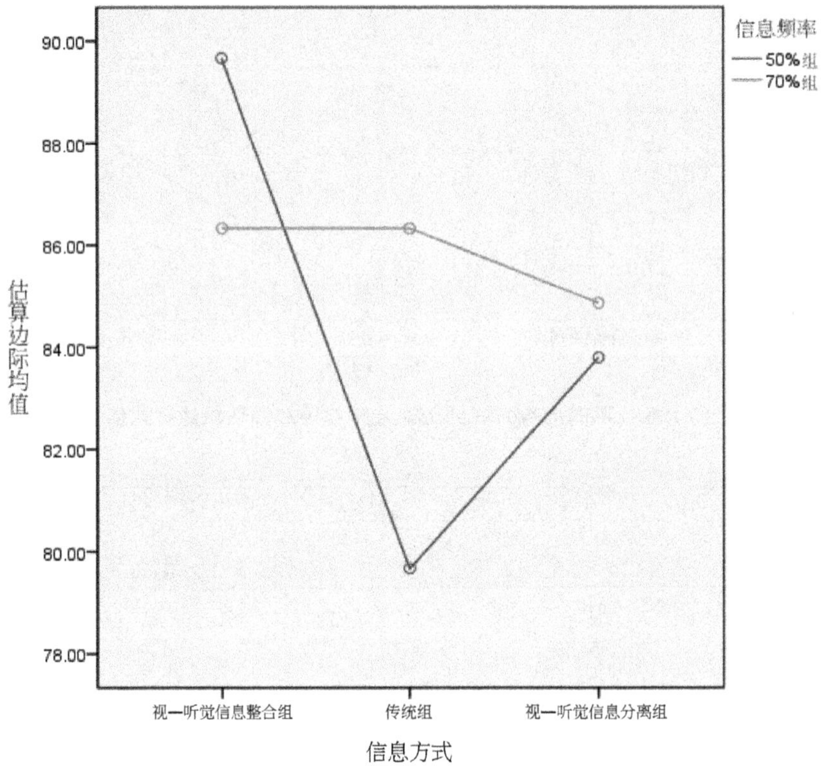

图 D30　不同信息方式和信息频率的 100 米跑技评成绩估算边际均值

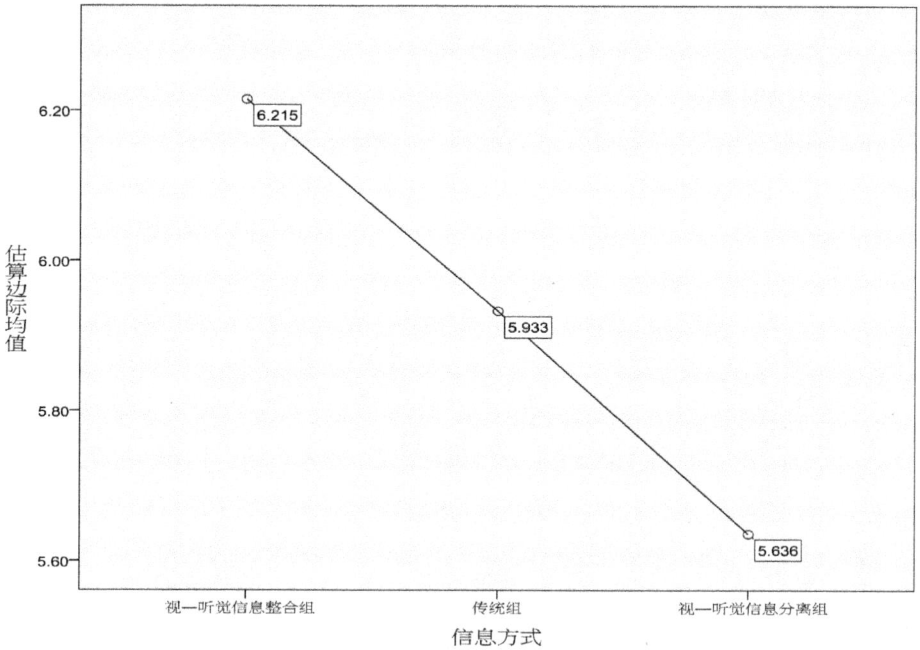

图 D31 不同信息方式的挺身式跳远达标成绩估算边际均值

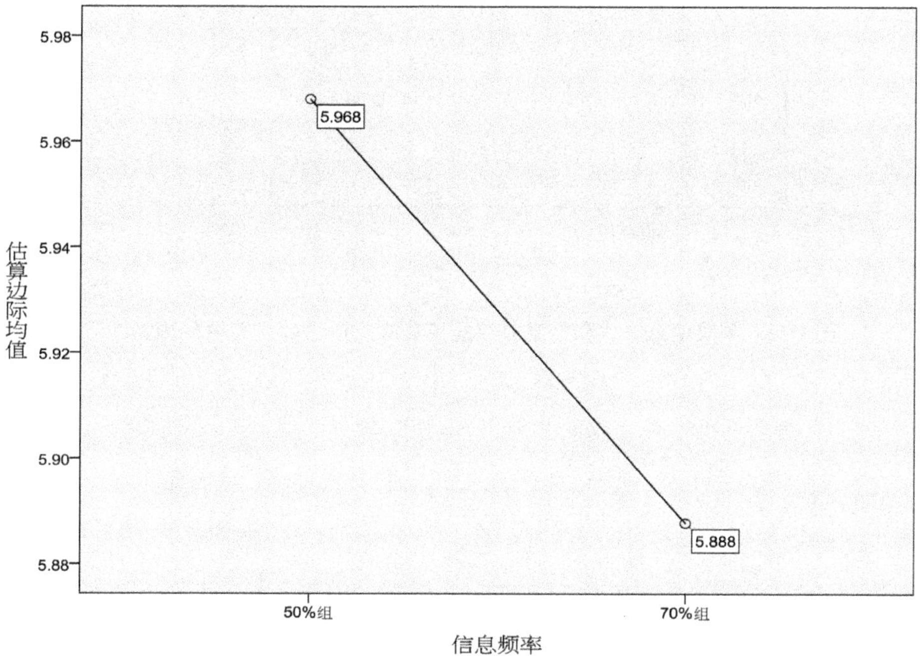

图 D32 不同信息频率的挺身式跳远达标成绩估算边际均值

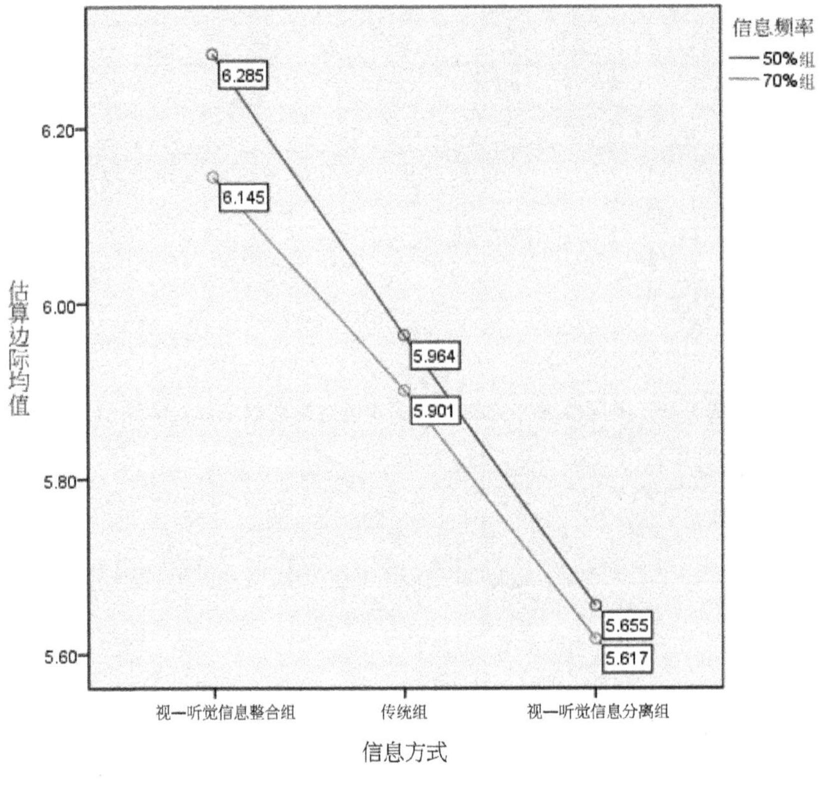

图 D33　不同信息方式和信息频率的挺身式跳远达标成绩估算边际均值

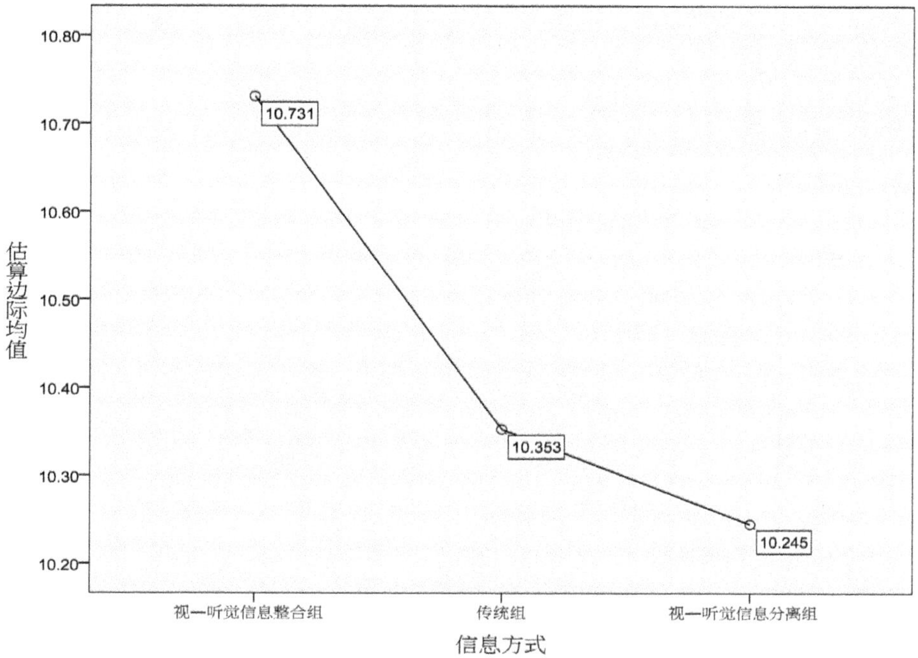

图 D34 不同信息方式的背向滑步推铅球达标成绩估算边际均值

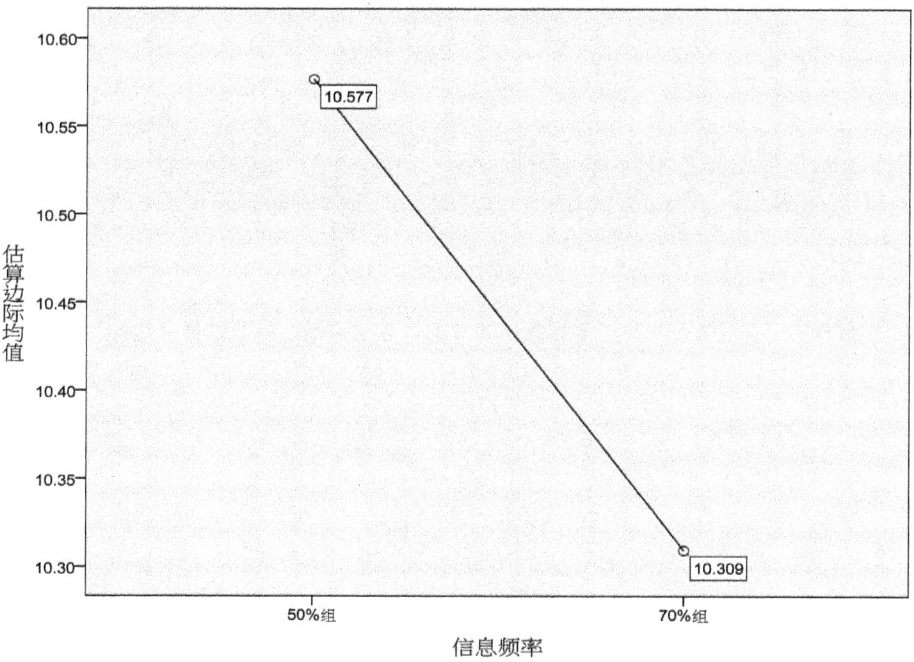

图 D35 不同信息频率的背向滑步推铅球达标成绩估算边际均值

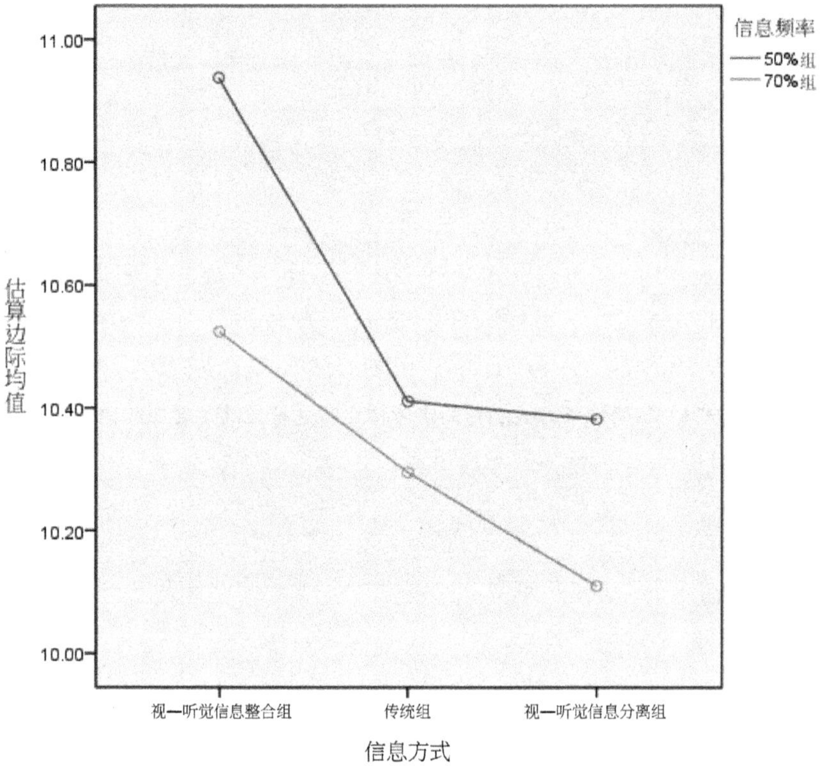

图 D36　不同信息方式和信息频率的背向滑步推铅球达标成绩估算边际均值

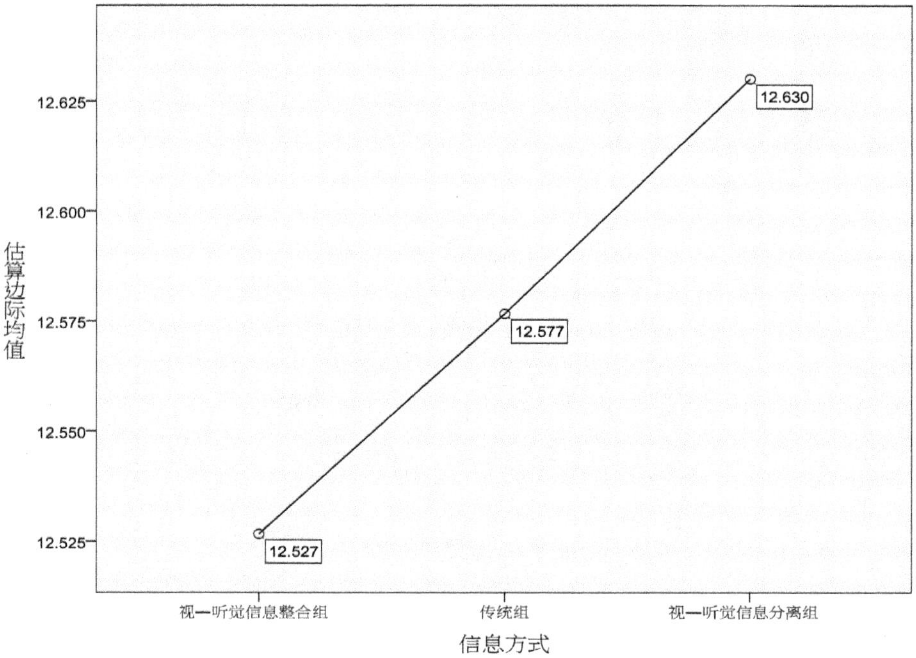

图 D37 不同信息方式的 100 米跑达标成绩估算边际均值

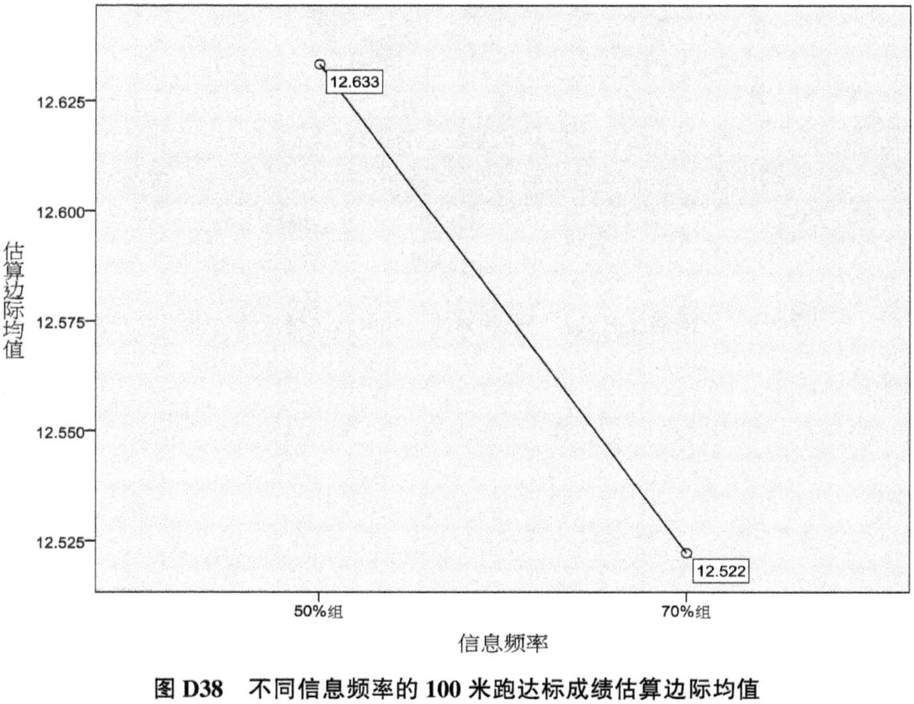

图 D38 不同信息频率的 100 米跑达标成绩估算边际均值

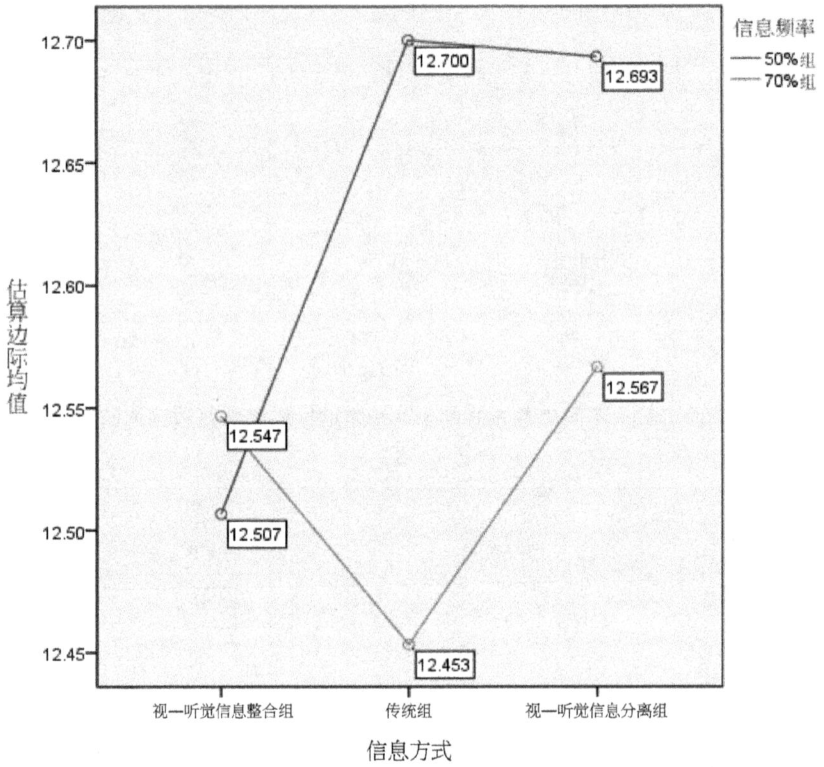

图 D39　不同信息方式和信息频率的 100 米跑达标成绩估算边际均值

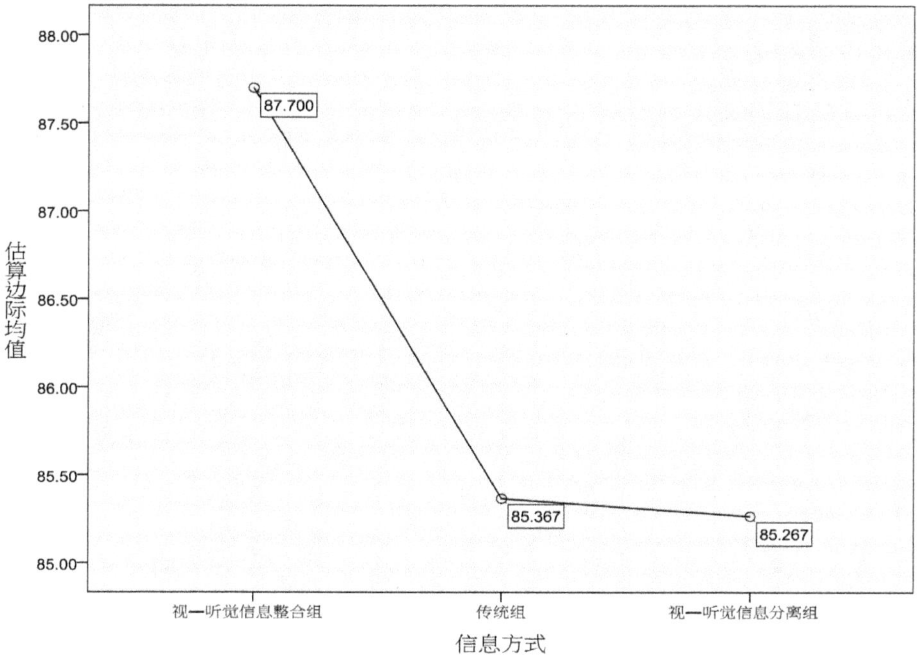

图 D40 不同信息方式的理论成绩估算边际均值

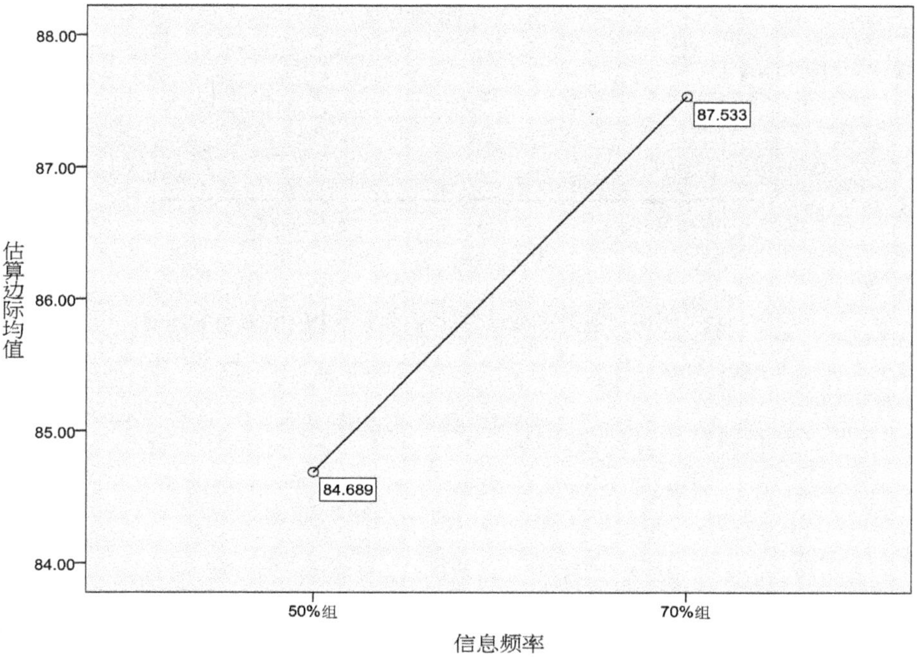

图 D41 不同信息频率的理论成绩估算边际均值

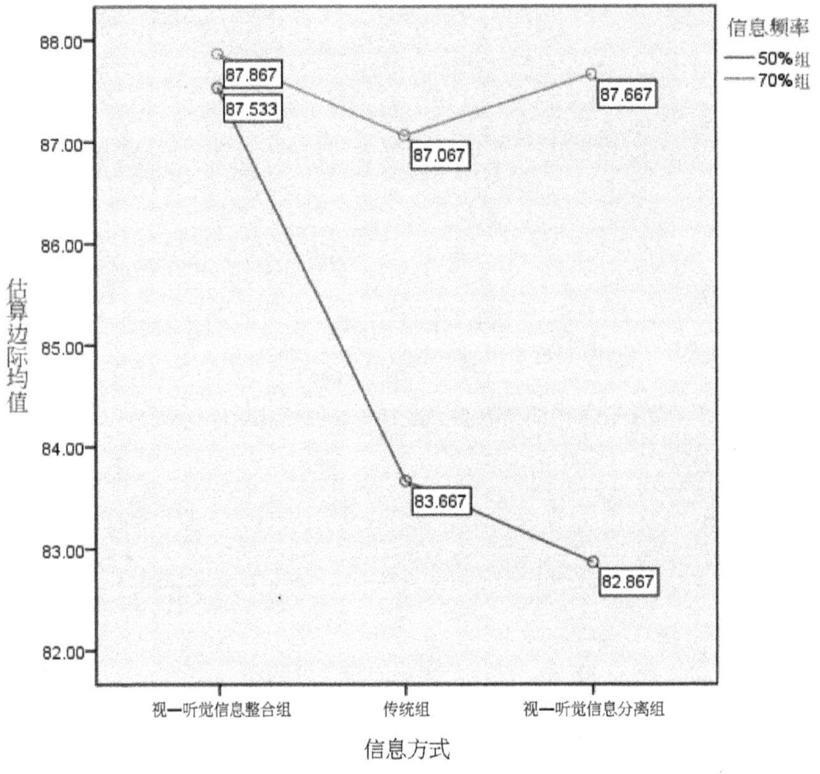

图 D42　不同信息方式和信息频率的理论成绩估算边际均值

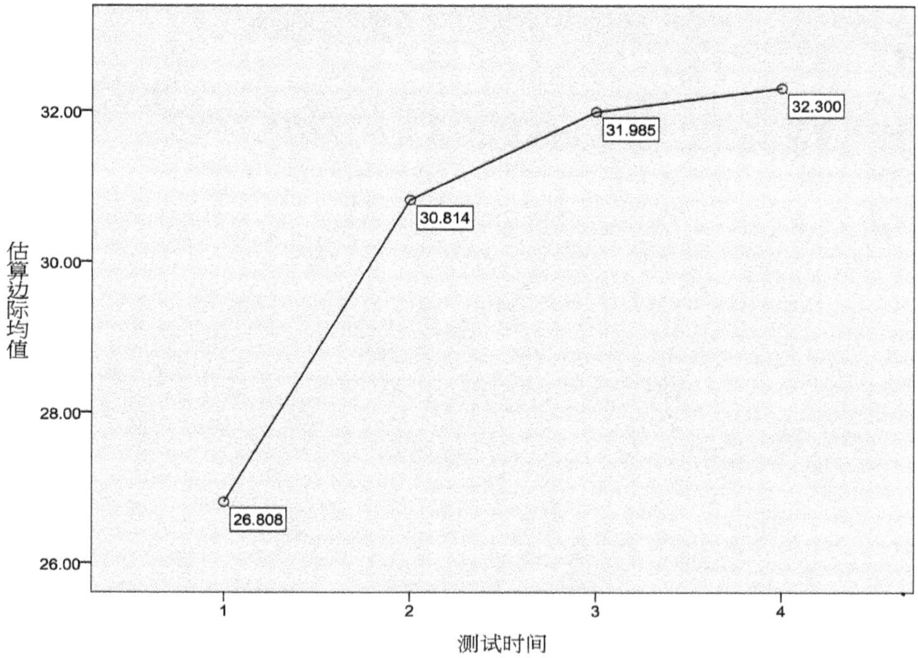

图 D43　不同测试时间的一般自我效能感估算边际均值

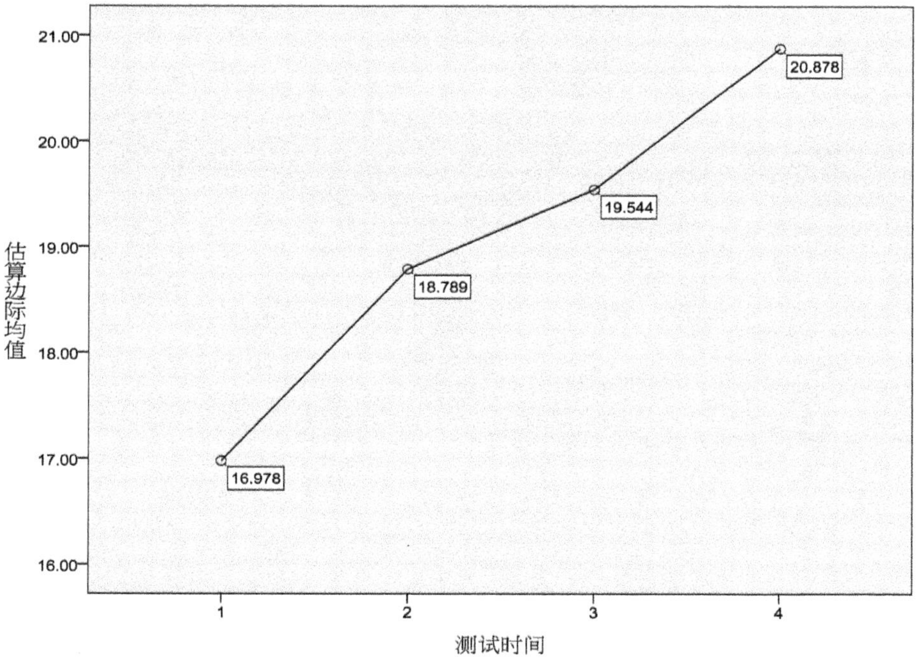

图 D44　不同测试时间的积极幸福感估算边际均值

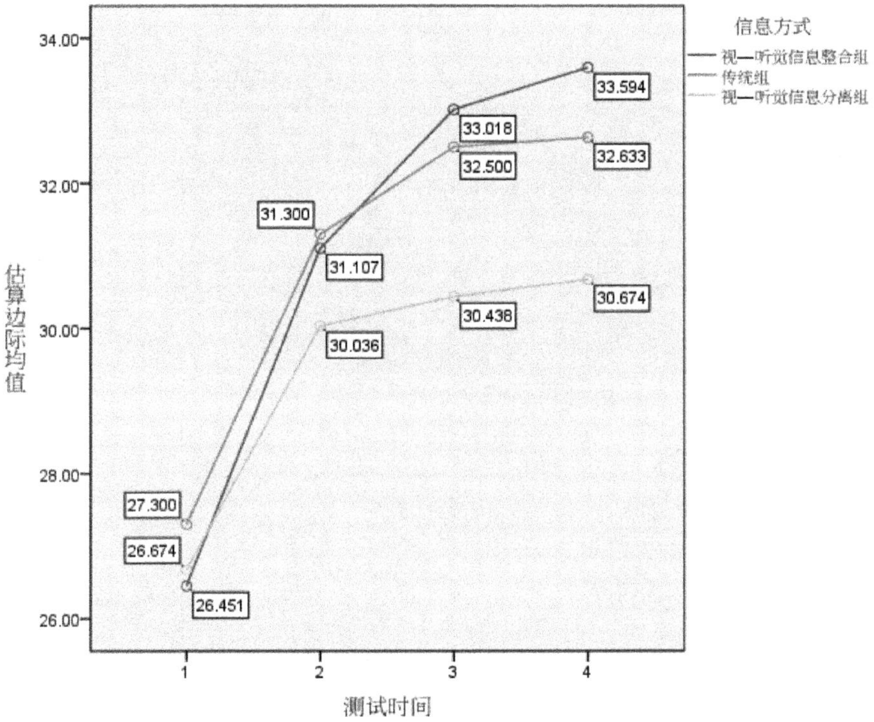

图 D45 不同信息方式和测试时间的一般自我效能感估算边际均值

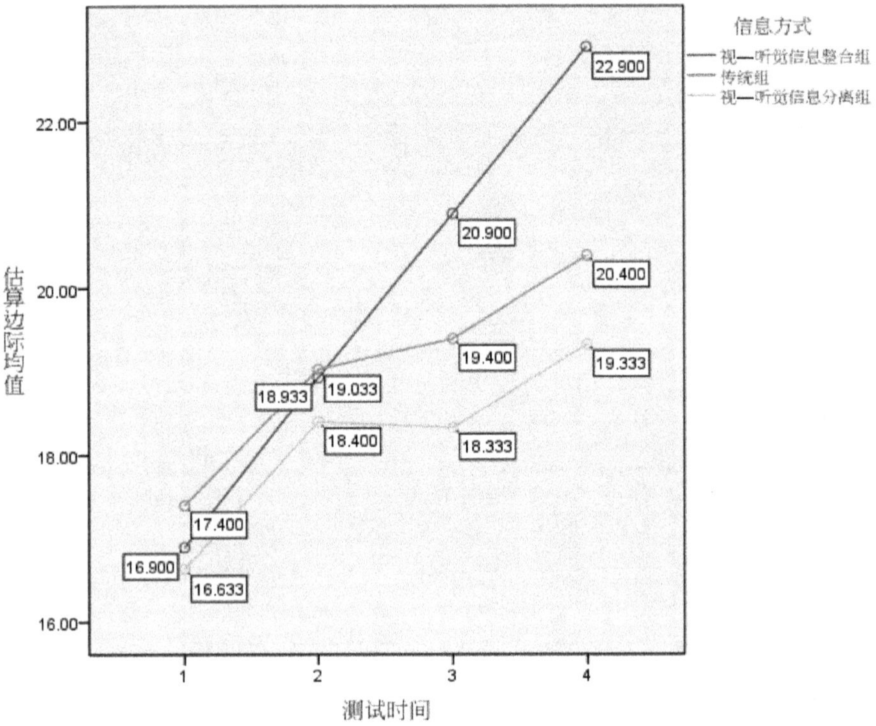

图 D46　不同测试时间和信息方式的积极幸福感估算边际均值

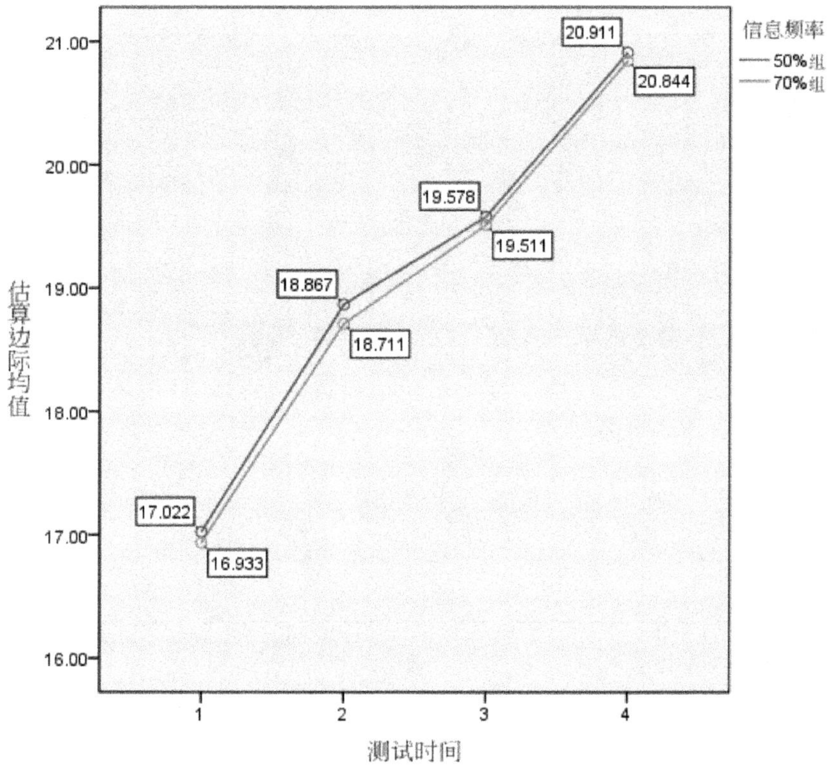

图 D47　不同测试时间和信息频率的积极幸福感估算边际均值

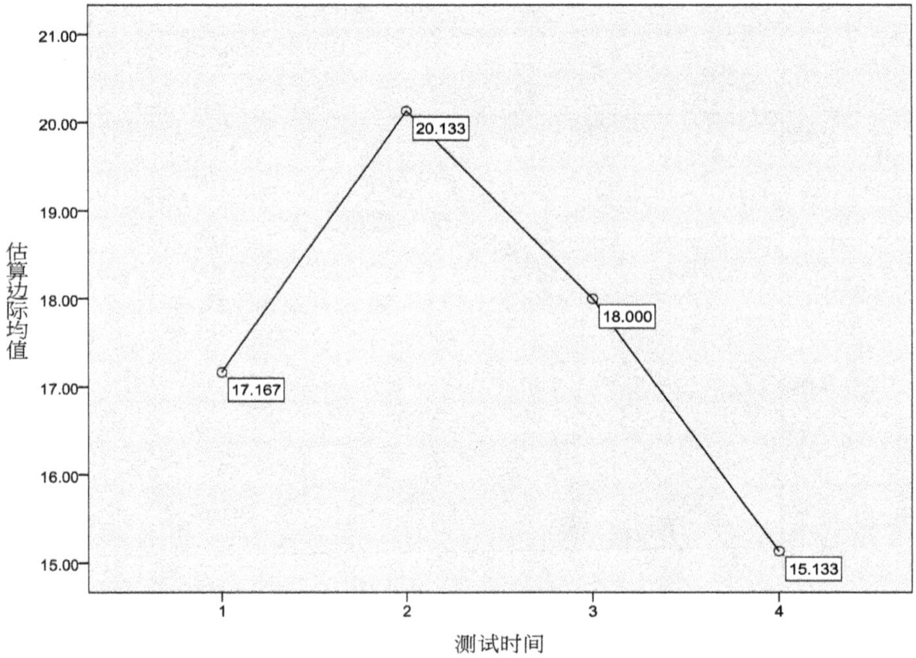

图 D48　不同测试时间的心理烦恼估算边际均值

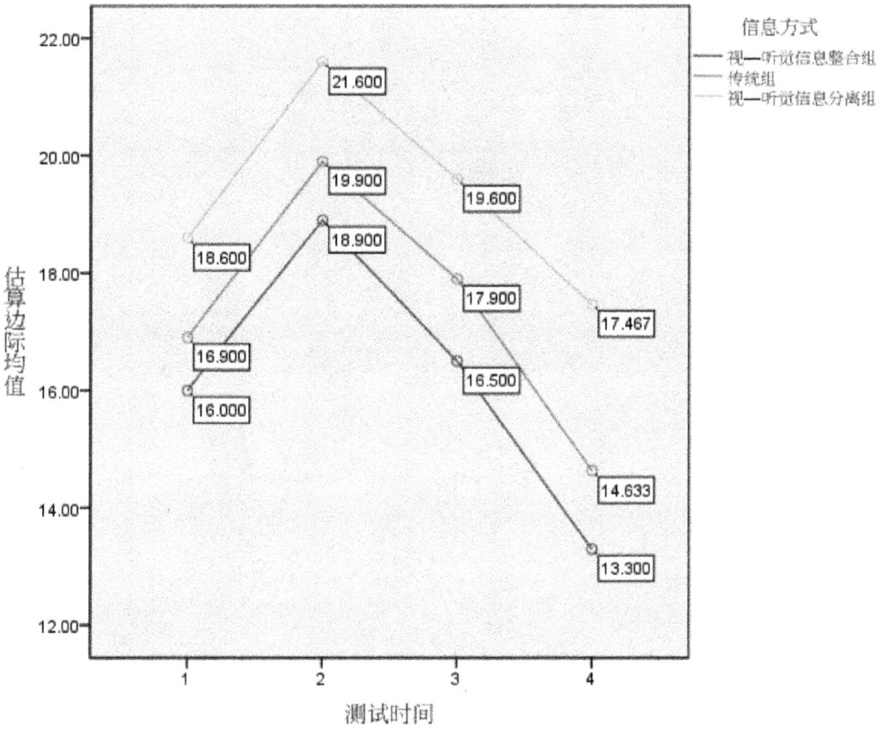

图 D49　不同信息方式和测试时间的心理烦恼估算边际均值

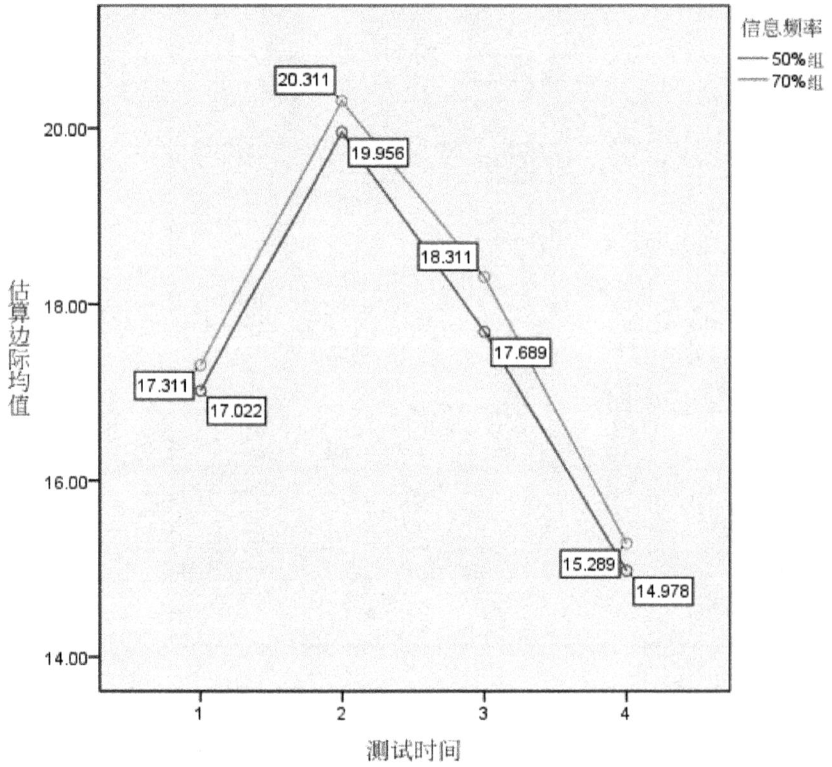

图 D50　不同信息频率和测试时间的心理烦恼估算边际均值

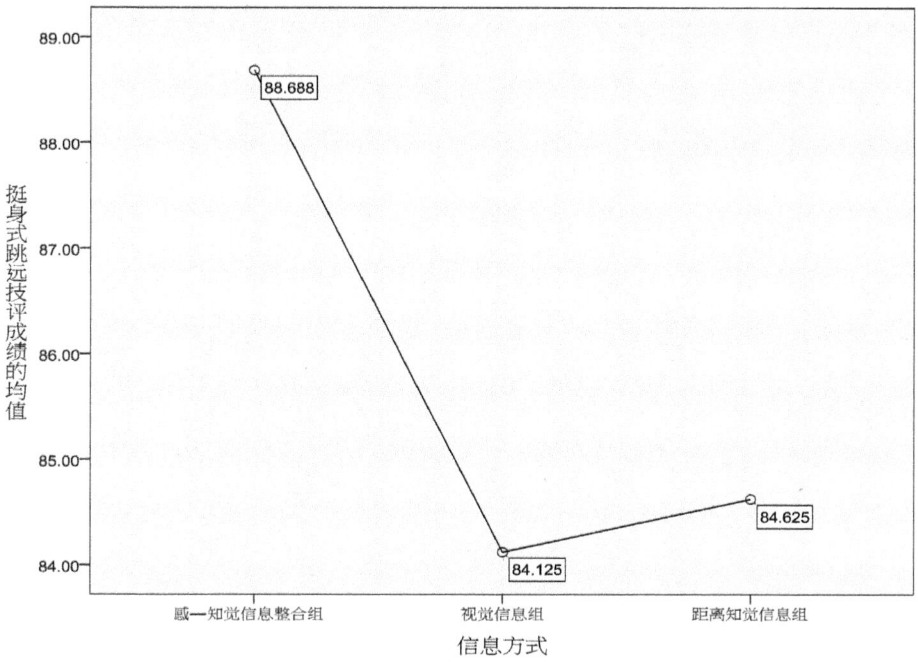

图 D51　不同信息方式的挺身式跳远技评成绩均值

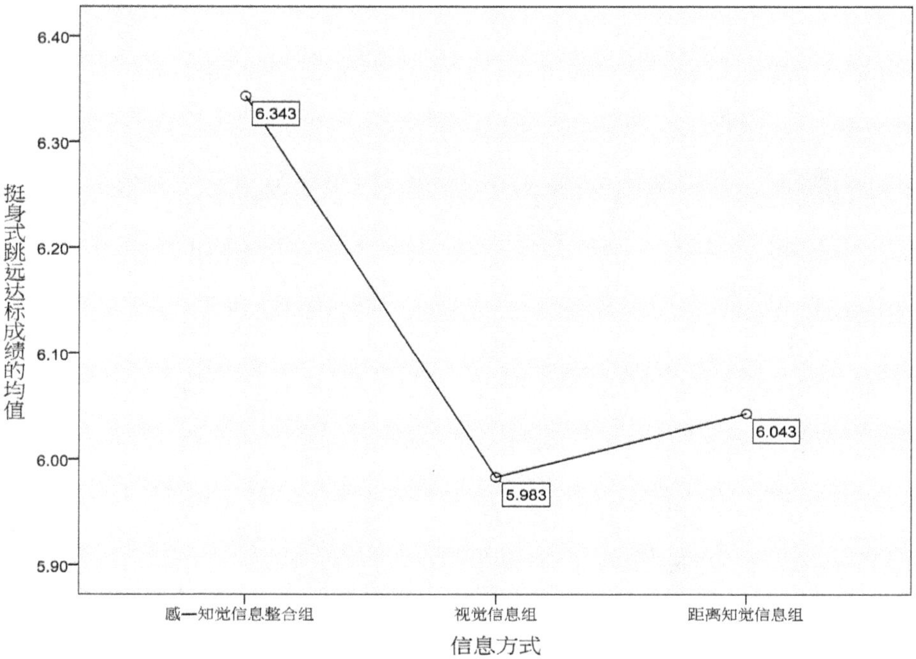

图 D52　不同信息方式的挺身式跳远达标成绩均值

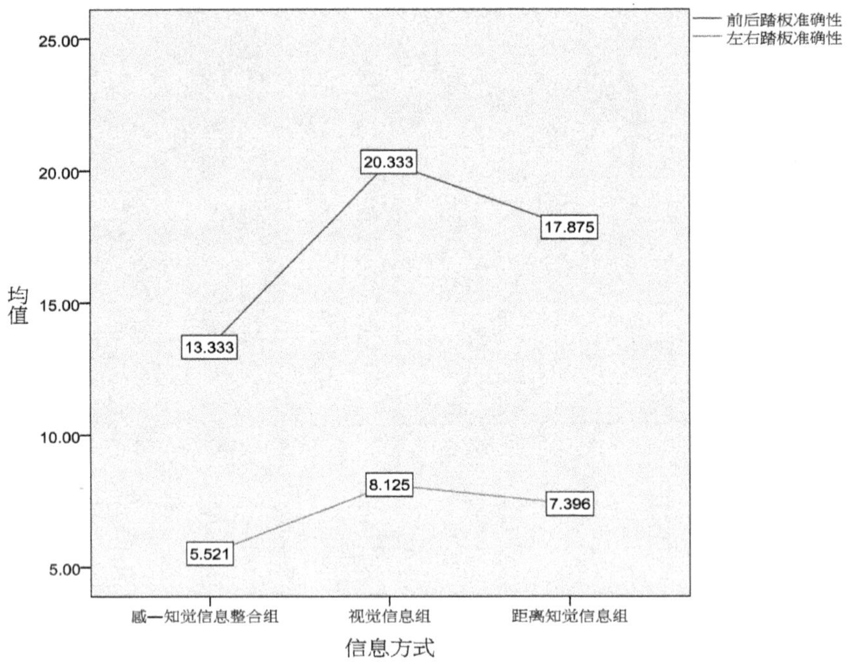

图 D53　不同信息方式的挺身式跳远踏板准确性均值

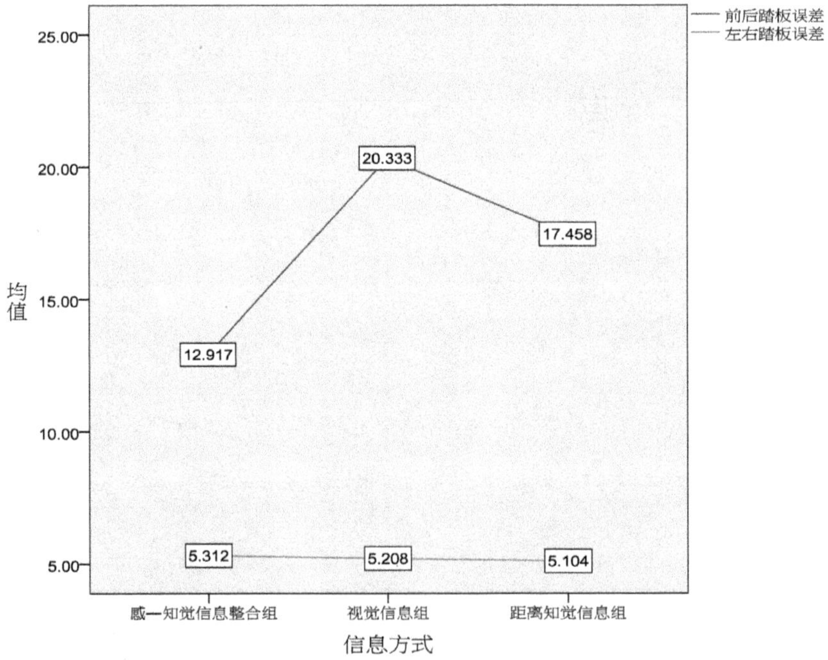

图 D54　不同信息方式的挺身式跳远踏板误差均值

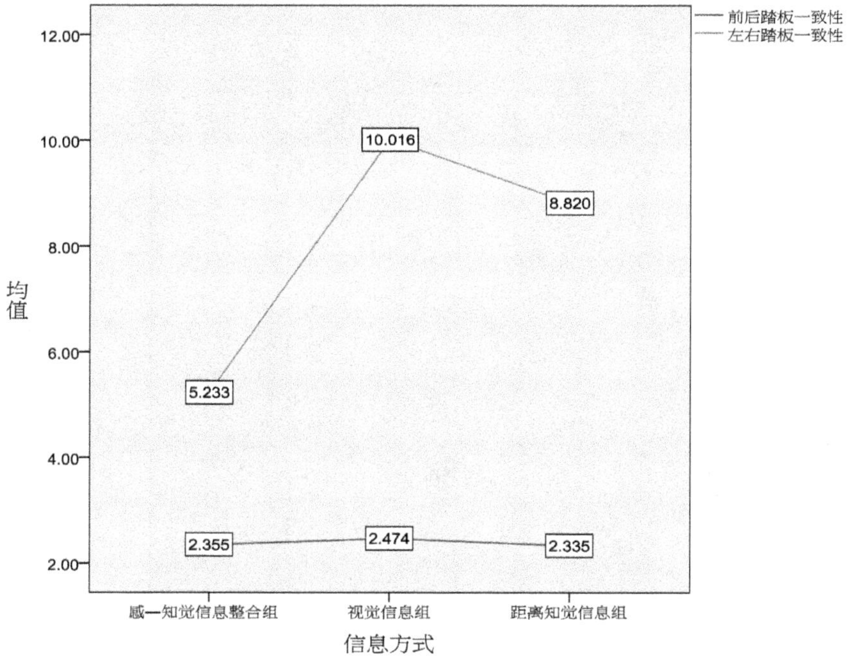

图 D55　不同信息方式的挺身式跳远踏板一致性均值

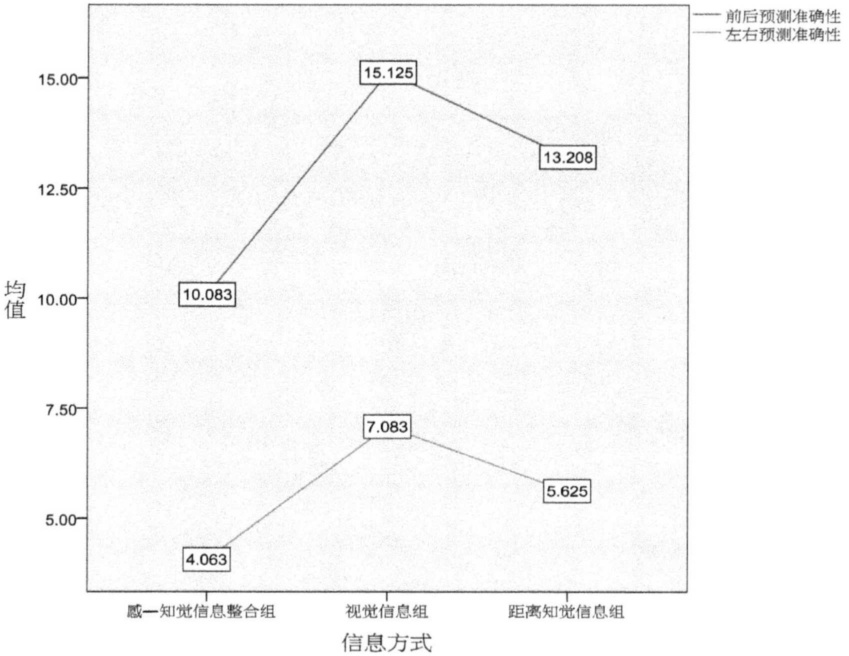

图 D56　不同信息方式的挺身式跳远踏板预测准确性均值

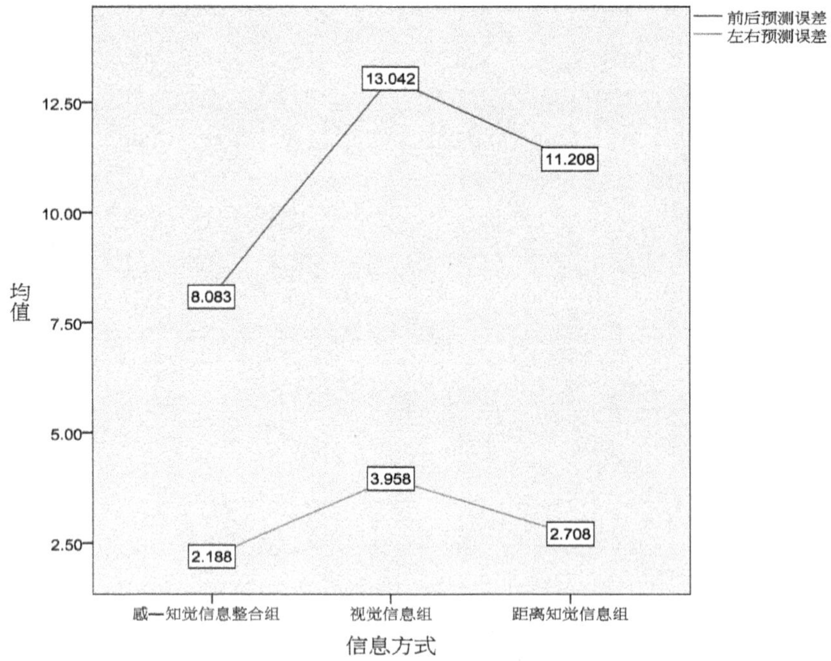

图 D57　不同信息方式的挺身式跳远踏板预测误差均值

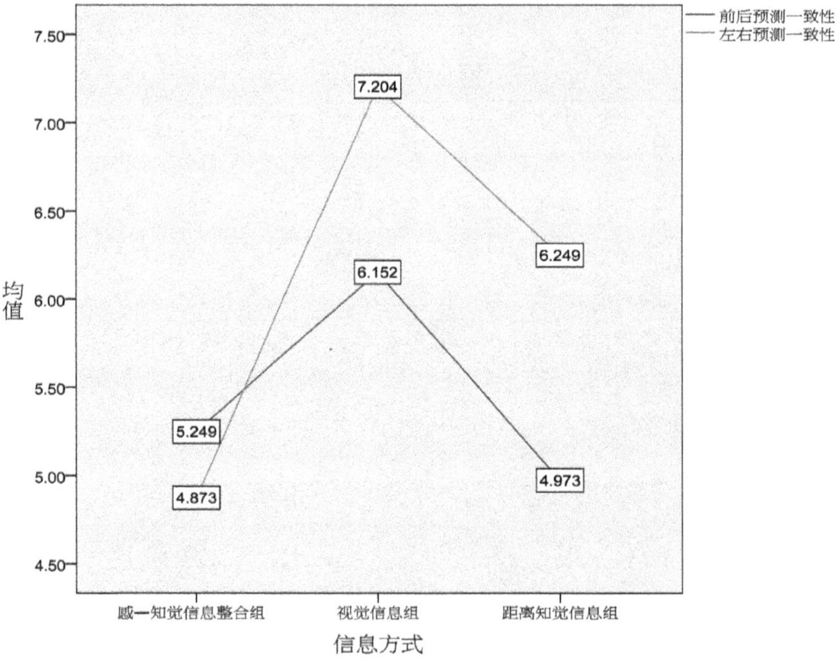

图 D58　不同信息方式的挺身式跳远踏板预测一致性均值

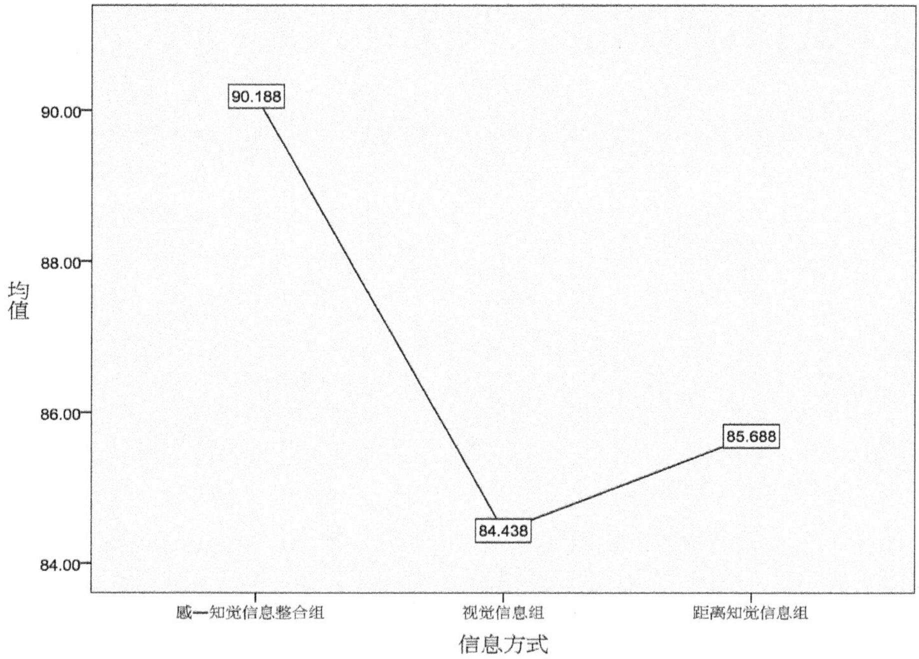

图 D59　不同信息方式的背向滑步推铅球技评成绩均值

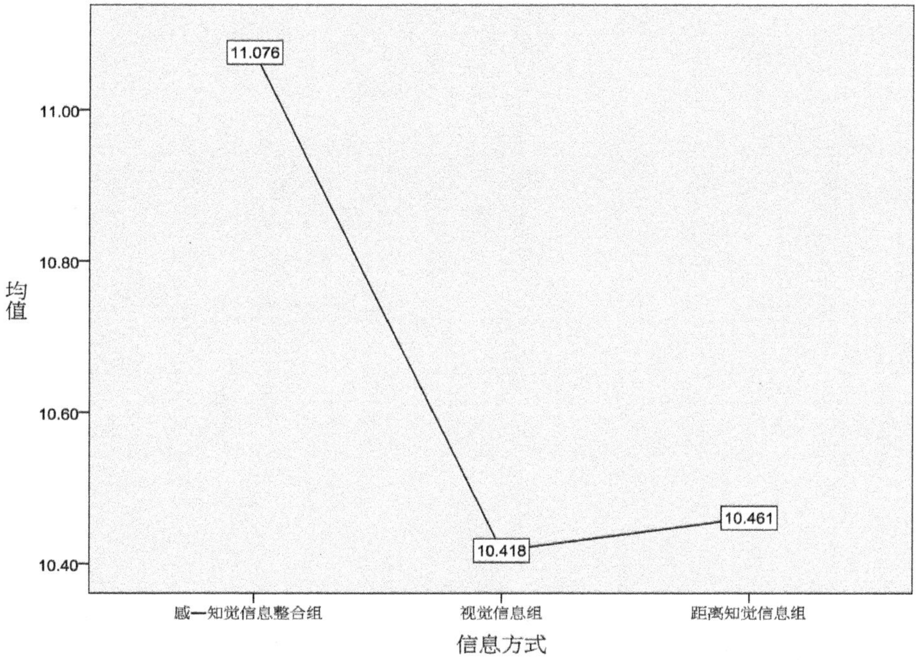

图 D60　不同信息方式的背向滑步推铅球达标成绩均值

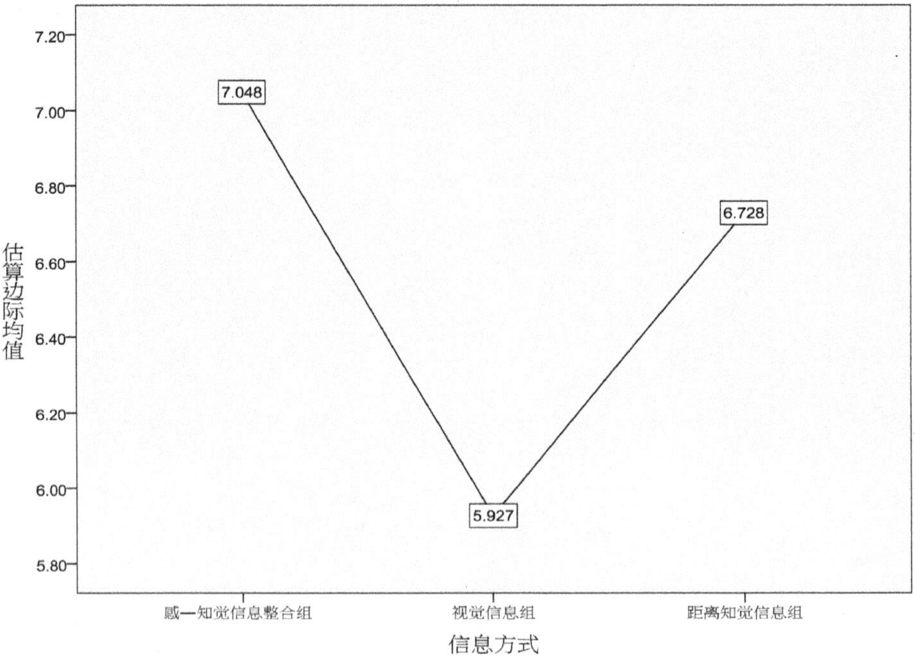

图 D61　不同信息方式的背向滑步推铅球滑步距离估算边际均值

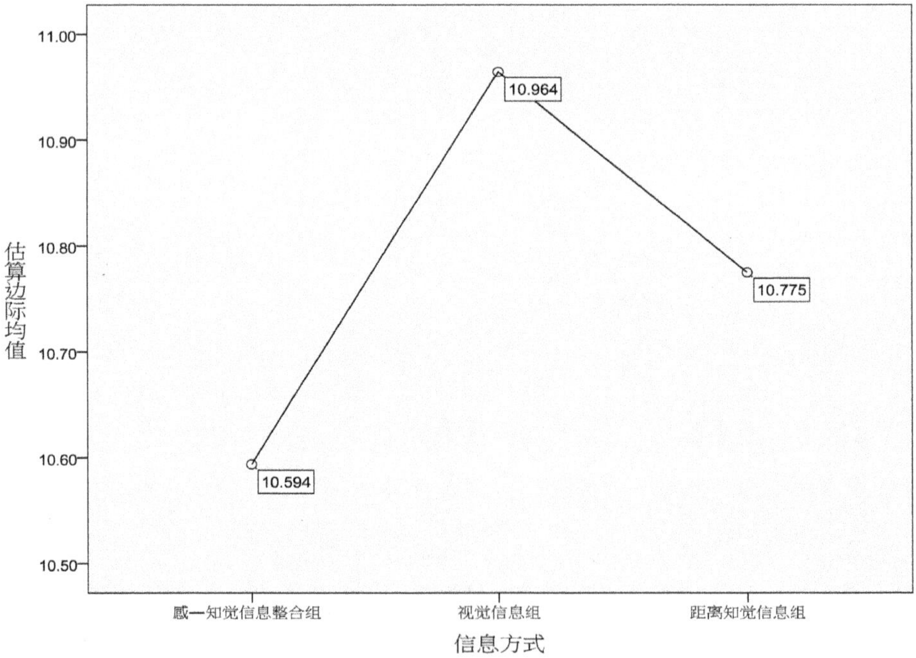

图 D62　不同信息方式的背向滑步推铅球两脚落地距离估算边际均值

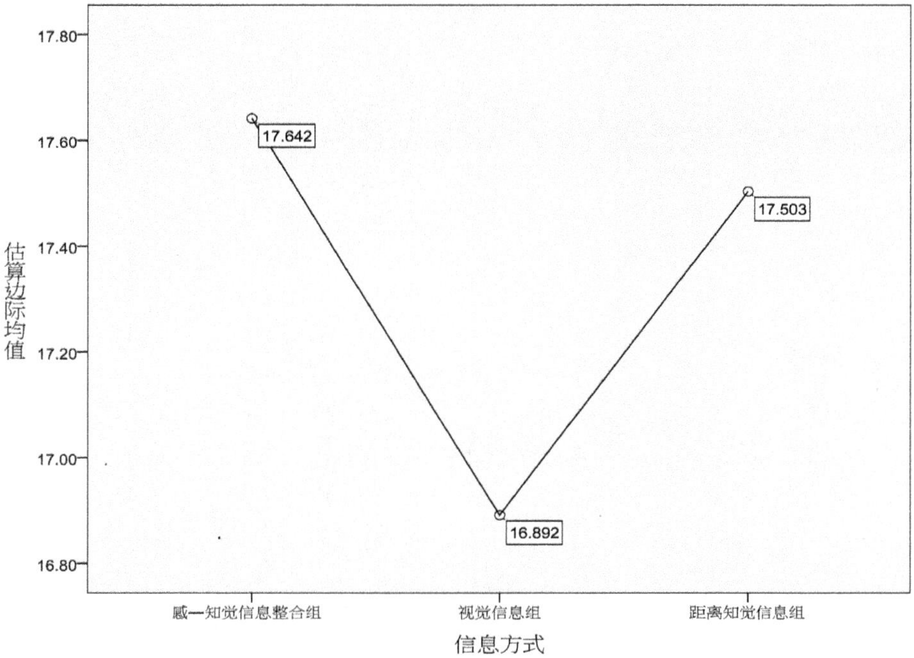

图 D63　不同信息方式的背向滑步推铅球滑步总距离估算边际均值

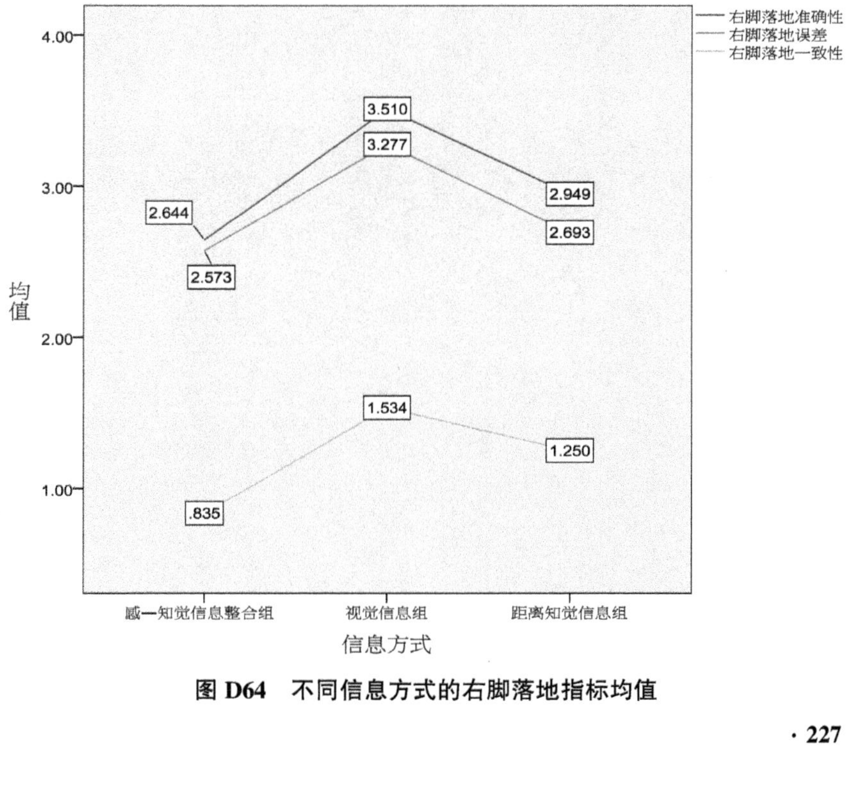

图 D64　不同信息方式的右脚落地指标均值

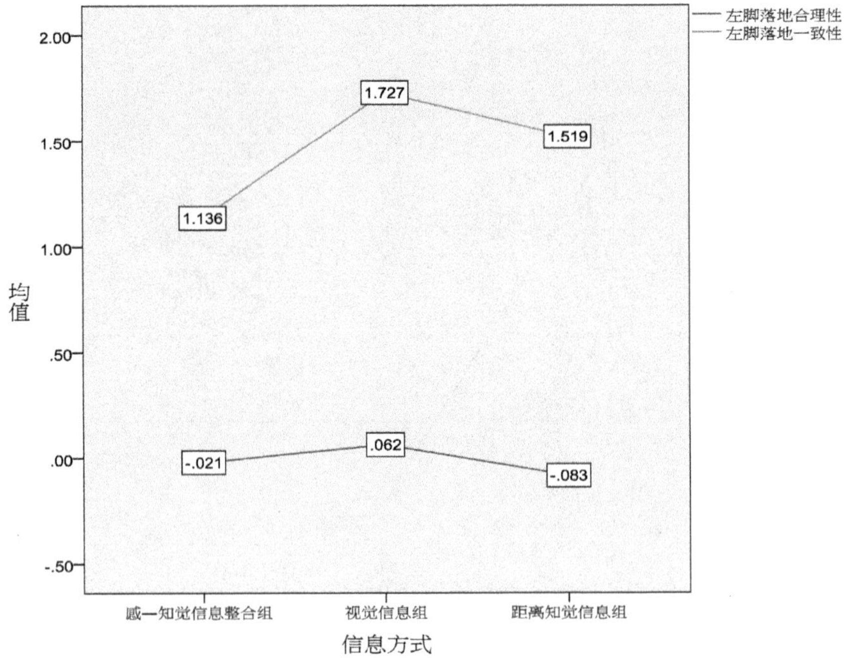

图 D65　不同信息方式的左脚落地指标均值

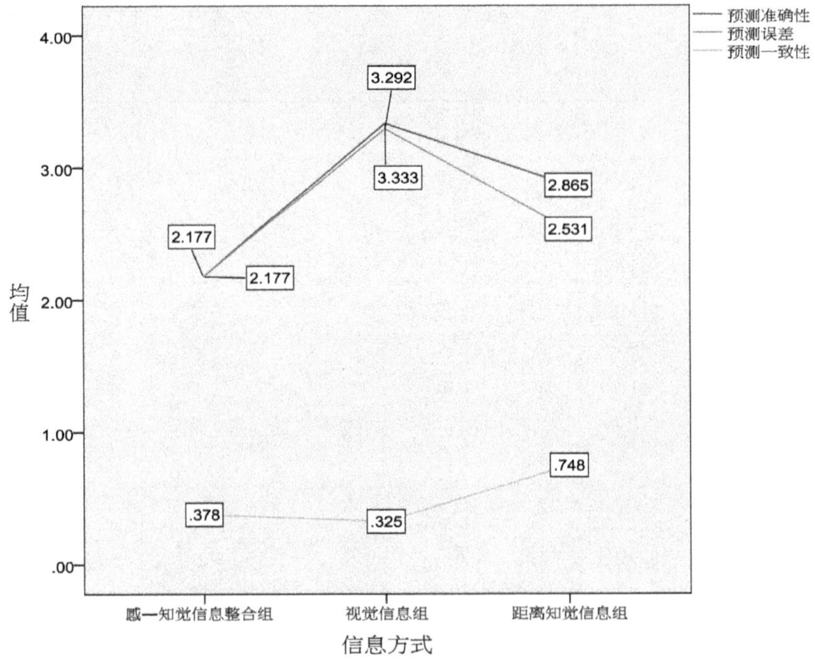

图 D66　不同信息方式的预测指标均值

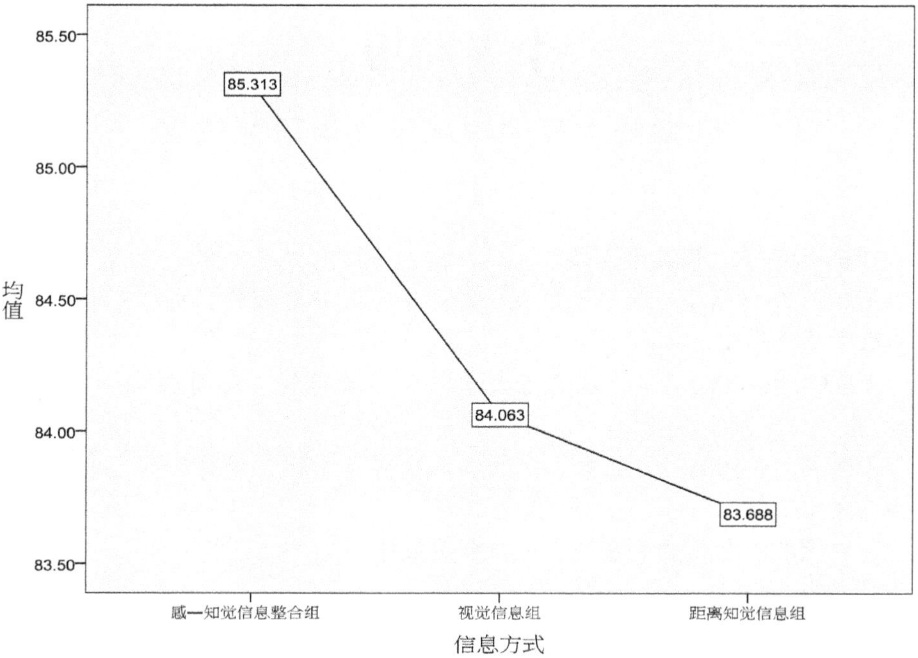

图 D67　不同信息方式的理论成绩均值

个人简历

在读期间发表的学术论文与研究成果

崔运坤，男，1981年3月。

2012.9月至今　北京体育大学研究生院　体育教育训练学专业，攻读教育学博士学位。

2004.9—2007.7　福建师范大学体育科学学院　体育教育训练学专业，获教育学硕士学位。

2000.9—2004.7　曲阜师范大学体育科学学院　体育教育专业，获教育学学士学位。

在读期间发表的学术论文与研究成果如下。

发表论文：

1.国内外知觉预测领域眼动研究的进展——基于研究范式、刺激材料、遮蔽方式的探讨[J].北京体育大学学报，2014，37(8)：135-139.第一作者。

2.大学生身体自我价值感一般自我效能感与主观锻炼体验的关系[J].中国学校卫生，2014，35(9)：1358-1361.第一作者。

3.数量与质量、基本动作模式与专项动作模式的权衡——身体运动功能训练开展的必要性[C]，2013年全国竞技体育科学论文报告会论文摘要集，2013.第一作者。

参与课题：

山东省社会科学规划项目：老年人身体运动功能训练内容体系构建及应用研究，第三位。

参编书籍：

参译《国际田联田径运动新研究(选集)》，2013。